Herderbücherei

Band 1389

Über das Buch

Sören Kierkegaard hat es als seine Aufgabe angesehen, durch seine Schriftstellerwirksamkeit das Christentum in die Christenheit wieder einzuführen. Er wußte, wie er immer wieder betonte, daß dieses Vorhaben vielleicht schwieriger sei als die Ausbreitung des Evangeliums in einer heidnischen Welt, denn was nannte sich gestern, und was nennt sich heute nicht alles „christlich"? In seinen Schriften hat der große Däne versucht, die bürgerlichen Fassaden einzureißen, um deutlich zu machen, wie wenig christlicher Glaube dahinter lebendig war. Was ist in Wahrheit christliche Existenz? Sören Kierkegaard hat diese Frage in seinem Leben und Werk immer wieder neu gestellt und kein Wagnis gescheut, auf dieses Existenzproblem aufmerksam zu machen. In den ausgewählten Texten aus seinem Werk findet man Antworten, die betroffen machen, weil man sich vor ihnen nicht verstecken kann. Kierkegaard für Christen – eine Herausforderung, damals wie heute.

Über den Autor

Walter Rest, em. o. Professor der Philosophie und Pädagogik an der Universität Münster, promovierte vor 50 Jahren mit einer Dissertation über „Die Indirekte Mitteilung im Leben und Werk Sören Kierkegaards" (1937)! Gleich nach dem Zweiten Weltkrieg veröffentlichte er sein an Kierkegaard anschließendes Buch „Heimkehr zum Menschen" (2. Aufl. 1947) und übernahm für den Hegner-Verlag die Herausgabe der Philosophisch-Theologischen Schriften Kierkegaards (1951 ff.), seit 1977 bei dtv. Mitherausgeber der Gesammelten Werke von Peter Wust (1961 ff.), philosophisch-pädagogische Bücher und Aufsätze zur Paidologie und Friedenserziehung. In der Herderbücherei Nr. 105: „Sören Kierkegaard, Der Einzelne und sein Gott" (1961).

Kierkegaard für Christen

Eine Herausforderung

Einleitung und Textauswahl von
Walter Rest

Herderbücherei

Originalausgabe
erstmals veröffentlicht als Herder-Taschenbuch

Herder Freiburg · Basel · Wien
Herstellung: Freiburger Graphische Betriebe 1987
ISBN 3-451-08389-2

Dem Andenken von

PAUL PETIT

*„Man nimmt an, daß nur vier authentische Porträts
von dem menschenscheuen Sören Kierkegaard existieren.
Er mußte es sich indessen um so öfter gefallen lassen,
bis zur Unkenntlichkeit karikiert zu werden.
Dieser Holzschnitt, nach der Zeichnung
eines unbekannten Künstlers, soll sehr ähnlich sein;
er stammt aus einer Periode (möglicherweise um 1840)
als Kierkegaard nach französischer Mode das Haar
zu einem ‚Hahnenkamm' hochkämmte."*

Inhalt

Vorwort 9

WERKBIOGRAPHIE

Einleitung 13
I. Zur geistigen Situation der Lebenszeit Kierkegaards . . 14
II. Leben und Werk 19
III. Endkampf und Tod 40
IV. Ende der Christenheit? 46
V. Allein mit Gott 53

TEXTAUSWAHL

1 Ultimatum 61
2 Die Kraft der Liebe 68
3 Über den Glauben 70
4 Adams Sünde 82
5 Der Mensch in der Angst vor dem Nichts 90
6 Bekräftigung im inneren Menschen 106
7 *Wer* ist der Mensch? 117
8 Das Christentum in der Christenheit 131
9 Jesus der Christus 146
10 Wie wird man Christ in der Christenheit? 169
11 Das Gebet als Streit mit Gott 188
12 Gebete und ein Beichtgespräch mit Gott 196
13 Marginalien / Wahrheit 205
14 Allein mit Gott 210

Quellen und Literaturhinweise 221

Vorwort

Als ich im Jahre 1935, im Zusammenhang mit meiner Dissertation über Kierkegaard, nach Kopenhagen fahren wollte, bat mich Peter Wust, einen Brief an den französischen Diplomaten *Paul Petit* in der Französischen Gesandtschaft wohlbehalten zu überbringen. So lernte ich einen Mann kennen, der ein intimer Freund von Paul Claudel war, Meister Ekkehard und Gertrud von Le Fort ins Französische übersetzt hatte und gerade dabei war, Sören Kierkegaards „Entweder – Oder" zu übersetzen. Nach meiner Promotion besuchte ich ihn wenige Wochen vor Ausbruch des Zweiten Weltkrieges nochmals, wir waren zwischenzeitlich in brieflichem Kontakt geblieben. Infolge der Besetzung Frankreichs und dann auch Dänemarks war Paul Petit als Diplomat zwar wohlbehalten in sein nunmehr besetztes Vaterland zurückgekehrt, versagte sich aber dem Vichy-Regime, ja er ging in den Widerstand, vor allem dieser seiner neuen Regierung (Marschall Pétain) gegenüber. Er wurde verhaftet und der Gestapo ausgeliefert, kam 1943 in anderthalbjährige *Einzelhaft* nach Köln, wo er im Alter von 48 Jahren, am 24. August 1944, hingerichtet wurde. Die letzten Schritte, so wird berichtet, tat er laut betend. Der damalige Stadtdechant von Köln, Robert Grosche, Pfarrer von St. Gereon, vertraute mir seine geheime Absicht an, Paul Petit bei den „Gräbern" der thebäischen Legion in der Krypta von St. Gereon – die Kirche war noch lange eine Ruine – beisetzen lassen zu wollen. Leider blieb es ein frommer Wunsch.

Paul Petit war ein großer „Einzelner", der als Christ seinen ganz persönlichen Einsatz wagte, und der, gewiß auch auf den Spuren Kierkegaards, diesen seinen Weg mit dem Märtyrertod besiegelte.

Walter Rest

„Die ganze Welt dreht sich um S. K.“ (Klæstrup.)

WERKBIOGRAPHIE

Einleitung

Wenn man das umfangreiche Werk eines Schriftstellers vorstellen will, dann fragt man sich, soll es eine literarische Würdigung werden oder ist mehr gefordert? Das Werk Kierkegaards ist von dem Leben dieses Mannes nicht zu trennen. Er war einer der Auslöser einer geistigen Epoche, die man, etwas verkürzt und daher mißverständlich, als „Existentialismus" bezeichnet hat, wobei man gleich an Jaspers und Heidegger und an Sartre oder Marcel denkt. Hierzu treten dann aber bei genauerem Hinsehen viele bedeutsame Dichter, Philosophen und vor allem auch Tehologen, deren Wirken noch in unseren Tagen spürbar ist.

Die nachfolgende „Werkbiographie" muß also mehr als bei anderen Anlässen dieser Art das Leben und das Werk in der Berichterstattung miteinander verbinden und gerät daher zwangsläufig in eine gewisse Parteinahme. Der Verfasser dieser Einleitung ist ein kritischer Parteigänger Kierkegaards, der sein Leben und Werk daher nicht historisch abgesondert betrachten kann, sondern der Meinung ist, daß dieses Werk auch heute noch im Sinne dieser Buchreihe eine Herausforderung, vielleicht darf man schärfer sagen, eine Provokation bedeutet.

Man mag dann wissenschaftliche Unschärfen in Kauf nehmen müssen, aber das ist bei solcher Parteinahme kaum zu vermeiden. Für die wissenschaftliche Erörterung jenes Werkes steht das nunmehr auch in Deutschland veröffentlichte Gesamtwerk zur Verfügung und ein breites Schrifttum, auch mit guten Biographien, auf die im Anhang hingewiesen wird. Dem Herausgeber kommt es vor allem darauf an, das Gespräch mit diesem großen Menschen wieder anzuheizen, das heißt: „Es soll Zug her", wie Kierkegaard sagt, damit das Feuer entfacht werde.

I. Zur geistigen Situation

Um einen geschichtlich bedeutsamen Menschen und sein Werk verstehen zu können, muß man die Zeit, in der er lebte, in ihren Grundzügen kennen. Sören Kierkegaard gehört einer Epoche an (erste Hälfte des 19. Jahrhunderts), die randvoll vom vorangehenden halben Jahrhundert mitgefüllt war, aber auch selber viele geistige Prozesse, politische, soziale und religiöse Spannungen auslöste und zu bewältigen hatte. Wir müssen uns hier leider auf einige Hauptlinien beschränken, in deren *Netz* uns der große Däne gegenübergestellt ist.

Das Ende der absolutistischen Feudalherrschaft, durch die Französische Revolution eingeläutet, verhinderte nicht, daß sich anschließend neue Systemzwänge aus dem Bürgertum etablierten, die, bis heute wirksam, in ihren Strukturen nahezu absolutistische Gewalt von ungeahntem Ausmaß in Staat und Gesellschaft an die Macht brachten: die Herrschaft des Geldes, in Kumpanei mit dem Militär, nicht selten unter diktatorischen Umständen, oder die Ausbeutung des Menschen durch die industrielle Produktion oder die koloniale Versklavung der farbigen Menschheit mit der kapitalistischen Vermarktung ihrer Lebensräume.

In der Mitte des 19. Jahrhunderts übersah zudem das blühende Hochbürgertum die geschichtliche Bedeutung des von ihm provozierten „Vierten Standes", des Proletariats, und überhörte die Proklamation des Kommunistischen Manifestes (1848) von Marx und Engels, weil die Turbulenzen der sich rapide entwickelnden Weltwirtschaft alle Kräfte beanspruchten, auch die Massen der Arbeiterklasse. Bis dann im Ersten Weltkrieg sich diese gigantischen Kräfte gegenseitig lähmten und dennoch aus dieser Katastrophe, wie sich bald zeigen sollte, nichts für die Zukunft gelernt hatten.

Im osteuropäischen Raum etablierte sich nach der Vernichtung des zaristischen Rußlands eine neue Weltmacht entgegengesetzter politischer und weltanschaulicher Herrschaftsansprüche: die Union der Sowjetischen Sowjetrepubliken (UdSSR): das sozialistisch-kommunistische Rußland.

Der Versuch, zwischen diesen zwei Machtkomplexen (Ost–West) ein „Drittes Reich" zu begründen, mußte an dem verbrecherischen Größenwahnsinn und Rassismus (Auschwitz) scheitern.

Die Atombomben auf Japan signalisierten eine neue, vielleicht die letzte geschichtliche Epoche der Menschheit, zumal ihre Vernichtungspotentiale in den Händen der kapitalistischen und der kommunistischen Machthaber im sogenannten „Gleichgewicht des Schreckens" schier unlösbar miteinander verstrickt wurden.

Ein die ganze Welt und Menschheit bedrohendes Potential des Schreckens hinderte leider auch das christliche „Kirchenregiment" daran, sich aus der Schuldverstrickung in den drohenden apokalyptischen Holocaust durch rechtzeitige Ablehnung und Verurteilung der Rüstungsspiralen und Drohgebärden zu befreien und die Proklamierung der Freiheit des Christenmenschen durch die Heilsbotschaft Jesu Christi zu gewährleisten. So jedenfalls nimmt sich diese Unentschlossenheit vor der Herausforderung Kierkegaards zu einem radikalen Umdenken der Christenheit aus: In der Gleichzeitigkeit mit Christus, die er als existentielles „Entweder – Oder" postulierte, kann sich der Christ nicht auf Atombomben und Raketen verlassen. Das begreift jeder, der die Frage zu beantworten bemüht wäre: Was würde dieser Jesus von Nazareth heute, hier und jetzt fordern? Gemeint sind nicht die über Krieg und Frieden befindenden Moraltheologen, Kirchenleitungsleute, sondern gefragt ist jeder Christ in der Gleichzeitigkeit mit Christus.

Die Wende von einer wie immer „scholastisch" angelegten Theologie zur existentiellen Theologie beginnt mit dieser Umpolung der Fragestellung: Nicht nur, wie hat sich nach der Überlieferung Christus zu seiner Zeit verhalten, und was hat er seinen Zuhörern damals als Botschaft übermittelt, sondern, was würde dieser Christus von damals heute sagen, genauer: Was ist seine Botschaft als unser Herr und Bruder heute, hier und jetzt? Existentiell kann man sich nicht im historischen Vergleich aus der Affäre ziehen, etwa hinsichtlich der Relevanz der Bergpredigt für uns, sondern man muß sich diesem Christus von damals in der Gleichzeitigkeit mit ihm heute stellen. Vor der sich dann einstellenden Bedingungslosigkeit scheitern selbst viele Theologen in hohen Rängen, mit denen sich dieserhalb Kierkegaard in seinen letzten Lebensjahren zur „Selbstprüfung" anlegte, mit der gewiß verzweifelten Reaktion des Kirchenaustritts, nicht des Abfalls vom Christentum.

Im ganzen gesehen erleben wir mit Kierkegaard das Ende der scholastischen Grundregel, der zwingenden Übereinstimmung von Glauben, Denken und Sein, was auf Dauer, bei zunehmendem Glaubensschwund und Erkenntniswachstum die Geistes-Welt einem chaotischen Geisteszustand ausliefern mußte. Der Glaubens- und Erkenntnis-Akt wurden in zunehmender Schärfe unterschieden: der Glaube als ein Geschenk der Gnade, die Erkenntnis als ein Produkt der Vernunft.

Dieser Prozeß hat eine lange Geschichte, entwickelte sich aber seit dem Ende des 11. Jahrhunderts (Anselm von Canterbury; Credo ut intelligam) bis an die Schwelle der Neuzeit (Descartes: cogito ergo sum) in großen und vielen kleinen Fort- und Rückschritten mit faszinierenden Eruptionen und Revolutionen (Kopernikus) über Leibniz und Kant (Kritik der reinen Vernunft) bis zu Hegels Weltgeist (die Reflexionsphilosophie der Glauben und Wissen vereinigenden „Objektivität") mit der „linken" Fortsetzung bei Karl Marx (im „Diamat").

Eben zu diesem Zeitpunkt war dann auch Sören Kierkegaard auf der Bühne des „Welttheaters". Beide Denker, Marx und Kierkegaard, blickten auf die in ihrem Verständnis jeweils verschiedene Welt- und Menschheitskatastrophe. Den einen bewegte die zunehmende Zerrüttung der menschlichen Gesellschaft, den anderen die Sorge um das Heil des Einzelnen. Sören Kierkegaard (1813–1855) blickt auf die Christenheit, und seine bange Frage lautete, wie man in diesem, mit einer großen Vergangenheit ausgestatteten historisch glanzvollen, aber auch vielfach gebeutelten Gebilde das Christentum selber wieder einführen könnte, weil die „Christenheit" im Verlauf ihrer nahezu zweitausendjährigen Geschichte sich selbst verloren hätte? Sie verkörpere in ihrer Worthülse eine Lüge; denn wie es Christus in unserer Zeit ergehen könnte, hatte Feodor Dostojewskiy in seiner Parabel vom „Großinquisitor" gerade dargestellt. Die Frage lautet: *Wie soll und kann man die „Christenheit" wieder christianisieren?*

Die Antwort auf diese Frage hat ihn während seines ganzen Lebens mit zunehmender Intensität beschäftigt. Der Weg, so wiederholt er immer wieder einschärfend, geht nur über *die christliche Existenz des Einzelnen,* nicht über die Gesellschaft und auch nicht über die Kirchen als die überkommenen Zentren der hochbürgerlichen Gesellschaft, nicht über die Völker und schon gar nicht über den Staat.

Ganz anders der Zeitgenosse Karl Marx (1818–1883); seine Devise im „Kommunistischen Manifest" lautet, daß es gilt, die Strukturen der Gesellschaft, dieser großkapitalistischen, sich christlich nennenden Welt, auf den Kopf zu stellen, zu verändern: „Proletarier aller Länder vereinigt euch!" Dabei sollte auch alles, was man in dieser Gesellschaft als „Religion" bezeichnete, zerschlagen werden. Der Atheismus als Schmelztiegel der „Christenheit".

Ich habe unmittelbar nach dem Zweiten Weltkrieg in einem Essay über „Kierkegaard und Marx" den großen christlichen Schriftsteller aus Kopenhagen als den bedeutenden „Internisten" unserer Zeit bezeichnet und den Judenchristen aus Trier als den „Chirurgen", die beide, „Rücken an Rücken", dem Patienten ihrer und unserer Zeit Diagnose und Therapie anboten, ohne sich zu kennen. Die naheliegende Gelegenheit, miteinander ein „ärztliches Consilium" durchzuführen, konnten sie nicht wahrnehmen, weil sie offenbar nichts voneinander wußten; in beider Literatur tauchen die Namen nicht auf. Das war die Tragik einer geschichtsträchtigen Stunde; denn der Patient war todkrank. Der Mann aus Trier sah keine andere Alternative, er wollte operieren; der Mann aus Kopenhagen aber wollte sich am Beispiel des Samariters orientieren, er suchte nach der wirksamen Medizin. Wir wissen, daß es dem Patienten nicht gut geht, man weiß nicht, ob er so oder anders überhaupt noch zu retten ist. – Wir wollen uns hier vom „Internisten" beraten lassen, er fordert uns heraus, sich ihm anzuvertrauen.

Das Entstehen der großen christlichen *Konfessionen"* ist ein bezeichnendes Signal für die innere Brüchigkeit der Einen, heiligen und apostolischen Kirche der allgemeinen (katholischen) Christenheit. Es kommt schon aus der Ursprungsgeschichte der Reformation; denn in der „Confessio Augustana" (1555) wird um die Erhaltung der Einheit der „Kirche" gerungen. Ihr ökumenischer Grundzug ist bis auf unsere Tage lebendig wirksam. Die reformatorische Abzweigung oder gegenreformatorische Eingrenzung war eine vorwiegend machtpolitische (cuius regio eius religio) und kontroverstheologische Divergenz (sola gratia), begleitet von blutiger, grausamer, unmenschlicher und unchristlicher Brutalität (Dreißigjähriger Krieg – 1618–1648 –, die Hugenotten-Verfolgung in Frankreich, die Cromwell-Schandtaten in England/Irland, der blutige Haß zwischen Katholiken und Protestanten in Nordirland, bis auf unsere Tage usw.)

Was nach allen leidenschaftlichen Reformen und Gegenreformen schließlich geblieben ist, sind die beiden großen Konfessionen und die vielen christlichen Sekten, die bis auf den heutigen Tag in den Missionsgebieten einen unchristlichen Streit miteinander austragen – wie immer gibt es auch da, Gott Dank, zunehmend umgekehrte, produktive Verhältnisse –, während doch in Relation zum Wachstum der Menschheit die Christenheit immer kleiner und bedeutungsloser zu werden droht.

Derweil behaupten sich agnostische, materialistische und feindlich-atheistische Massengesellschaften oder die sogenannten „fundamentalistischen" Massenbewegungen asiatischer und afrikanischer Großreligionen und breiten sich aus. Hegels „Weltgeist" steht den Anfängen dieser Entwicklung ahnungslos gegenüber, aber Marx und Kierkegaard durchschauen, was die europäische Entwicklung anbetrifft, die Situation der Christenheit und geben sie entweder verloren (Marx) oder in hohem Maße bedroht (Kierkegaard). Marx wendet sich an die Massen der Industriearbeiterschaft, Kierkegaards Adressat ist hingegen der Einzelne in der Aufforderung zur existentiellen Nachfolge Jesu Christi, wo immer in der Welt und wann immer zu seiner Zeit als Herausforderung.

Für beide Denker ist die „Christenheit" als gesellschaftlicher oder als kirchlicher Verband eine sich selbst betrügende Sinnestäuschung, vor allem wenn sie sich zu modernen Großkundgebungen oder in weltlichen Organisationen versammelt, gleichsam im Wettbewerb mit jenen atheistisch-agnostischen oder schier uninteressierten Kräften, die die Christenheit einfach übersehen oder aber gezielt vernichten wollen. Nach Kierkegaard gibt es keine christliche „Welt" (Unternehmerschaft, Arbeiterschaft, Parteien), keinen „christlichen" Staat, keine „christliche" Gesellschaft, auch nicht da, wo sich „Christen" in großen oder kleinen Gruppierungen unter dem Etikett „christlich" zusammenschließen. Die christliche Existenz kommt nur im Einzelnen zur Verwirklichung. Jesus der Christus war ein Einzelner, und alle, die er um sich scharte, waren als Einzelne berufen. So ist denn auch die frühe christliche Gemeinde immer getragen von solchen Einzelnen. Es bildet sich die erste Christenheit in der persönlichen

Gleichzeitigkeit der einzelnen Glieder in den Gemeinden mit dem Herrn, zugleich aus der Machtlosigkeit aller weltlichen Macht gegenüber. Diese Gemeinden waren keine Widerstandsnester, in ihnen agierten keine „Aufrührer", das „Haupt" war der auferstandene Jesus von Nazareth, der den Saulus berief. Alle „Hierarchie" in der sich entwickelnden Struktur der Gemeinden und schließlich der Kirche war nur und nur von Christus her zu verstehen. So verhält es sich bis auf unsere Zeit. Die „Legitimation" für die Berufung aber ist die christliche Existenz des Einzelnen.

II. Leben und Werk

Kierkegaard hat sich mit den Lesern seiner Bücher immer in einer Art Symposion verstanden, ständig bemüht, sie anzusprechen. Seine Pseudonyme waren in diesem Dialog seine Partner.

Wer war nun dieser Sören Kierkegaard, der sich offenbar vorgenommen hatte, diese verbürgerlicht satte „Christenheit" seiner Zeit aufzuscheuchen?

Sören Kierkegaard wurde 1813 in Kopenhagen als Nachkömmling eines schon 57jährigen Vaters und einer 45jährigen Mutter geboren. Sein Elternhaus großbürgerlichen Zuschnitts verdankte seine Wohlhabenheit der Blütezeit des Handels und der Produktion von Konsumgütern durch Arbeitskräfte mit niedrigen Arbeitslöhnen zu dieser Zeit. Michael Pedersen Kierkegaard, sein Vater, war noch Schäfer in der Jütländischen Heide gewesen, wo es ihm nicht immer gut ergangen sein mag; denn er soll hier Gott verflucht haben, was als eine schwere Sündenschuld später auf ihm lastete und eine gewisse Schwermut auch vom Vater auf den Sohn übergehen ließ. Dem Wollhandel verdankte aber dieser Vater große bürgerliche Erfolge. In seinem Hause verkehrten angesehene Mitbürger, darunter auch hohe Kirchenmänner. Offenbar wurde aber in dieser Gesellschaft über brennende soziale Probleme nicht gesprochen. Es macht betroffen, wenn man zu diesem Thema weder im Werk noch in den Stunden- und Tagebüchern Sören Kierkegaards Spuren einer ernsten Prüfung der Zeitlage vorfindet.

Der gutmütige König Christian VIII. lud den angesehenen Intellektuellen Kierkegaard jedoch mehrfach zu Gesprächen über politische Zeiterscheinungen im Rahmen der 48er Wirren in Europa ein. Die hinterlassenen Notizen aber machen deutlich, daß der König seinen Gesprächspartner offenbar überschätzt hatte. Kierkegaard hielt den Kommunismus für eine vorübergehende Zeiterscheinung. Die sozialkritischen oder sogar sozialrevolutionären Schriften und Bewegungen in dieser Zeit wurden im Hause Kierkegaard nicht ernst genommen. Das „Gespenst" aus dem Kommunistischen Manifest schien die bürgerliche Sicherheit Kopenhagens noch nicht beunruhigt zu haben, wohl aber bangten der König und die höfischen Kreise mit dem Besitzbürgertum um ihre Privilegien und Eigentumsrechte durch die bürgerlich-demokratischen „Umtriebe" im übrigen Europa. Kierkegaard berichtet, daß er seinem König diese Unruhen mit einem Mieterkrach in einem Etagenwohnhaus bedeutet habe, das würde sich bald alles legen. Im übrigen waren diese Gespräche für ihn enttäuschend, weil er die erhofften Benefizien nicht erhielt. Die Einnahmen durch seine Bücher waren gering, und das väterliche Erbe war fast ausgeschöpft; denn er bezahlte die Druckkosten für seine Bücher weitgehend selber.

Kopenhagen war schon damals eine angesehene Handelsstadt mit höfischem Glanz, für alle Künste offen, mit Theater und Opernhaus, Museen und Universität, mit einem geistigen und gesellschaftlichen Leben, das sich schon sehen lassen konnte, und dessen Möglichkeiten er auszuschöpfen suchte. Mit 17 Jahren begannen seine Universitätsstudien, und mit 24 Jahren war er Lateinlehrer am Gymnasium, mit 27 Jahren legte er seine theologische Staatsprüfung ab und promovierte ein Jahr später mit einer beachtlichen Dissertation zu dem Thema: „Über den Begriff der Ironie / Mit ständiger Hinsicht auf Sokrates". Im gleichen Jahre (1841) hielt er seine erste Predigt, so daß man annehmen konnte, daß sich nun der zukünftige Beruf erkennen lasse. Es kam aber anders. Kierkegaard glaubte zunehmend, für den geistlichen Beruf nicht geeignet zu sein, obwohl er immer wieder seine besondere „religiöse Begabung" hervorhob. In seinem Traktat „Über den Unterschied zwischen einem Apostel und einem Genie" machte er deutlich, worin sich Genialität und Berufung unterscheiden. So verfaßte er eine ganze Reihe von Predigten, Ansprachen, Reden, und er predigte gelegentlich auch selber bei besonderen Anlässen.

Aber er ließ sich nicht ordinieren und verstand sich daher selbst „ohne Autorität" zu sein. Er blieb also im heutigen Sprachgebrauch ein „Laie", der aber als „Christ" sich vor dieser Christenheit, in der er sich vorfand, herausgefordert wußte. Er fand sich in seinem Gottesverständnis zu einer Schriftstellerwirksamkeit berufen, die ihn ganz in Anspruch nehmen mußte, was sich für sein Leben als folgenschwer herausstellen sollte.

Das zeichnet sich besonders an dem Scheitern seiner Verlobung ab. Er hatte sich mit einer sehr reizvollen jungen Dame, die erst 15 Jahre alt war, Regine Olsen, verlobt, ein Ereignis für diese kleine Hauptstadt. Standesgemäß kam die Braut aus einer angesehenen Bürgerfamilie Kopenhagens. Man kann sich denken, daß diese unerwartete Auflösung des nur einjährigen Verlöbnisses ein „Dauerbrenner" im Stadtgespräch war. Kierkegaard war bemüht, auch seiner Braut gegenüber alle Schuld auf sich zu ziehen. Es ist hier aber nicht angebracht, dieses eigentümliche Liebesdrama weiter zu erörtern. Das Faktum und seine Schuldigkeit aber belasten ihn über sein ganzes weiteres Leben, und er wird nicht müde zu beteuern, daß er im Hinblick auf seine schriftstellerische Arbeit keinen Hausstand hätte begründen dürfen und daher sein Leben lang an der Schuldigkeit tragen müsse. Er hat sich dann auch immer wieder an diese Bruchstelle seines Lebens mit der ihm eigenen Schwermut erinnert, auch nachdem seine frühere Verlobte längst ein anderes Verhältnis mit offenbar glücklicher Ehe eingegangen war. – Kierkegaard selber war gleich nach diesem Ereignis nach Berlin gereist, wo er zunächst begeistert bei Schelling in die Vorlesung ging, sie aber dann gelangweilt verließ.

Er hatte aber seine Zeit genutzt, um sein erstes größeres Werk fertigzustellen: „Entweder – Oder. Ein Lebensfragment. Herausgegeben von Victor Eremita".

Die Kopenhagener nahmen die beiden umfangreichen Bände als pikante Enthüllung auf, sie mußten bald nachgedruckt werden. Das Pseudonym konnte und sollte auch wohl nicht die Verfasserschaft verbergen. Kierkegaard hat damit aber eine lange Produktion von Büchern mit pseudonymer Verfasserschaft folgen lassen. Er stiftete diese Verwirrung, um seine Leser von seiner Person abzulenken, damit sie sich mit der Sprache seines jeweiligen Themas intensiver befassen würden.

Nun, dieser erste Titel „Entweder – Oder" steht aber über seinem ganzen Leben und ist die Devise seiner Publikationen. Dennoch war dies sein einziger „Bucherfolg", der aber den Verfasser zum respektierten Schriftsteller machte. Der erste Band schließt mit dem immer wieder nachgedruckten „Tagebuch des Verführers", das für viele Leser wegen seiner hohen Reflexionsstufe kaum zu verkraften war, aber seines reißerischen Titels wegen immer wieder die Neugier weckte. – Im zweiten Teil wird dann der Versuch gemacht, das im ersten, ästhetisch-erotischen Teil nahezu nihilistisch erörterte Thema („A") in eine ethisch-religiöse Unterscheidung („B") einzubringen: Ultimativ wird der Satz, daß wir Menschen gegen Gott allzeit unrecht haben, zum Schlüssel der Entweder-Oder-Erscheinung, eine Lösung, die aufbauend-erbauliche Kompetenz haben sollte. Wir eröffnen daher unseren Textteil mit diesem *„Ultimatum"*, weil hier eine Stufe zu der dann immer deutlicher sich ausprägenden Programmatik, eine „Herausforderung für Christen", gelegt wurde.

In den folgenden Jahren nähert sich Kierkegaard Schritt um Schritt seinem eigentlichen Thema, aber im Jahre 1845 erschien ein umfangreiches Werk, das zu erkennen gibt, wie sehr die Trennung von seiner Braut ihm innerlich zugesetzt hatte. Das brillant und in einigen Passagen geradezu spritzig geschriebene Buch bietet drei Abhandlungen unter dem zusammenfassenden Thema: „Stadien auf dem Lebenswege – Studien von verschiedenen Verfassern – gesammelt und zum Druck befördert und herausgegeben von Hilarius Buchbinder". Offenbar suchte der eigentliche Verfasser hinter diesem anonymen „Verfasser" wegen seines saloppen Gehabes einen gewissen Schutz. Er wollte aber vor allem auf diesem Wege eine Mitteilung an seine frühere Braut und den Kopenhagener Klüngel erträglich machen. Mag sein, daß er seine Braut durch solche sich selbst bezichtigenden Aussagen dahin zu befreien suchte, daß sie sich glücklich schätzen mußte, diesen saloppen und frivolen Burschen losgeworden zu sein. Nun, sie hatte zu ihrer ersten Liebe, einem Herrn Schlegel, zurückgefunden und war inzwischen mit ihm verheiratet. Kierkegaard vermutete aber, daß sie sich von ihm durch seine Schriftstellerei nicht düpieren ließ.

Im Hintergrund hatte er mit einer ganz neuen Produktion begonnen. Da sind einmal eine Reihe von „Erbaulichen Reden" zu nennen, dann aber die ersten philosophisch und theologisch relevanten Werke: *„Furcht und Zittern* / Dialektische Lyrik von Johannes de silemtio", *„Die Wiederholung* / Ein Versuch in der experimentierenden Psychologie von Constantin Constantius" und im folgenden Jahr, 1844, die *„Philosophischen Brosamen / oder ein bißchen Philosophie* von Johannes Climacus /Herausgegeben von S. Kierkegaard" und *„Der Begriff der Angst* – Eine schlecht und recht psychologisch-hinweisende Überlegung in Richtung auf das dogmatische Problem der Erbsünde, von Vigilius Haufniensis".

Mit dem letzten Werk war Kierkegaard der Durchbruch in jene geistige Welt gelungen, die man als abendländisch-europäisch bezeichnen kann. Zwar war das weder dem Verfasser noch seiner kleinen Kopenhagener „Welt" deutlich. Aber gerade mit dem letzten Titel „Begriff der Angst" wurde ein Thema zur Sprache gebracht, das in der Existenzphilosophie und in der Tiefenpsychologie um die Wende zum 20. Jahrhundert epochale Bedeutung erhielt. Kierkegaard wählte in dieser Schaffensperiode die Pseudonymität, weil er glaubte, befürchten zu müssen, daß das offene Eingeständnis seiner Verfasserschaft seine Leser von der jeweiligen Thematik ablenken könnte. Er brauchte aber zum Verständnis dieser grundlegenden Gedanken, wie er in seinen „Tagebüchern" betont, eine geschärfte Aufmerksamkeit, um seine Leser auf den rechten Weg zu bringen, der zum eigentlichen Thema seines schriftstellerischen Werkes führen sollte. Überhaupt wollte er „aufmerksam" machen, die Konsequenzen hatte der Leser zu ziehen. Es ist erstaunlich, mit welcher Behutsamkeit er diese sich selbst gezogenen Grenzen respektierte.

Im gleichen Jahr und Monat (Juni 1844) erschien unter dem Pseudonym Johannes Climacus das auf die Schwelle modernen Heidentums zum Christentum abzielende Werk „Philophiske Smuler eller en Smule Philosophie", herausgegeben von Sören Kierkegaard. Schon die Übersetzung dieses Titels brachte verwirrende, aber bezeichnende Variationen: „Philosophische Brocken oder ein Bröckchen Philosophie", „Philosophische Bissen oder ein bißchen Philosophie" oder, so in meiner Ausgabe: *„Philosophische Brosamen oder ein bißchen Philosophie"*. – Der „Schrift-Steller" Kierkegaard war bei seiner Arbeit immer auf die „Heilige Schrift" bezogen, und man darf annehmen, daß er mit dem Wort „Smuler" auf Matthäus 15,27 anspielt, wo von den „Brosamen" die Rede ist, die den Hunden vom Tisch ihres Herrn zufallen. Unser Titel hat sich aber in weiteren Ausgaben nicht durchgesetzt. Man spricht weiterhin von den „Brocken", obwohl dieses Wort im deutschen Sprachgebrauch doppeldeutig (Brocken = großes Bruchstück) ist. – Es ist aber gut zu wissen, daß Kierkegaard selber dieses Wort mit Sicherheit problematisch eingesetzt hatte, galt es doch, dem „Koloß" der Hegelschen Philosophie einen „Brocken", einen „Biß", eine „pièce wahrer Philosophie" entgegenzusetzen, was sich wohl nicht besser als durch eine „Krume Brot" (als „Brosamen") ausnehmen mochte.

Der Leser mag an dieser Erörterung erkennen, daß die Übersetzung der Werke Kierkegaards nicht einfach war und das beharrliche Werk von Gottsched und Schrempf alle Achtung verdient. Kierkegaard wäre ein längst vergessener „Heimatschriftsteller" Dänemarks geblieben, wenn sein Werk nicht durch die Beharrlichkeit seiner Übersetzer in die Lücke zwischen Hegel und Marx gelangt wäre, und es bleibt mir unvergeßlich, daß wir es auf der Jahrhundertfeier zu Kierkegaards Todestag, 1955 in Kopenhagen, mit allen europäischen Sprachen, aber auch mit Vertretern aus dem Fernen Osten zu tun hatten.

Mit seinen Veröffentlichungen unter einer pseudonymen Verfasserschaft löst sich dann Kierkegaard in kleinen Schritten, etwa durch die Hinzufügung „Herausgegeben von Sören Kierkegaard", wie es bei den Werken von „Johannes Climacus" und von „Anti-Climacus" vollzogen wurde, aus seinem methodischen „Inkognito". Mit dieser halböffentlichen Verfasserschaft übernimmt Kierkegaard zunehmend die Verantwortung für den Inhalt dieser Werke. Dennoch würde er sich bei einer möglichen Rezension auf diese Pseudonyme beziehen. Erst in der Schlußphase seines Lebenskampfes tritt er selbst in die Szene.

Kierkegaard wollte, solange wie eben möglich, nicht selber zur Diskussion stehen. Das hatte pädagogisch-didaktische Gründe in existentieller Hinsicht, diese Konstruktion über die Zuständigkeit seiner Mitteilung hatte also philosophisch-theologische Gründe, aus denen das hervorgehen mußte, was man dann später mit Existenz-Philosophie und Existenz-Theologie zu nennen anhob. Konkret: Der Leser sollte sich also nicht mit dem Verfasser

Kierkegaard befassen, sondern mit einem Verfasser „christlicher Existenz". Auf unsere Zeit bezogen müßte das lauten: Nicht mit den Herren Ratzinger, Küng, Boff, Käsemann oder Marxsen ... oder wen immer, sondern mit dem *Wort Jesu,* das an uns gerichtet ist. Unsere Diskussionen über bestimmte Texte verlaufen ja auch heute zunehmend wieder kontrovers mit bestimmten Verfassern. Die Wahrheitsfrage aber steht für den existentiellen Verfasser im Gegenüber mit dem Wort dessen, der allein von sich sagen konnte: „Ich bin der Weg, die Wahrheit und das Leben." Oft kann man sich des Eindrucks kaum erwehren, daß es die „Sekten" sind, die diese Aussage Jesu über sich selbst zu ihrer Devise machen, aber leider wird ihr Eifer ebenso oft lieblos und ideologisch blind.

Es hat lange, bis zur Reformation, gedauert, daß Jesu Wort in und mit der Kirche selbst die Autorität und Instanz für die Wegweisung, die Wahrheitsfrage und das existentielle Leben wurde. Die „System-Theologie", eine Sache der Doktoren und Professoren, zu Kierkegaards Zeiten der "deutschen Professoren", insbesondere Hegels und seiner Schüler, hatte die theologischen Lehrstühle und auch deren Kanzeln in den Kirchen erobert. Ein großer Teil der Schriftstellerwirksamkeit Kierkegaards richtete sich daher gegen diese „Autoritäten", er betont aber immer wieder, daß er selber ohne Autoritätsansprüche schreibe. Daher die vielen Pseudonyme, die in den Titeln seiner Werke dafür einstehen sollen, daß sich der Leser mit dem vorliegenden Buch zu befassen habe und nicht mit Sören Kierkegaard, der sich ja nicht verbergen konnte. So heißt es in einer Tagebuchnotiz: „Mit Johannes Climacus hat Anti-Climacus manches gemeinsam; der Unterschied aber ist der, daß wie Johannes Climacus sich selbst so gering einschätzt, daß er sogar sagt, er sei selbst kein Christ, so kann man anscheinend Anti-Climacus anmerken, daß er meint, er sei selbst in außergewöhnlichem Maße Christ", und hier fügte Kierkegaard ein: „... ich schätze mich selber höher ein als Johannes Climacus, doch geringer als Anti-Climacus ..." Wir werden auf diese existentielle Unterscheidung in der Auswahl unserer nachfolgenden Texte zu achten haben. Es ist jedenfalls deutlich, daß die für den christlichen Leser eindeutig relevanten Schriften auch an Kierkegaard selber gerichtet waren, als „Mitleser" in die Herausforderung gestellt. Nicht selten verweist er auf die pseudonymen Verfasser und „zitiert" sie gleichsam, und es muß wohl in Kopenhagen ein aufregendes Puzzlespiel gewesen sein, zu den vermutlich von Kierkegaard verfaßten Büchern auch noch auf eine ganze Reihe „Erbaulicher Reden" in den Buchhandlungen zu stoßen, zu denen sich der Magister Kierkegaard offenherzig bekannte. Wir werden hierzu eindrucksvolle Beispiele im Textteil anbieten.

Mit dem Erscheinungsjahr der „Philosophischen Brosamen" (1844) und der „Abschließenden unwissenschaftlichen Nachschrift" (1846) wendet sich Kierkegaard Themen zu, die philosophisch und theologisch noch heute brennende Bedeutung haben und daher gern umgangen werden: die Fragen nach der existentiellen „Geschichtlichkeit" Christi, also hier und jetzt und für alle Zukunft der Menschheit, also auch die Frage nach der „Gleichzeitigkeit" der Christen mit Christus, die Frage der Ambivalenz der Historie oder der Überwindung des Historismus. Konkret: Hat die nahezu 2000jährige Geschichte der Christenheit wirklich jenen Stellenwert, den man ihr mit großem Aufwand beimißt, oder kommt es nicht vor allem auf Jesus den Christus in unserer Mitte jetzt und in unserer Zukunft an, die Frage nach der christlichen Existenz derer, die sich Christen nennen? Ist die Christenheit überhaupt ein religiöses Gebilde, ist das historische Christentum als „Religion" nicht vielleicht ein Mißverständnis? Kann und muß man nicht die Christenheit auf den gemeinsamen Nenner des einzelnen Christen bringen? Der hier in den Begriff gebrachte „Einzelne", der nicht numerisch verstanden werden darf und doch von diesem „Einzelnen" in seiner Einmaligkeit zu verstehen ist, wie Christus eben dieser Jesus aus Nazareth und dem Stamme Davids war, auf den es allein ankommt, und der immer wieder nur einzelne in seine Jüngerschaft beruft, was qualitativ etwas ganz anderes ist als der „Einzige" von Max Stirner oder das „Individuum" des deutschen Individualismus.

Der *„Einzelne"* hingegen, worunter Kierkegaard den in seine existentielle Subjektivität gerufenen und sich so verstehenden Menschen in bewußter Verantwortung seiner jeweiligen Situation, in seinem geschichtlichen Kairos, zu begreifen versuchte, ist „er selbst und das ganze Geschlecht", wie es im „Begriff Angst" eingeschärft wird. Dieser so verstandene Mensch läßt sich nicht als Glied oder gar Mitglied in der Gattung, gleich welcher Formationen der Menschheit, auflösen und steht dennoch als dieser für das ganze Geschlecht, gleichsam als „alter Adam", mit der Schuld dieses Adam und seiner Nachkommenschaft. Die Gefahr, in einem gleichsam „stammesgeschichtlichen" Denken, den Menschensohn aus Nazareth „biogenetisch" einzuordnen, hat sich immer eingestellt, wenn es um die Erklärung der „Funktion" des Erlösers in dem Zusammenhang mit der Geburts- und Abstammungsgeschichte Jesu ging. Jeder Mensch ist trotz aller mitmenschlichen Zusammenhänge ein Einzelner, auch, und das im besonderen Maße, der Christus Jesus. Mit diesem Einzelnen haben wir es zu tun. Er ist es, der die Schuld der Menschheit auf sich nimmt und sühnt, sie befreit und in der Gnade des Glaubens an ihn erlöst. Nicht das historische Individuum, das gewiß nicht eliminiert werden kann, sondern im Glauben an den mit uns hier und heute, in der Gleichzeitigkeit mit ihm, dem jetzt, als existierender geschichtlicher Sohn Gottes, unseres Bruders und Herrn, an Jesus unter uns, inmitten der Menschheit und schon der „Zwei oder Drei in seinem Namen versammelten" Christen, ist die Christenheit lebendige Wirklichkeit.

Martin Buber hat sich in einem langen und sehr ernsten Traktat mit solcher so zu verstehenden „Frage an den Einzelnen" auseinandergesetzt, weil hiernach die Christenheit nicht in der Ebene einer Weiterentwicklung des Judentums zu verstehen ist, bei aller Bedeutung des „Alten Bundes" und des „Alten Testamentes" für den „Neuen Bund" und das „Neue Testament", sondern für den Einzelnen. Christenheit, das ist, wenn sie sich als solche darstellt, eine Gemeinde von Einzelnen, die durch ihre christliche Existenz in der Gleichzeitigkeit, in der Anwesenheit, in der Gegenwart mit ihm, „wo zwei oder drei in meinem Namen versammelt sind"; nicht die Hunderttausende von den Kirchentagen oder anderer spektakulärer „kirchlicher" Anlässe oder gar die statistisch erfaßten hunderte Millionen von „Christen" in der Welt und schon gar nicht die Kirchensteuerzahler in den Listen, bilden die in unserer Frage gesuchte Christenheit, sondern jene Gemeinde der numerisch unbedeutenden „Zwei" oder „Drei", die hinwiederum wie „Spurenelemente", wie das „Salz der Erde", auch wie der „Sauerteig": In der numerisch unbegrenzten Anzahl als einzelne Christen *existieren.* Martin Buber hätte in der exemplarischen

Parallele des Weltjudentums eigentlich verstehen müssen, welche Bedeutung der Kategorie des „Einzelnen" bei Kierkegaard zukommt, die in der Tat die stammesgeschichtliche Komponente „Aus Davids Stamm geboren", zu relativieren scheint. Kierkegaard würde antworten, daß dieser Jesus von Nazareth, aus dem Stamme Davids ebendeshalb dieser Jesus ist: Er selbst und das ganze Geschlecht und niemand anders aus diesem Geschlecht und jeder Einzelne dieses Geschlechts ist für das ganze Geschlecht verantwortlich und Träger seiner Schuld und Adressat der Erlösung.

Die wahre Christenheit ist nicht im numerischen Gesamt der christlichen Individuen, in ihrer numerischen Erhebung für Statistiken gegeben, sondern man begegnet ihr nur in der Gemeinde der Einzelnen mit ihrem Bruder und Herrn, Jesus Christus. „Gemeinde" ist für Kierkegaard nur als Vereinigung dieser Einzelnen im Namen Jesu möglich, in christlicher Existenz dieser Einzelnen, in der Gleichzeitigkeit mit ihm, hier, jetzt, heute und in aller Zukunft seines Reiches.

Wenn man bedenkt, daß hier ein dogmatisches Problem angesprochen wird, das tief in die Vergangenheit zurückverfolgt werden kann und schon bei Anselm von Canterbury – cur Deus homo? – zur Diskussion steht, so ist es wohl ratsam, das so früh begonnene Netz nicht noch weiter zu knüpfen. Kierkegaards Entweder – Oder in diesem Bereich fordert zur Entscheidung heraus, in einen Glauben, gegebenenfalls quia absurdum! Die Paradoxie steckt nicht in den Glaubens-Sätzen, sondern in jedem existentiellen Entschluß in christlicher Entscheidung. Christliche Existenz verlangt die Bereitschaft des Wagnisses bis hin zu jenem Sprung in die Arme eines unverfügbaren Gottes, bis hin in die Gottverlassenheit Jesu am Kreuze. – Erst in dieser existentiellen Krise wird dann dem Angebot des Vaters im Himmel Gewißheit gegeben, daß wir dieser seiner verborgenen Hände Hilfe sicher sein können. Über dieses tastende Hoffen hinaus kann hier keine Erörterung mehr ratsam sein.

Aber hier muß nun doch noch mit einem Wort die Quintessenz der *„Unwissenschaftlichen Nachschrift"* angesprochen werden, daß das alles nicht „dogmatisch", d. h. theologisch-wissenschaftlich in systematische Erkenntnis umgesetzt werden kann, sondern lebendige Wirklichkeit des Glaubens ist; und diese „Glaubenssache" steht aller Theologie als Wissenschaft kontrovers gegenüber. „Die Gute Nachricht" läßt sich als „Frohe Botschaft" nicht „lehren", sie ist Sache der Verkündigung, des von der Liebe getragenen Bekenntnisses aus dem existentiellen Glauben.–

In vielen „Reden" und „Abhandlungen" hat Kierkegaard mit der Kraft dieser leidenschaftlichen Liebe seine großen Werke begleitet, in der Regel im Anschluß an Schriftworte, zumeist eingeleitet von Gebeten. In meiner Familie, mit den Kindern und Enkelkindern und in der Stille des Alters lassen sich diese Gebete beten, von denen ein tiefer Trost ausgeht, darum sollten sie in diesem Buch nicht fehlen.

Bei seiner amtlichen Kirche in Dänemark, die zu seiner Zeit offizielle „Staatskirche" wurde und deren Theologen und Pfarrer nicht selten von Hegels umfassender, auch die Theologie mit verschlingendender Systematik beeinflußt waren, mußte er in Mißkredit geraten. Ja, es beunruhigte ihn, wenn er aus diesen Kreisen auch schon mal ein gewisses Wohlwollen vermuten durfte. In einer, erst von seinem Bruder posthum veröffentlichten Streitschrift, „Das Buch Adler" (erste Fassung 1847), greift er einen Pfarrer (Adler) mit äußerster Schärfe an, weil dieser in seinen Predigten und Schriften eine Verfallenheit an dieses Systemdenken Hegels verriet, daß er das Christentum in Dänemark aufs äußerste bedroht sah. Theodor Haecker hat diese Kampfschrift zu einer Zeit in die deutsche Sprache übertragen, da er eine ähnliche Gefahr, wie in der späteren „Reichskirche", heraufziehen sah. Haekkers Übersetzung des „Buches Adler" wurde aber in der Theologie der beiden Kirchen in Deutschland kaum beachtet. Wir können hier nur so viel andeuten, daß Kierkegaard hier zu zeigen versuchte, wie lächerlich sich die Absicht ausnimmt, das Christentum von der Kanzel als philosophische Theorie, als „abschließendes wissenschaftlich-philosophisches Lehrgebäude" darzustellen, das Gott und die Menschheit bündig erklärt.

Das Christentum hat es mit Jesus zu tun. Dieser Menschensohn, Jesus, ist der Christus, aus dem allein die Christenheit hervorgeht. Das muß man so lapidar, ohne alle weitere Eingrenzung oder Kommentierung zur Kenntnis nehmen.

Den zwei von „Johannes Climacus" so zur Diskussion gestellten Werken folgen „Die Krankheit zum Tode" (1849) und „Die Einübung im Christentum" (1850) von Anti-Climacus. Nach einer Tagebuchnotiz verbirgt sich hinter dem Pseudonym „Anti-Climacus" ein Verfasser von entschiedener christlicher Grundeinstellung. Wir dürfen also davon ausgehen, daß wir von diesen beiden Werken her eine Herausforderung des Christen erfahren können, wie sie kaum vorher einmal an die „Christenheit" gerichtet wurde, wohlgemerkt: eine Herausforderung der „Christenheit"!, während im Umfeld dieser „Bevölkerung" der Atheismus eines Voltaire oder Friedrich II. von Preußen und dann des Feuerbach und Marx sich munter entwickeln konnte, weil die Christenheit selber in der Folge ihrer Religionskriege den Toleranz-Gedanken als oberstes Postulat für alle geistig-geistlichen Erörterungen in der Öffentlichkeit, vor allem an den Universitäten und in akademischen Zirkeln, in Dichtung und Philosophie, dann unter der „Gedankenfreiheit" als Parole der Französischen Revolution mit ins Spiel gebracht hatte. Das alles anerkennen wir ja heute ebenso als Gnade wie als Verhängnis. Damit hier keine schiefen oder halben Ansichten kolportiert werden, muß man zu unserem Thema ergänzen, daß es Kierkegaard zweifelsohne um den „Kopf" der Gesellschaft geht, also um eine Herausforderung der „Intelligenz" in der „Christenheit"; denn sie hatte ja durch nahezu anderthalb Jahrtausende diesen Platz besetzt gehalten, sie stellte diese „Intelligenz", sie wachte mit ihrer „Geistlichkeit" über das geistige Leben, von den Ordensschulen bis hin zu den von ihnen ausgelösten geistigen Strömungen, und schließlich schuf sie ja auch die Universitäten und Hochschulen, die dann eigentlich erst nach oder im Zuge der Reformation ihre vollen akademischen Rechte und Freiheiten aus dem weltlichen Bereich gewannen. Dies alles verlief dann in vielerlei Vernetzung mit den vergangenen Strukturen der „Gesellschaft".

Selten haben sich Historiker die Mühe gemacht, der Frage nachzugehen, was denn wohl Kaiser, Könige und Fürsten (cuius regio eius religio) vom Streit der Theologen überhaupt verstanden, auf Grund ihrer geistigen Bildung überhaupt verstehen konnten? Kierkegaard wandte sich an Leute in der bürgerlichen Gesellschaft, die wenigstens lesen konnten. Daher wiederholt sich bei ihm immer wieder der Satz von seiner Dankbarkeit seinem „Leser" gegenüber, und darunter verstand er zweifelsohne jene Zeitgenossen, die auch begriffen, was sie sich durch ihre Lektüre als „Lese", „Gedankensammlung" anzueignen vermochten; denn das Christentum lebt von dieser adäquaten Aneigung der „Guten Nachricht", die ja eine Botschaft an mündige Menschen ist, und wer über diese Mündigkeit noch nicht verfügt, riskiert durch rechtes Christwerden, kein mündiger, freier, über sich selbst verfügender Mensch zu werden und hierdurch aber auch in eine große Verantwortung sich selbst und der Mitwelt gegenüber versetzt zu sehen. Wer aber dieses Selbstwerden verfehlt, scheitert als Mensch und vor allem als Christ; denn die „Krankheit zum Tode" bedeutet ja die Gefahr, sich selbst zu verfehlen als Folge einer geistigen Verzweiflung. Aber darüber kann man sich nur unterhalten, wenn man zuvor begriffen hat, was das heißt, ein *Mensch, Geist, Selbst* zu sein.

Der Leser dieses „Kierkegaard-Symposions" wird nur dann einen zutreffenden Eindruck unseres Schriftstellers gewinnen, wenn er die etwas schwierige Passage durchstiegen hat, mit der Kierkegaard sein Buch über „Die Krankheit zum Tode" eröffnet. Das Personalpronomen „Selbst" ist in jeder Sprache so geläufig, daß es kaum eines Aufenthaltes zu lohnen scheint. Dann wäre aber jede Aussage über dieses „Selbst" nahezu eine vulgäre „Selbstverständlichkeit". Ich erinnere mich, daß ich in meinen Vorlesungen das Auditorium immer wieder darauf vorbereiten mußte, wenn es um diesen Ein- oder Aufstieg in das Verständnis des „Selbst" als dem zentralen Begriff einer christlichen Anthropologie ging. Nicht selten scheiterte ich trotzdem im ersten Ansatz schon und erntete eine oft in Gelächter überspringende Verständnislosigkeit. Die dann notwendig folgende Aufarbeitung ließ zögernd jenen stillen „Ernst" aufkommen, den Kierkegaard als Vorbedingung für alle „existientielle Erkenntnis" verlangte, „Ernst", eine christliche Existenzkategorie.

Ich kann hier nicht die ganze Partie des ersten Teils aus dem ersten Abschnitt der „Krankheit zum Tode" vorführen; denn der Leser sollte sich selber ans Werk machen und in die einzelnen Aussagen hineinarbeiten, vielleicht auch mit der Cadenz aus dem hellen Lachen in diesen Ernst denkerischen Bemühens. Für den Fortgang unserer einführenden Hinweise nur diese Sätze:

„Der Mensch ist Geist. Aber was ist Geist? Geist ist das Selbst. Aber was ist das Selbst?

Das Selbst ist ein Verhältnis, das sich zu sich selbst verhält, oder ist das im Verhältnis, daß das Verhältnis sich zu sich selbst verhält. Das Verhältnis ist nicht das Selbst, sondern daß das Verhältnis sich zu sich selbst verhält."

Die Distinktion zwischen einem bloßen Verhältnis (proportio) und einem Verhältnis, das sich zu sich selbst verhält (relatio) ist wichtig. Sodann weicht Kierkegaard schon hier der entscheidenden Frage nicht aus, woher dieses Selbst als Verhältnis zu sich selbst kommt, oder noch genauer gefragt: Wer dieses Selbst als ein Verhältnis zu sich selbst bestimmt hat:

„Ein solches Verhältnis, das sich zu sich selbst verhält, ein Selbst, muß sich entweder selbst gesetzt haben oder durch ein anderes (einen anderen) gesetzt sein.

Ist das Verhältnis, das sich zu sich selbst verhält, durch ein anderes gesetzt, so ist das Verhältnis zwar das Dritte, aber dieses Verhältnis, das dritte, ist so doch wieder ein Verhältnis, welches sich zu dem verhält, was das ganze Verhältnis gesetzt hat.

Ein so abgeleitetes, gesetztes Verhältnis ist das Selbst des Menschen, ein Verhältnis, das sich zu sich selbst verhält, und indem es sich zu sich selbst verhält, sich zu einem anderen verhält, ...:

Im Sich-Verhalten-zu-sich-selbst und im Sich-Selbst-sein-Wollen gründet das Selbst durchsichtig in der Macht, die es setzte."

Dieses und nur dieses „Selbst" ist eine gültige Antwort auf die Frage: „Wer ist der Mensch?" Der Mensch hat es mit sich selbst zu tun und mit jener „Macht, die das Selbst setzte". Weder dieses erste Verhältnis, das endliche Selbst, noch das zweite Verhältnis, das ewige Selbst, kann ohne Verlust an „Menschentum" im Leben des Menschen verspielt werden, es gerät dann immer in die Verzweiflung, die eine „Krankheit zum Tode" ist.

Nach Kierkegaard ist jener „Andere", der das ganze Verhältnis Mensch als Selbst gesetzt hat, Gott. In Jesus dem Christus haben wir Gott geschichtlich als unser Gegenüber, jenes Verhältnis, das wir in unserer Selb-ständigkeit im Dialog des Gebetes entfalten, erschließen und als Gespräch mit Gott, also in der Bitte (Gebet), aber auch im Streitgesprech (Hiob, Jakob ...) und in der Danksagung (Eucharistie) entfalten können. Darum aber verfehlen alle „Schriftsteller", die sich, aus welchem Anlaß auch immer, auf diese „Vernetzung“ des Menschen mit sich selbst und mit dem „anderen“ als dialektische Existenz einlassen, die Quintessenz: Der Geist, das Selbst, der Mensch lassen sich nur von dem Anderen (von Gott her), verstehen. Wer z. B., wie man es in einer modernen Sprachphilosophie erleben kann, die auf einem sehr hohen Niveau im Anschluß an Kierkegaards Eingangspassagen in der „Krankheit zum Tode“ sehr eindrucksvoll dieses Selbst-Verhältnis als begründend für die Sprache des Menschen auswertet, um dann aber diesen letzten entscheidenden Beziehungsbogen mit dem „Anderen“ geflissentlich auszulassen, betreibt wissenschaftlich eine willkürliche Amputation oder gar Verstümmelung, in deren Folge nur noch Sprachverwirrung eintreten kann. Es ist kaum zu fassen, wie eine solche Wissenschaft noch klären will, was denn Sprache in ihrem Urgrund und Quellgrund ist: Loquor ergo sum! Ich spreche, heißt: Ich werde in die Sprache gerufen, Sprache ist eine dialogische Bestimmung des Geistes, des Selbst, des Menschen. Sprache ist in seinem Ursprung nicht das „Worten“ des autonomen ex nihilo creator; denn der Mensch ist Geschöpf und nicht Schöpfer. Menschliche Sprache ist durch den Anruf in Szene gesetzt, das Worten des Menschen ist Antworten, ist Dialog, und selbst der Monolog ist als Gespräch mit sich selbst dieser dialogische „Geist“. Ich spreche, ich werde gesprochen (loquor) und nicht ich denke (cogito) gebiert das Selbst, den Geist; denn nur aus dem Geist (Selbst) geht das Wort hervor, aus dem Anfang alles Seienden erfolgte der Ruf in das Leben, aus dem „Logos“. Das „Ego“ des Menschen erweist sich so strukturell als ein „Wir“.

Nach Kierkegaard ist christliche Existenz nur in der Identität des Selbst mit sich selbst möglich, in der Überwindung der Angst vor der ego-istischen Monotonie eines ewigen Schweigens und gegen die Verzweiflung vor der drohenden Gefahr, sich selbst zu verfehlen. Es gilt, sich durchsichtig (und nicht verschwommen oder dunkel) als dialogisches Selbst in dem Verhältnis zu dem „Anderen“ zu gründen, in jener Kraft, die das Selbst im Anruf setzte (Ich habe dich bei deinem Namen gerufen und du bist mein)! Dieses Gottesverhältnis ist Fleisch geworden im Gottessohn, Jesus Christus. Über Ihn und nur über Ihn ist die wahre Identität des Menschen im Verhältnis zu sich selbst möglich. Das ist die Provo-

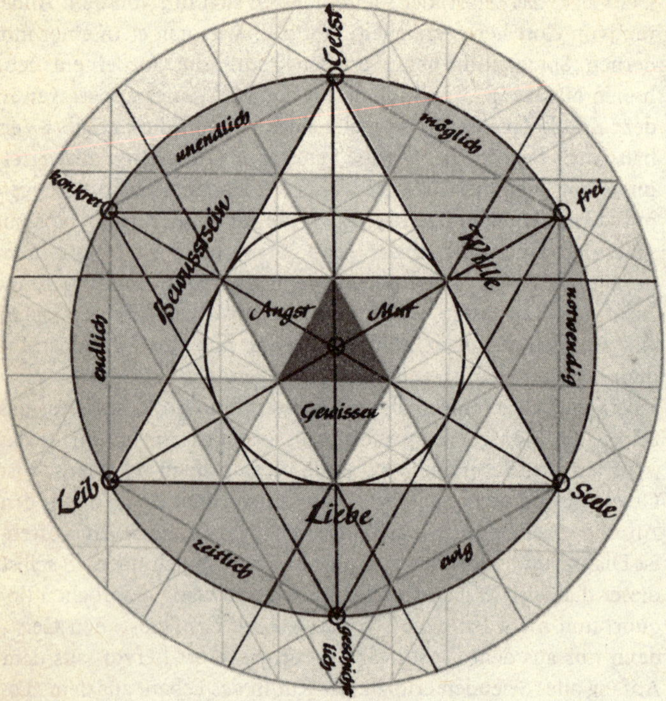

Die einzelnen Beziehungen (Verhältnisse) sind nicht als Gerade zu verstehen, da sie nicht als Proportionen in einer mathematischen Figur, sondern als Relationen im Lebensgefüge der menschlichen Person zu begreifen sind. Jedes Schema über ein metaphysisches Thema muß falsch sein! Die Eigenart des Kaleidoskops liegt aber darin, daß es immer zufällig eine von unbegrenzt vielen Bildmöglichkeiten bietet. Jedes Bild verdeutlicht das Gleiche: Die unerhörte Vielfalt und Harmonie des Ganzen. – Der innere Ring faßt das Selbst *(Ich)*, der zweite Ring das Mitselbst, beide inneren Ringe bedeuten die Personale Sozietät in ihren mannigfachen Kräften und Spannungsverhältnissen *(Wir)*. Der äußere Ring deutet die interpersonalen Kontaktmöglichkeiten an, durch die der Person die Berührung zu anderen Personen möglich und der Aufbau der Sozialen Welt aus der Interpersonalen Sozietät geleistet wird *(Gemeinde)*.

kation. Erst in der christlichen Existenz wird der Mensch sich als Mensch verwirklichen.

Hierzu bedarf es einer intensiven „Einübung im Christentum", bei der die Konfrontation mit Christus in der Situation der Gleichzeitigkeit erfolgt, also in der Präsenz, das heißt in der Vergegenwärtigung, was nicht in der historisch orientierten Vorbildsuche erfolgt. Es ist also immer neu zu fragen, was ist hier und jetzt die Frage der Ek-sistenz? Wie kommt es zu der konkreten Verwirklichung, die aus gelebter Entscheidung gewagt, gesetzt, gestiftet wird. Christliche Existenz geht aus solcher offenen, freien, entschlossenen Bereitschaft zum „Ja!" in Gottes Willen hervor: Fiat voluntas tua! Kierkegaards Werk über die „Einübung im Christentum" kreist um dieses Ereignis, auf daß aus einem Menschen ein Christ werde.

Kein Geringerer als *Ludwig Wittgenstein* hat im Anschluß an Kierkegaard sich zu diesem Glauben bekannt: „Das Christentum gründet sich nicht auf eine historische Wahrheit, sondern es gibt uns eine (historische) Nachricht und sagt: Jetzt glaube! Aber nicht, glaube diese Nachricht mit dem Glauben, der zu einer historischen Nachricht gehört, sondern: glaube, durch dick und dünn, und das kannst du nur als Resultat eines Lebens. *Hier hast du eine Nachricht – verhalte dich zu ihr nicht, wie zu einer anderen historischen Nachricht!* Laß sie eine *ganz andere* Stelle in deinem Leben einnehmen … – Wenn ich aber WIRKLICH erlöst werden soll, – so brauche ich *Gewißheit* – nicht Weisheit, Träume, Spekulation – und diese Gewißheit ist der Glaube. Und der Glaube ist Glaube an das, was mein *Herz,* meine *Seele* braucht, nicht mein spekulierender Verstand. Denn meine Seele, mit ihren Leidenschaften, gleichsam mit ihrem Fleisch und Blut, muß erlöst werden, nicht mein abstrakter Geist. Man kann vielleicht sagen: Nur die *Liebe* kann die Auferstehung glauben. Oder: Es ist die *Liebe,* was die Auferstehung glaubt."

Wittgenstein hat hier mit seinen Worten beschrieben, was Kierkegaard unter „christlicher Existenz" versteht, aber schier beiläufig bemerkt er: „Daran ist nichts Paradoxes!" Der große Einzelne unseres Jahrhunderts, Ludwig Wittgenstein, würde also das „credo quia absurdum" nicht in Anspruch nehmen, sondern sich eher an Blaise Pascal halten, an seine „raison du cœur". „Es ist das Herz, das Gott fühlt, und nicht der Verstand, das ist der Glaube: Gott dem Herzen fühlbar, nicht dem Verstand" (Pensées, 89). Jedenfalls begegnen sich in dieser von uns hier angesprochenen Problematik diese drei großen Einzelnen: *Pascal, Kierkegaard und Wittgenstein,* die ja in vielen existentiellen Lebensmerkmalen unmittelbar parallel zueinander stehen, bis hin zu jenem viel zitierten Satz Wittgensteins am Ende seines „Tractatus logico-philosophicus":

Die Lösung des Problems des Lebens merkt man am Verschwinden dieses Problems (6.521) ... Wovon man nicht sprechen kann, darüber muß man schweigen" (7).

Europa wäre ärmer, wenn es nicht diese drei Intellektuellen gegeben hätte, diese „schwächsten Schilfrohre", von denen Pascal spricht, aber „denkenden Schilfrohre" (Pensées, 128), die in sehr verschiedener Gemeinsamkeit, als Einzelne ihr „Memorial" hinterlassen haben. – Immer wieder bringen diese drei Denker die Unruhe des Herzens in die Erstarrung der menschlichen Lebensstrukturen, nicht zuletzt in die Apathie einer gelähmten Christenheit.

Für Kierkegaard jedenfalls war die Dänische Staatskirche eine bürgerliche Versorgungsanstalt geworden, die nur noch bei Geburt, Hochzeit und Tod ihrer Mitglieder bestimmte Funktionen auszuführen hatte, und die allsonntäglichen Veranstaltungen in den Kirchen waren Dienstleistungen zur gewohnten Ausgestaltung dieses einen Tages; denn man legte ja Wert darauf, ein „christliches Volk" in einem „christlichen" Staatswesen zu sein. Die offiziöse Kirchenleitung war daher über das Erscheinen der Schrift zur „Einübung im Christentum" schockiert. – Kierkegaard hatte das wohl geahnt; denn er hatte dieses Werk bis zur Veröffentlichung im Jahre 1850 zwei Jahre liegen lassen und setzte zum Schluß eine erklärende Vorbemerkung ein:

„In dieser Schrift, die aus dem Jahre 1848 stammt, ist die Forderung, ein Christ zu sein, von dem Pseudonym (Anti-Climacus) bis auf einen höchsten Grad der Idealität hinaufgetrieben worden. Doch gesagt, dargestellt, gehört muß die Forderung ja werden; von dieser Forderung darf man christlich nichts ablassen, man darf – statt sich selber Einräumungen und Zugeständnisse zu machen – sie auch nicht verschweigen. Hören muß man die Forderung; und ich fasse das Gesagte so auf, als wäre es allein zu mir gesagt – damit ich lernen möge, nicht nur mehr Zuflucht zu der ‚Gnade' zu nehmen, sondern mich ihr in dem Maße anvertraue, wie ich die ‚Gnade' annehme. – S. K."

Der Leser, der hier in unserem Textangebot einige entscheidende Passagen aus diesem Buch nachlesen kann, wird verstehen, warum dieses Buch in kirchlichen Kreisen ärgerlich aufgenommen wurde. Aber Kierkegaard stellte sich einem Gespräch mit dem Präses seiner Kirche, dem angesehenen und in der Bevölkerung verehrten Bischof Mynster, bei dem es aber noch nicht zum Bruch kam. Dieser erfolgte wenige Jahre später, als es aus Anlaß des Todes dieses auch von Kierkegaard geschätzten Kirchenmannes zu einer öffentlichen Diskussion über das Lebenswerk dieses Bischofs kam, der die Verhandlungen mit dem Staat über die Umwandlung der bis dahin „freien" Kirche in eine Staatskirche geführt hatte. Nunmehr waren die Pfarrer staatlich besoldete Kirchenbeamte.

Kierkegaard verstand sein Werk als unmittelbar an diese Pfarrer gerichtet und suchte die offene Konfrontation; denn in der Tat war es ja dieser auch in anderen Staaten gelaufene Prozeß, der zur Umwandlung der bis dahin „freien" Kirche in eine abhängige Staatskirche geführt hatte. Wer die christliche Kirche von Christus her und von seinem geschichtlichen Wirken in der Welt seiner Zeit betrachtet, mußte diesen Prozeß als „Säkularisation" verstehen, als Verweltlichung.

Die „Einübung im Christentum" ist ein Werk, das mitten in eine schwere Krise, das heißt in die Entscheidung zwischen Gott und der Welt zielt. Hier wird die Christenheit herausgefordert zu einem Leben mit und in Christus unter uns. Einübung im Christentum, nicht als Einleitung oder Unterweisung oder als „Didactica parva" theologischer Lehrmeinungen für den Unterricht, sondern als „Didactica magna" zur Frage einer umfassenden und grundlegenden Verchristlichung unserer aus den Fugen geratenen Welt, durch die Bindung unseres Lebens an eine Gleichzeitigkeit mit Christus, durch christliche Einzelne, in christlicher Existenz. Wie vor über hundert Jahren ist dieses Werk aktuell für die Krise der Christenheit in unserer Zeit.

Im Unterschied zu seinem ersten großen Werk („Entweder – Oder"), das sich auf dem Hintergrund seines eigenen Scheiterns in der Liebesbeziehung mit dem groß angelegten Thema der ästhetischen Entscheidung im Bereich des Erotischen befaßte, geht es nun um die kategorische Herausforderung zum „Entweder – Oder" Gott oder dem Nichts gegenüber, wie er ausdrücklich betont, auch an sich selbst gerichtet. Die „Angst" war es, die den Menschen zu Beginn seiner Geschichte in die Verstrickung mit dem Abfall von Gott geraten ließ, die „Verzweiflung" drohte, ihn in die Selbst-Verfehlung, in den Tod zu treiben. Das waren die großen Entwürfe, denen die „Philosophischen Brosamen" und die „Unwissenschaftliche Nachschrift" als Sicherung in der Gleichzeitigkeit mit dem Heil in Jesus Christus gegenübergestellt waren, auf die extreme Situation hin: zwischen Angst und Verzweiflung, zwischen Wagnis und Scheitern, sich in die Arme Gottes fallen zu lassen, sich in seine Gnade zu ergeben oder im absurden Sprung in den Glauben an die Sicherheit dieser „gratia gratis data" alles zu gewinnen. Vieles erinnert hier an die „Wette" von Pascal oder auch an „Ungewißheit und Wagnis" von Peter Wust.

Nun, der Leser, der sich auf die Lektüre dieses Buches von der „Einübung im Christentum" einläßt, sollte immer bedenken, daß diese Schrift an „Christen" gerichtet ist, die wenigstens dem Namen nach noch einen Zugang zu solcher Herausforderung haben können. Im engeren Sinne war sie bei Erscheinen im Jahre 1850 an die Mitglieder der Dänischen Staatskirche gerichtet, insbesondere an ihre Pfarrer, die nun als Kirchenbeamte einen „Beruf" auszuüben hatten, wozu man ein Examen brauchte, aber keine „Berufung". Kierkegaard hatte dieser Vorgang sehr erregt, und gelegentlich löst dieser Zustand auch in anderen Ländern heiße Diskussionen aus. Die Gleichzeitigkeit mit Christus, als seine Jünger und Hirten in gesicherten Positionen, was die weltliche Existenz anbetrifft, erscheint ja nicht nur für dieses kleine Land extrem bedenklich, es ist für eine Christenheit, die sich wirklich auf Christus einläßt, ein Skandalon.

In dieser Zeit schrieb Kierkegaard eine Reihe von „Religiösen" und „Erbaulichen Reden", die, wie er selber immer wieder betont, nicht den Anspruch von „Predigten" erhoben, weil er ja „ohne Autorität", ohne „Ordination" im kirchlichen Bereich sei. Er bezeichnet sich wohl als ein „Religiöses Genie", macht aber in einer Abhandlung „Über den Unterschied zwischen einem Genie und einem Apostel" auf die qualitative Differenz aufmerksam, die es da zu beachten gilt, eine Differenz, die noch in unseren Tagen zu bedenken wäre. Weder Päpste noch Kardinäle, Bischöfe, Superintendenten oder Pfarrer gewinnen etwas durch weltliches Ansehen, etwa akademische Grade, oder wenn sie also vor ihrer „Berufung" als Professor, mehrfach doktoriert sind, aus adeligem oder bürgerlichem Geschlecht kommen, vom Stande der Bauern oder aus der Klasse der Arbeiter, ja, ob sie männlichen oder weiblichen Geschlechts sind. Entscheidend allein ist der *Glaube,* der sie trägt, den sie ausstrahlen, für den sie in ihrer Existenz einstehen.

Kierkegaard hat über diesen Glauben eine „Neujahrspredigt" gehalten, die im nachfolgenden Schriftenangebot nachzulesen ist.

In einer Zeit, da die Naturwissenschaft als letzte Instanz für alle Lebensfragen ihre Zuständigkeit etabliert, gerät die Glaubensfrage in jene Verlorenheit, wie sie *Jean Paul Sartre* und gleichermaßen seine Lebensgefährtin, *Simone de Beauvoir,* beschrieben haben. Sie verloren ihren Glauben, sie verloren Gott auf der Straße, auf dem Schulweg. Ganz plötzlich wurde ihnen bewußt, so haben sie es beschrieben, daß Gott für sie nicht mehr existierte, und so interessierten auch sie sich nicht mehr für ihn. Das ist der übliche Vorgang. Man verliert Gott, wie man ein Taschentuch verliert, es läßt sich durch ein „Tempo" ersetzen. So schnell und unversehens geschieht das heute. Die dramatischen Kämpfe des Abfalls finden wohl nur noch in der Literatur statt, und auch da nur sehr selten. Dieselben Leute bleiben aber zum großen Teil „Christen", so, wie sie sich nach der Mode kleiden. Die größte Gefahr droht daher der Christenheit von dem Verlust des Glaubens in der *Belanglosigkeit* her, so wie man alltägliche Dinge abnutzt und wegwirft. Gegen diese, meist als Massenströmung wirksame Infektion setzt Kierkegaard den Einzelnen, und nur an ihn wendet sich dieses Buch; denn die Christenheit hat es mit dem Einzelnen zu tun, der da ist Jesus der Christus.

In seinen Tagebüchern berichtet Kierkegaard, daß er im Gebet um Form und Gestalt dieses Buches gerungen habe. Es ist nun jener Punkt erreicht, im Einsatz seiner letzten Kräfte – denn er spürt, daß ihm ein früher Tod bevorsteht –, seine „Mitchristen" in die Entscheidung zu rufen.

III. Endkampf und Tod

Aber nur fünf Jahre nach Erscheinen der „Einübung" beendete ein früher Tod, in der Mitte seines 42. Lebensjahres, das rastlose Schaffen dieses großen christlichen Schriftstellers (am 11. November 1855). Diese letzten Lebensjahre waren angestrengte Jahre seines Engagements „im Dienste seiner Idee", und der Tod die Folge einer totalen Erschöpfung.

Schon einmal war er bis an den Rand solcher Erschöpfung gekommen, als er im Jahre 1845 sich mit einem Skandalblättchen, dem „Korsaren", in Kopenhagen, eingelassen hatte; denn dieses zynische, von dem Journalisten Meir Aron Goldschmidt herausgegebene Blättchen arbeitete weniger argumentativ, sondern verriß seine Adressaten eher durch seine Karikaturen. Seinem Erscheinungsbild nach bot Kierkegaard allen Anlaß, ihn hier zu treffen und zu verletzen. Dieser Stil eines bestimmten Genres in der immer bedeutungsvoller werdenden Rolle der Presse im öffentlichen Leben sorgte durch seine „Schlagzeilen" und Illustrationen für öffentliches Interesse, wie gehabt bis auf unsere Tage. Da Kierkegaard seine Kurzweil zwischen der Arbeit in seinem Studio in den Straßen und Gassen der Hauptstadt suchte, war er stadtbekannt, man konnte nach ihm, wie es sich in Königsberg mit Kant zutrug, die Uhren stellen. Vor allem sorgte die Statur und Gangweise Kierkegaards für Aufsehen. Er war eine wandelnde Karikatur. Theodor Haecker widmete seine letzte Publikation über Kierkegaard diesem Befund – unter dem fragwürdigen Titel „Der Buckel Kierkegaards" (1946). Im Zusammenhang des zu jener Zeit aktuellen Themas mit der Leib-Seele-Problematik greift er eine Studie des dänischen Psychologen Richard Magnussen auf, der das „Rätsel Kierkegaard" in diesem Zusammenhang in einer fachlich sehr guten Studie zu lösen versucht hatte. Haecker hätte ja eigentlich an seine Übersetzung der „Erinnerungen" an Sören Kierkegaard von Henriette Lund denken sollen, die da berichtet, daß der junge Kierkegaard im Garten eines befreundeten Hauses unglücklich bei einer Kletterpartie aus einem Baum gestürzt war. Die entsetzte Frau des Hauses soll nach Kierkegaards eigenem Bericht ausgerufen haben: „Liebes Kind, wirst du mir je im Leben eine so große Freude machen, wie du mir heute Sorgen gemacht hast?" Immerhin verdankte er diesem Unfall wohl später die Entlassung aus der königlichen Leibgarde nach dreitägigem „Dienst" wegen „körperlicher Untauglichkeit" (Friedrich Nietzsche war es aus ähnlichen Gründen nicht anders ergangen). Die verunglückte Kletterpartie des jungen Kierkegaard hatte für das ganze Leben unerwartete Folgen. Die betroffenen Lendenwirbel und Bandscheiben sorgten wohl für jenen „Stachel im Fleisch", der für das weitere Leben schmerzhaft war und die Gestalt mit einem hohlen Kreuz versah. Man braucht also nicht tiefenpsychologisch das Problem des „Buckels" mit der These verbinden, wie das Richard Magnussen getan hat, auf den sich dann Theodor Haecker verließ, dieser sogenannte „Buckel Kierkegaards" sei genotypisch begründet. Diese seine spätere Mißgestaltetheit hatte seine psychische Struktur nicht mitgeprägt, der junge Sören war ein quicklebendiger und gesunder Junge, dem der Unfall und die nachfolgende Unachtsamkeit des Elternhauses zwar einen mitwachsenden Dauerschaden einbrachte, der dann habituell irreparabel wurde. Für den psychosomatischen Befund ist dieser Vorgang dann sicherlich von Bedeutung gewesen, aber nicht strukturell! Die vielbesprochene Schwermut Kierkegaards, das wurde wohl immer richtig gesehen, war ein Erbe von seiten seines Vaters. Der journalistische Verriß im Korsaren (1845) durch Goldschmidt bleibt dennoch eine verletzende journalistische Bosheit. Sein Urheber mußte allerdings schon ein Jahr später das Erscheinen seines Blättchens einstellen; denn offenbar spielte hier die Kopenhagener „Intelligenz" nicht mit. In seinen Tagebüchern finden wir in der Folge dieser journalistischen Angriffe viele Notizen, in denen sich Kierkegaard mit dem Aufkommen des Journalismus ganz allgemein befaßt, und was die „Würze" anbetrifft, nichts fehlen läßt. Hierzu einige kleine Kostproben:

„Wenn ich Vater wäre und eine Tochter hätte, die verführt würde, über sie wollte ich nicht verzweifeln; ich würde auf ihre Rettung hoffen. Aber wenn ich einen Sohn hätte, der Journalist würde und während fünf Jahren es bliebe, ihn würde ich aufgeben ..."

„Diese Leute nennen sich nach dem ‚Tag' (Journalisten). Mir scheint, daß man sie besser nach der ‚Nacht' benennen könnte. Darum schlage ich vor, weil ja auch Journalist ein Fremdwort ist, sie Nuitisten, Nachtfahrer, Nachtfahrerzunft zu nennen. Mir scheint, daß dieses Wort gar nicht so gut auf die Abtrittsräumer passe, für die es gebraucht wird. Aber die Journalisten, sie sind in Wahrheit ‚Nachtfahrer', sie führen den Kot nicht fort in der Nacht, was ja wohl ehrlich wie auch eine gute Tat ist, nein, sie führen den Kot ein am Tag, oder noch besser gesagt, sie führen ‚Nacht' über die Menschen, Finsternis, Verwirrung, kurz sie sind – Nachtfahrer."

„Wehe, wehe über die Tagespresse! Käme Christus heute in die Welt: So wahr ich lebe, er nähme sich zum Ziel nicht die Hohenpriester – sondern die Journalisten."

Heute würde sich Kierkegaard insgesamt gegen die Massenmedien wenden; denn das Hauptargument gegen die Journalisten betrifft die Vervielfältigung ihrer Mitteilungen:

„Daß ein einziger Mensch jeden achten Tag oder jeden Tag in einem Nu vierzigtausend oder fünfzigtausend Menschen dazu bringen kann, dasselbe zu sagen und zu denken – das ist entsetzlich. Und die Schuld kann man niemals persönlich fassen; und die Tausende, die er gegen einen hetzt, sind im gewissen Sinne unschuldig."

„Man schaudert vor der Roheit, mit der ein Schlächter das Messer gebraucht; oh, aber wie ist das doch ein unendliches Nichts gegen den entsetzlichen Leichtsinn und die Verhärtung, mit welcher ein Journalist, wenn möglich, sich über das ganze Land hermacht, und die Unwahrheit gebraucht!"

Kierkegaard würde heute vor der Macht zittern, die von den Massenmedien ausgeht und der sich vor allem die Politiker bedienen. Die Christenheit erträgt diese Zustände in Schuldigkeit. Ein bekannter Prälat in unseren Landen, der Kierkegaard gut studiert hat, sagte bei einem Geburtstagsempfang seinem sehr hohen Pfarrkind aus Köln/Bonn(!): „Ich muß es Ihnen sagen, und das ist mein Wunsch: Weniger lügen, weniger Lügen!"

Die leidenschaftliche Schaffenszeit von 1840 bis 1850 hatte ein Erlebnis zur Voraussetzung, das man, ohne den hinterlassenen Text hierzu in seinen Tagebüchern aus dem Jahre 1838 zu strapazieren, mit dem „Memorial" von Pascal vergleichen kann: „19. Mai vormittags 10½-Uhr – Es gibt eine *unbeschreibliche Freude,* die ebenso unerklärlich uns durchglüht, wie der Ausbruch des Apostels unmotiviert eintritt: ‚Freut euch', und wiederum sage ich euch: Freut euch, nicht Freude über dieses und jenes, sondern der Seele feuriger Ausruf mit Zunge, Mund und Herzensgrund: Ich freue mich mittels meiner Freude von, in, an, bei, wegen und mit meiner Freude, ein himmlischer Kehrreim, der gleichsam plötzlich unseren übrigen Gesang abschneidet: eine Freude, die gleich einem Windhauch kühlt und erfrischt, eine Welle des Passates, der aus dem Hain Mambre zu den ewigen Wohnungen bläst."

Dieser Jubel erinnert an einen Jubel aus seiner Schrift „Die Wiederholung" (1843): „Es lebe der Flug der Gedanken, es lebe die Lebensgefahr im Dienste der Idee, es lebe die Not des Kampfes, es lebe der festliche Jubel des Sieges, es lebe der Tanz im Wirbel des Unendlichen, es lebe der Wellenschlag, der mich im Abgrund verbirgt, es lebe der Wellenschlag, der mich hinaufschleudert über die Sterne." – Kierkegaard schien damals nicht zu ahnen, daß ihn der Wirbel eines von ihm selbst ausgelösten Kampfes nahezu umbringen sollte.

Nach der Veröffentlichung seiner „Einübung" bekam Kierkegaard, wie erwartet, zunehmend Schwierigkeiten mit seiner obersten Kirchenbehörde. Der Tod des Präses dieser Kirche, Bischof Mynster, der dieses Werk gar nicht geschätzt hatte und ein für Kierkegaard unbefriedigendes Gespräch mit ihm geführt hatte, hätte ja eine Entspannung einleiten können. Aber der Nachfolger, Bischof Martensen, ein durchaus angesehener Theologe, verstieg sich in einer Gedenkrede dazu, den Verstorbenen als „Wahrheitszeugen" nahezu unter die Martyrer einzureihen. Das empfand Kierkegaard als Gotteslästerung, was er dann auch öffentlich sagte.

Das wurde der Ausgangspunkt für eine ganz neue Phase seines schriftstellerischen Wirkens, eine Phase des offenen Angriffs gegen die Kirchenleitung und die beamteten Pfarrer, aber auch der „Selbstprüfung", was dann schließlich zum Austritt aus der Kirche als einer staatlich subventionierten Einrichtung führte.

Man muß aber diesen in Kopenhagen schon viel Aufsehen erregenden und seltenen Vorgang nicht im Sinne eines Abfalls vom Glauben verstehen, es war im Gegenteil die äußerste Manifestation eines entschiedenen Christentums.

Schon in den Jahren 1851/52 hatte Kierkegaard zwei Schriften „Zur Selbstprüfung" und „Richtet selbst" herausgegeben. Hier schiebt er kein Pseudonym mehr vor, die Methode der „Indirekten Mitteilung" ist an ihre Grenzen gekommen. Kierkegaard stellt sich selbst unter den Anspruch des Christen im Widerstreit mit seiner Umwelt, besonders aber mit den „1000 Pfarrern" im Lande, die der Staat an die Leine genommen hatte. Er ruft die Christen seines Landes zur „Nüchternheit" auf, das Christentum sei keine „berauschende Angelegenheit". Der Leser dieser Passagen wird auch heute noch stutzig werden. Genau das aber war es, was Kierkegaard im Schilde führte: die „Christen" wecken und aufmerksam machen; denn sie hatten ja alles, so, wie es kam, hingenommen.

Schließlich, in den letzten Monaten seines Lebens, geht Kierkegaard im Rahmen seiner erschöpften Mittel zum Frontalangriff durch kleine Flugschriften über. Er hatte ihnen den bezeichnenden Titel *„Der Augenblick"* gegeben. Insgesamt zehn Nummern brachte er heraus, die letzte erschien posthum. So hatte er buchstäblich mit letzter Kraft diesen Kampf ausgetragen, und sein letzter Groschen war in die Druckerei gegangen. (Wir bringen aus der Nummer 2 dieser „Augenblicke" einige bezeichnende Abschnitte, die an seinem Grab im Tumult seiner Beerdigung verlesen wurden.)

Kierkegaard hatte sich zu seinem alltäglichen Spaziergang in die Straßen der Hauptstadt begeben, um als „Einzelner" sein „Menschenbad" zu nehmen. Wie immer wohl machten sich die Spaziergänger gegenseitig auf den seltsamen, aber respektierten Mitbürger aufmerksam. Doch hier, inmitten des hauptstädtischen Treibens brach er auf der Straße zusammen. Er ließ sich ins Hospital bringen, und auf die Frage, wie es ihm gehe, antwortete er: „Mäßig, es ist der Tod."

Das nun beginnende Siechtum dauerte über einen Monat. Eine Erkrankung spezieller Art konnten die Ärzte nicht feststellen. Er lebte mit wachen Sinnen in den Tod hinein. Auf die Frage, ob er nicht das heilige Abendmahl nehmen wolle, antwortete er: „Ja, aber nicht von einem Pfarrer; von einem Laien." Sein Freund Emil Boesen, er allein durfte ihn besuchen, hatte geantwortet: „Das ist nicht recht." – Kierkegaard antwortete: „Darüber kann ich nicht disputieren, ich habe meine Wahl getroffen, ich habe gewählt. Die Pfarrer sind königliche Beamte, königliche Beamte stehen in keinem Verhältnis zum Christentum." – Dieser Disput ging ohne eine Wende noch einige Zeit weiter. Sein Freund meinte, daß ein Laie wohl nicht schon deshalb ein guter Christ sei, weil er kein Pfarrer ist. Die Kluft, die durch die Einrichtung des beamteten Pfarrertums die Kirche gespalten hatte, war für den todkranken Kierkegaard tief, sie ließ sich nicht überbrücken. – Umgekehrt war es Pascal in Port Royal ergangen, dem man die Kommunion verweigerte, nach der er eindringlich verlangt hatte.

Ich habe mich bewußt bei diesem Thema so eingehend im Blick auf unsere Zeit aufgehalten, weil das zugrundeliegende Problem auch heute noch virulent ist: Der Bruch einzelner Christen mit ihrer „Konfessionskirche" wird gemeinhin, aber irreführend als „Kirchenaustritt" bezeichnet; denn in vielen Fällen bleiben diese Leute ja „Christen". Der Austritt bezieht sich oft auch nur auf die Konfession (römisch-katholisch, altkatholisch, evangelisch, griechisch … usw.), nicht selten ist die Kirchensteuer der Anlaß. Auch Kierkegaards „Austritt" richtete sich als Protest gegen die staatlich verfaßte „Konfession". Der „Kirchenaustritt" des Nobelpreisträgers *Heinrich Böll*, das war allen katholischen Mitchristen klar, die über eine christliche Unterscheidungskraft verfügten, war kein Abfall vom christ-katholischen Glauben und seiner Kirche, sondern ein Protest gegen bestimmte Verhaltensmuster der kirchlichen Amtsträger und ihrer Direktiven, vor allem für den politisch-gesellschaftlichen Bereich, in der Friedensfrage oder auch zu sexualethischen Problemen. Beide Schriftsteller, Kierkegaard und Böll, waren „Einzelne", die charismatisch als geistige, in ihrem Selbst fundamental geprägte Menschen bis in die Todesstunde hinein ihre freie Gewissens- und Glaubensentscheidung durchgetragen haben. Man darf diesen Vorgang bei der Darstellung ihrer Lebenswege nicht unterschlagen, er war in beiden Fällen für die Mit- und Nachwelt wichtig und befreiend. Aber in beiden Fällen hatten diese „Einzelnen" wohl nicht daran gedacht, eine allgemeine „Austrittsbewegung" auszulösen. Was damals und heute in dieser Hinsicht geschah, war ganz und gar eine Sache dieser Einzelnen, die ja nicht als Individuen im Bannkreis einer Menge zu agieren versuchten. Die Entscheidung dieser Einzelnen hat keine Aufforderung zu kollektiven Folgen in Bewegung setzen wollen. Die jeweils getroffene Entscheidung gründete im persönlichen Gottesverhältnis und war daher auch nicht imitierbar.

IV. Ende der Christenheit?

Wir wollen es nun dahingestellt sein lassen, ob Kierkegaard sein Verhältnis zur christlichen Kirche in Dänemark so überexponieren mußte, daß sich ihre Struktur in der Folge dieses Ereignisses noch heute von den Nachbar-Kirchen unterscheidet. Vielleicht hatte er den Bogen überspannt. Sein früher Tod ließ dann keine entsprechenden Korrekturen mehr aufkommen. Dennoch ist sein Andenken sehr beachtet. Das gilt vor allem für das philosophisch-theologische Werk, das immer wieder nachwirkt, nicht zuletzt durch die Aufmerksamkeit, die seine Schriften in Deutschland gefunden haben und immer wieder ins Gespräch gebracht werden. Die frühen Übersetzungen und Kommentare, die hier geleistet wurden, haben ihn aus dem Genre eines Heimatschriftstellers in die internationale Diskussion gebracht, und zwar in kontroverstheologischer Relevanz für beide großen christlichen Konfessionen.

Kierkegaard hat eine philosophische „Denkweise" in Szene gesetzt, die unter dem Stichwort „Existenzphilosophie" zeitweilig in Deutschland und namentlich in Frankreich, dann aber über das Geistesleben in Europa und darüberhinaus beherrschend werden konnte. Das von diesem Vorgang ausgehende Stigma ist aus der Philosophiegeschichte der Neuzeit und Gegenwart nicht wegzudenken. Vielleicht darf man den Franzosen Blaise Pascal (1623 bis 1662), und nach Kierkegaard den Deutschen Friedrich Nietzsche (1844–1900) und auch Ludwig Wittgenstein (1889–1951) zu diesem Denkansatz gesellen. Alle vier sind bewußt keine Systematiker gewesen und haben in ihrer Lebenssituation die Frage nach Gott und dem Menschen in einer Art „Lebensphilosophie" oder „Philosophie der menschlichen Existenz" aufgeworfen und zu beantworten versucht. Wer diesem Gedanken heute nachgeht, muß von diesen vier Denkern ausgehen, und zwar nicht systematisch, sondern situativ, nicht selten in Gegenüberstellung gegebenenfalls im Widerspruch und ohne Anschluß untereinander, aber offen für den existentiellen *Entschluß*.

In der ersten Hälfte unseres Jahrhunderts waren eine Reihe von Philosophen in Deutschland (Heidegger, Jaspers, Griesebach und Wust) und in Frankreich (Sartre, Marcel, Mounier und Camus) von den Denkansätzen im schriftstellerischen Werk Kierkegaards beeinflußt. Aber viele mußten ja das Verdikt Kierkegaards über die „Kathederphilosophen" fürchten, und so kam es nur partiell zu einem Durchbruch auf gemeinsame Perspektiven hin (wie etwa bei Emmanuel Mounier in Frankreich, Peter Wust und Alois Dempf in Deutschland). So hat es denn nie eine „Schule" Kierkegaards gegeben. Sein Kampf gegen die philosophische Systembildung (Hegel!) mit ihrer Überzeugung, auf spekulativem Wege die Welträtsel lösen zu können, wurde später auch von Nietzsche weitergeführt. Karl Jaspers und der späte Heidegger haben diesen Zusammenhang gesehen und in ihrer aufsehenerregenden „Nietzsche-Rezeption" verarbeitet.

In gleicher Weise wirkte Kierkegaard auf die dogmatischen Systematiker der Theologie und befreite diese in den beiden großen christlichen Konfessionen von ihren Systemzwängen.

Die Dialektische Theologie hat hier ihren Ursprung. *Karl Barth* vor allem, *Bultmann, Reisner, Tillich* und viele andere wären hier zu nennen, aber auch *Karl Rahner, Urs von Balthasar, Erich Przywara* bis hin zur Theologie der Befreiung (*J. B. Metz* und viele andere). Sie erbringen die kontroverstheologische Relevanz Kierkegaards, deren Mahnung: „Zurück zum Kloster" zwar nicht im Sinne einer katholisierenden Tendenz zu verstehen war, was aber wohl für die Offenheit der katholischen Konfession und gegenüber ihrer Geschichte spricht. Der katholische Schriftsteller Theodor Haecker hat hierzu große Verdienste durch seine Übersetzungen und Kommentare, auch für evangelische Leser gebracht. Kierkegaard war der erste in neuerer Zeit, der ganz bewußt als Philosoph und christlicher Schriftsteller sich ausdrücklich nicht als Theologe und Philosoph „vom Fach" verstand, sondern danach strebte, existentiell zu denken, im vollen Bewußtsein dessen, daß wir dann mit den „Augen der Alraune" (nach Achim von Arnims Parabel) in unserem Blick nach vorn zugleich mit einem Augenblick nach rückwärts die Zukunft erkennen und daß wir nicht leidenschaftslos oder gar „objektiv" die Wahrheit finden können, sondern „subjektiv" mit dem Einsatz von Herz und Intellekt, durch unsere ganze Persönlichkeit als Einzelne.

Im restaurativen Gegenzug unserer Gegenwart scheint man Philosophie und Theologie wieder in scholastisch-verschulter Wissenschaftlichkeit und in „kritischer Methodik" als das wieder umbrechen zu wollen, was im existentiellen Engagement in die Weite der Freiheit, in Wagnis und Risiko geführt hatte, um in Literatur und Kunst, aber auch im religiösen Lebensbereich – und vor allem hier – ermüdet und kraftlos niederzusinken, unfähig zugleich, dem drohenden Verhängnis bürgerlicher Übersättigung im sogenannten Fortschritt durch eine christliche Existenz Widerstand zu leisten.

Die zu Kierkegaards Zeiten voll einsetzende Aufklärung und Säkularisation der Gesellschaft hatte eine religiöse Planierung der Christenheit zur Folge, besonders in Frankreich, der „ersten Tochter Roms", deutlich, das in der Gestalt seiner „Zivilisation" ein Missionsgebiet (pays de mission) wurde. Die Laisierung des gesellschaftlichen Lebens, besonders des Schulwesens, mit dem Verbot allen Religionsunterrichts, die totale Enteignung der Kirche, einschließlich der Kirchengebäude, Pfarrhäuser, der Klöster und Schulinternate sollte zur Ausrottung jeglichen religiösen Bewußtseins führen (Voltaire: écrasez l'infâme). Die Entchristlichung der Christenheit nahm radikale, bis an die Wurzeln gehende Formen der Ausrottung an, der Atheismus wurde mit fanatischem Eifer vorangetrieben und sollte dann später in den großen Revolutionen im Nahen und Fernen Osten siegen. In diesen Prozeß drang dann zunehmend der Dialektische Materialismus ein, der von Karl Marx in Szene gesetzt worden war und das Werk des liberalistischen Atheismus zu vollenden suchte. Die Entchristlichung der Christenheit durch den Marxismus im Osten wurde durch den materialistischen Kapitalismus im Westen und seine Libertinage im gesellschaftlichen Leben gründlich vorbereitet.

Nach der Katastrophe des Zweiten Weltkrieges wurde die Frage gestellt, ob das alles eine andere Wendung genommen hätte, wenn sich in der Mitte des 19. Jahrhunderts die beiden großen Krisen-Denker – Kierkegaard und Marx – gekannt hätten: die Frage nach einer möglichen Symbiose von Christentum und Sozialismus.

Dieses Problem läßt sich hier nicht weiter erörtern, aber eine kurze Konfrontation von Kierkegaard und Marx sollte möglich sein.

Für Marx ist der Mensch nur in Gemeinschaft mit anderen, genauer: in der Gesellung als „Gattungswesen" Mensch, und was jeder einzelne Mensch ist, das ist er nur in und durch diese Gesellschaft, in der es keinen „Einzelnen" gibt und geben kann.

Kierkegaard hingegen hält nichts von der Masse Mensch, von der Menge, dem Publikum oder gar der organisierten, in Aufmärschen und Großkundgebungen geballten Macht menschlichen Willens. Das numerische Quantum ist ihm eher eine Negation der Menschlichkeit, und die Negation dieser Negation ist eben mit der Kategorie des „Einzelnen" bezeichnet. Aber dieser Einzelne ist auch nicht der individualistische Mensch, der fähig ist, seinen Willen der Masse in der Gestalt des Diktators, des Führers, des Funktionärs aufzuzwingen.

Für Kierkegaard ist *der Mensch dieser, bei seinem Namen gerufene Einzelne, in der Ver-Antwortung vor seinem Schöpfer und dem ganzen Geschlecht,* nicht in der quantitativen Bezogenheit, nicht im numerischen Mitmenschsein der Gesellschaft, des Standes und der Klasse, sondern *dieser Mensch in seiner personalen Einzigartigkeit, vor Gott und dem Menschengeschlecht.* Mit jedem neuen Menschen beginnt die Menschheit neu, beginnt Adam und mit ihm Eva: die Menschheit vor Gott:

„Die Kommunisten hierzulande und anderswo kämpfen für die Menschenrechte. Gut, das tue ich auch. Just deswegen kämpfe ich mit aller Macht gegen die Tyrannei der Menschenfurcht. – Der Kommunismus führt im Maximum zur Tyrannei der Menschenfurcht (sieh bloß wie Frankreich in diesem Augenblick darunter leidet); eben da beginnt das Christentum. – Das, wovon der Kommunismus so viel Aufhebens macht, nimmt das Christentum als etwas, was sich von selbst versteht, daß alle Menschen vor Gott gleich, also wesentlich gleich sind. Aber dann graust es dem Christentum vor dieser Abscheulichkeit, die Gott abschaffen will und Furcht vor der Menge der Menschen, vor der Majorität, vor dem Volk, vor dem Publikum erregen will." In dieser ihrer Personalität unterscheiden sich aber alle Menschen voneinander. Darum müssen die Menschen in der gleichen Situation nicht immer gleich handeln, sondern in ihrem Selbst unterscheiden sie sich, sind sie keine Dubletten, sind sie verschiedenen Namens. Der Mensch ist sich selbst gegenübergestellt, sich selbst sein Nächster, aber seine Identität ist die Über-ein-stimmung mit sich selbst, die nur in einem dialektischen Prozeß gewonnen werden kann, im rechten Verhältnis zu sich selbst. Insofern kann man oder muß man mit Kierkegaard sagen: Der Mensch ist in sich selbst *personale Sozietät,* ein geistiges Selbstverhältnis, der Mensch ist Geist und nicht nur ein materielles Leib-Seele-Konstrukt, bar jeder Freiheit. Nein, er ist in sich selbst diese geistige, freie Existenz. Darum lautet auch das Hauptgebot der Christenheit: „Liebe deinen Nächsten *wie dich selbst.*"

Alle Formen der mitmenschlichen Wirklichkeit sind durch diese freie geistige Personalität des Menschen gleichermaßen vorherbestimmt. Erst jetzt können wir im Kontrast hierzu ermessen, was denn demgegenüber Marx vom Menschen sagt, was Marxismus ist.

Für Karl Marx ist der Mensch das Produkt der Verhältnisse. Die Gesellschaft produziert den Menschen als Menschen in seiner Gattung, so wie sie durch ihn produziert wird. Marx postuliert hier eine Ambivalenz des Verhätlnisses des Menschen zur Gesellschaft mit den Mitmenschen und den sozialen Verhältnissen und verleiht ihr insgeheim eine Priorität vor dem einzelnen Menschen. Mit seinen Worten: „Das menschliche Wesen der Natur ist erst *da* für den gesellschaftlichen Menschen; denn erst hier ist sie für ihn *da* als Band mit dem Menschen, als Dasein für die anderen und der anderen für ihn; erst hier ist sie da als Grundlage seines menschlichen Daseins. Erst hier ist sein natürliches Dasein sein menschliches Dasein und die Natur für ihn zum Menschen geworden. Also die Gesellschaft ist die vollendete Wesenheit mit der Natur, die wahre Resurrektion der Natur, der durchgeführte Naturalismus des Menschen und der durchgeführte Humanismus der Natur."

Diese Identität von Mensch und menschlicher Vergesellschaftung ist der anthropologische und soziologische Grundsatz des Marxismus, wobei, wie schon gesagt, das Prius der Vergesellschaftung zugesprochen wird, der Mensch als ein „öffentliches" Produkt.

Demgegenüber heißt es bei Kierkegaard: „Im Publicum und dergleichen ist der Einzelne nichts, er ist kein Einzelner, das Numerische ist das Konstituierende und das Gesetz für das Entstehen einer generatio aequivoca. Losgerissen vom Publikum ist der Einzelne nichts, und im Publikum ist er, tiefer verstanden, eigentlich auch nichts. – In der Gemeinde hingegen ist der Einzelne bestimmend, der Einzelne ist dialektisch entscheidend das Prius für das Bilden der Gemeinde, und in der Gemeinde ist der Einzelne qualitativ etwas Wesentliches, kann auch jeden Augenblick etwas Höheres werden als die Gemeinde, sobald nämlich die Andern von der Idee abfallen ... Jeder Einzelne in der Gemeinde garantiert die Gemeinde; das Publikum ist eine Chimäre."

Wenn man bei Kierkegaard von einer „Soziologie" sprechen wollte, so nur in dieser von der Anthropologie her begründeten Einsicht: Das alles Menschsein und Mitmenschsein Begründende ist der Einzelne als Selbst in der Kraft zum Mitselbst und zum Mitmenschen, sofern er sich als Selbst versteht. Alle mitmenschlichen Sozialformen sind von wesentlicher Bedeutung nur durch die Bestimmung des Einzelnen; die für den Christen wesentliche Sozialform aber ist die „Gemeinde", da, wo zwei oder drei in Seinem Namen versammelt sind. Alle anderen Formen der menschlichen Vergesellschaftung sind unbedeutend. Für den Christen gibt es nur eine soziologische Kategorie, in der der *Einzelne* von konstituierender Bedeutung ist, *die Gemeinde.* Sie allein kann und muß er ernst nehmen, in ihr vermag er sein Menschentum zu verwirklichen, z.B. in der Ehe, Familie, unter Freunden ...

Im gleichen Jahr, als das „Kommunistische Manifest" erschien, veröffentlichte Sören Kierkegaard seine „Christlichen Reden", in denen *„Das Prinzip Hoffnung"* proklamiert wird, dessen Affinität vom Marxismus *Ernst Bloch* in der Sprache eines utopischen, vom Glauben an den Sinn der Geschichte erfüllten Marxismus in unseren Tagen verkündete. Bei Kierkegaard heißt es: „Das Erfreuliche" im Leidenskampf unseres Daseins ist, „daß man nur einmal leidet, aber ewig siegt, daß die Drangsal nicht der Hoffnung beraubt, sondern die Hoffnung erwirbt, daß du, je ärmer du wirst, desto reicher andere machen kannst, je schwächer, desto stärker in Gott wirst." In der Sprache des Marxisten Ernst Bloch: „Nun brennt der Funke nirgends mehr verweilend und der bestimmtesten Forderung der Bibel gemäß: Wir haben hie keine bleibende Statt, sondern die zukünftige suchen wir; eine messianische Gesinnung bereitet sich neu heraufzuziehen, endlich der Wanderschaft vertraut und der unbetrüglichen Kraft des Heimwehs: nicht nach der Stille des Bodens, fest gewordener Werke, falscher Dome, ausgeglühter Transzendenz, in nichts mehr quellend, sondern nach der Lichtung unseres gelebten Augenblicks selber, nach der Adäquation unseres Staunens, unserer Ahnung, unseres beständig tiefsten Traums von Glück, Wahrheit, Entzauberung unserer selbst, von geheimer Göttlichkeit und Glorie."

Mit den Worten Kierkegaards: „Das Erfreuliche darin: was du zeitlich verlierst, das gewinnst du ewig, wenn ich aber alles gewinne, ich ja überhaupt nichts verliere und das Unglück Glück ist." Es geht um die Rolle des Einzelnen.

Es war *Ernst Michel,* der wenige Jahre nach der Katastrophe des Zweiten Weltkrieges in seinem damals sehr beachteten und ebenso schnell vergessenen Buch „Renovatio" die „Kategorie des Einzelnen in der Kirche" zur Sprache brachte: „Wir müssen sagen ...: im Leben jedes Christen kann diese Aussonderung eintreten, wenn seine Stunde gekommen ist; das Leben jedes Christen ist umwittert von dieser Möglichkeit ... dies meint auch *Sören Kierkegaard,* wenn er den Christen im dezidierten Sinn den ‚Einzelnen' nennt. Eben diese ‚Kategorie des Einzelnen' muß unabdingbare christliche Perspektive bleiben – in der Kirche und auf der *Voraussetzung* der Kirche ... Ordo, Amt und organisch-religiöses Leben der Kirche werden im Kern achristlich, wenn die Ausnahme, jene Aussonderung im Sinne der ‚Freiheit eines Christenmenschen' nicht bejahte Möglichkeit bleibt; ja mehr noch: wenn sie nicht als eine grundhafte Lebensbedingung für die Kirche selbst anerkannt wird. Wenn also nach Art der säkularen Gemeinschaften der Primat der Ordnung der Gemeinschaft, des ‚Allgemeinen', so absolut beherrscht, daß die christliche Kategorie des ‚Einzelnen', als des Namentlichen, damit verneint ist und durch die scheinindividuellen Varianten von *Typen* ersetzt wird."

An „Typen" mangelt es in unserer Gesellschaft nicht, aber wo sind jene Persönlichkeiten, deren Personalität ausstrahlt, die unbekümmert als „Einzelne" den Weg der Wahrheit, des Glaubens und der Liebe gehen? – Mutter Teresa, Roger Schutz? Und andere im selbstgewählten Engagement? Ja, Gott Dank, es gibt sie. –

Da müssen sich Christen und Sozialisten in gleicher Weise herausgefordert sehen. Es ist der Eine Einzelne, der sie herausfordert, Jesus, der Christus inmitten dieser „Christenheit", der Seinen Namen trägt, aber ---

V. Allein mit Gott

Von Frankreich als Missionsland war die Rede, wo das hoffnungsvolle und dann doch gescheiterte Experiment der Arbeiter-Priester Bewegung in die Städte brachte, derweil das Land mit seinen verstaatlichten Kirchen ganz in der Agonie lag. Kierkegaard machte sich Sorgen, daß Dänemark zunehmend von einer Pseudoreligiosität, wie von einer ansteckenden Krankheit, befallen würde. Gemeint war die vom Pfarrer Grundtvig ausgelöste Volksbildungsbewegung auf dem Lande, die in den kirchlichen Freiraum eindrang, weil der Besuch in den Gottesdiensten immer mehr nachließ. Dieser Prozeß läßt sich zunehmend in der ganzen westeuropäischen freien Welt beobachten. Hinzu kommen heute Angebote der Medien, die gerade den einzelnen Menschen bis ins Haus begleiten und denen nur vom einzelnen Menschen widerstanden werden kann. Vor diesem Hintergrund gewinnt die von Kierkegaard vor hundert Jahren so leidenschaftlich herausgestellte „Kategorie des Einzelnen" in der „Christenheit" eine ungeahnte Bedeutung. Christliche Gemeinden als Werk von einzelnen Christen, die sich in sogenannten „Integrierten Gemeinden" zusammenschließen, werden zwar die „organisierte" Pfarrgemeinde nicht ablösen, aber Schwerpunkte in der europäischen Missionslandschaft bilden, von denen eine Erneuerung der Kirche von unten, eine „Renovatio" ausgehen könnte, wie sie Ernst Michel zur Sprache gebracht hatte. „Der Einzelne" gehört dann zur ungeteilten Quellkraft der Kirche, in diesem Sinne nimmt hier die ganze Kirche einen besonderen Weg. Sie beruft den Wirkenden zum spontanen, der Gottesstunde eingeborenen namentlichen Organ ihres schöpferischen Wirkens ... Sie, die in der gemeindlichen Ekklesia sich als allgemeine Einheit verwirklicht, gewinnt in der Sohnschaft des Einzelnen die Einheit der namentlichen Besonderung – vorausgesetzt, daß sie ihr Lebensraum und Freiheit gewährt."

Dieser Nachsatz zum Lebensraum und der Freiheit des Einzelnen in der „Christenheit" (zu der auch die organisierte Großkirche gehört) verweist auf den innerkirchlichen Kreuzweg, mit dem jeder rechnen muß, der sich als personal ausgesonderter Einzelner in der Bruderschaft mit Jesus Christus begibt.

Die Kategorie des Einzelnen, wie sie Kierkegaard konzipiert hat, wird zur Herausforderung der „Christenheit", vor allem auch der Konfessionen in der einen, weltumfassenden Kirche. Nicht die vielen „Leute" sind gemeint, die da betriebsam etwas für religiöses Leben halten, was doch nur „zuhauf" sich eingefunden hat. Es gilt nicht, die Menge zu mobilisieren, groß und klein zusammenzutrommeln, es kommt auf den Einzelnen an, ihn in die christliche Existenz zu rufen, zur Übereinstimmung mit sich selbst, in der durchsichtigen, also klaren und lauteren Begründung seines Verhältnisses zu sich selbst und dem Anderen, d.h. zu Gott und dem Nächsten.

Sören Kierkegaards Herausforderung gilt einer „Christenheit", die diesen Namen kaum noch in einer Beziehung zu Christus trägt; denn Christen sollten ja wohl eigentlich wie Christus leben, und sich in reiner, selbstloser Mühe von ihrem Urbild her selber als Christen begegnen. Hier nun stellt sich zum Schluß unserer Überlegungen die aufregende Frage, ob dieser Schriftsteller Kierkegaard selber überhaupt ein Christ gewesen sei, ihm fehlen nämlich viele Merkmale, die man gemeinhin einem Christen heute zuordnen würde, vor allem eine *karitative Sozialität.* In seinem Leben kommen keine Armen vor, die es doch gewiß auch in einem bürgerlich prosperierenden Dänemark gegeben hat. Das, was wir heute die „soziale" Frage nennen, kommt weder in seinen Büchern noch in seinen Tagebuchnotizen vor. Ohne Skrupel verlebte er das vom Vater geerbte, ansehnliche Vermögen, und als es damit zu Ende geht, erlischt auch seine Lebenskraft. Vielleicht ist das ein entscheidender Grund für die Unkenntnis über sozialrevolutionäre Publikationen und Bewegungen, vor allem im anwachsenden Proletariat der entstehenden Großindustrie. Man kann solche Vorgänge geflissentlich übersehen, wenn sie einem nicht unmittelbar vor die Augen kommen! Kierkegaard lebte im Wohlstand einer blühenden Residenzstadt, und da begibt er sich ja gern auf die Straßen unter das „Volk". Aber das war eher „Bevölkerung", die keinem Engagement folgte, sondern dem üblichen Trott nachging. Die Karikaturen aus dieser Zeit zeigen Kierkegaard, wie er sich seine Gasse bahnt, immer vornehm gekleidet, mit Handstock und nach der Mode seiner Zeit, einen hohen Zylinderhut auf dem Kopf. Er will auffallen, und seiner Gestalt mit einem deutlichen „Hohlkreuz" und schlacksigem Schritt gelingt jedesmal dieser Auftritt. Sein Wohnhaus lag direkt neben dem Rathaus, es war bis tief in die Nacht erleuchtet; denn er pflegte ja gleichzeitig an mehreren Manuskripten zu arbeiten, und seine Tagebücher waren oft genug Stundenbücher, in denen er seine Gedanken wie zu einer Kontrolle seiner selbst, vor allem nach besonderen Ereignissen, eintrug. Für die Reinschrift seiner Manuskripte unterhielt er einen eigenen Sekretär. Es hat viele Jahre nach seinem Tod gedauert, bis man die nachgelassenen Papiere geordnet hatte. Dieser Mensch war also Schriftsteller im Sinne eines „ Hand-Werkers". Seine geistige Existenz war ganz auf diese seine Produktion gerichtet, und hierbei ging es ständig um das Einvernehmen oder Einverständnis mit seinem ersten „Gesprächspartner", und das war *Gott!* Aus dieser Zwiesprache gewann er die Direktiven für seinen Lebensweg. Es war das Einverständnis mit Gott, daß er seine „Verlobung" mit Regine Olsen löste, und als er schließlich unsicher wurde, ob das alles rechtschaffen verlaufen war, quälte ihn die mögliche Schuld über sein Gewissen das ganze weitere Leben lang.

Dieser Kierkegaard hatte in seiner Studentenzeit recht flott gelebt, und eine große Rechnung, die noch sein Vater zu begleichen hatte, bezieht sich offenbar auf jenes Bankett, das in seinen „Stadien" unter dem vieldeutigen Titel „In vino veritas" mit einer wahren Lust beschrieben wurde. Kierkegaard ein Christ?

Er wollte wohl kein „Heiliger" sein, aber mit allem Nachdruck verstand er sich als Christ, auch nach dem Austritt aus der Lutherischen Kirche Dänemarks. Er verstand dieses Christentum im Sinne einer Co-Existenz mit Jesus, dem Christus hier und jetzt in seinem Leben. Und zu dieser Co-Existenz wollte er auch die „Christenheit" seiner Zeit führen, daß der Einzelne sich immer bewußt sein sollte, daß sein Leben in der Gleichzeitigkeit mit Jesus dem Christus verlaufen müsse. – Kierkegaard war auch kein Asket. Aus seinen Tagebuchnotizen zu diesem Thema erfährt man, daß er sich oft dieser Frage gestellt hat. Ich meine, daß die folgenden Sätze aus einer größeren Ausführung über die Bedeutung der Askese für den Christen, die krampflose Redlichkeit, die ihn anderen gegenüber auszeichnete, deutlich macht: „So wenig, wie mein eigenes Leben dem eines Asketen gleicht, ebensowenig habe ich im entferntesten irgendeinen anderen Menschen zu einem solchen Leben verpflichtet oder einen einzigen Menschen gerichtet, daß er es nicht tat – ich, der ich nur so ein bißchen nach meinen Kräften gesucht habe, ein klein wenig sich selbst zu verpflichten und in jedem Fall dazu Einräumungen über mich selbst zu machen und vom ersten Anfang an daran erinnert hat, daß ich ohne Autorität bin. Ich habe keinen Vorschlag für das Bestehende, nicht einen einzigen. Ich meine, daß es um dessentwillen bestehen kann, wie es besteht, bloß jeder im besonderen möchte vor Gott eine Einräumung machen und sich zwingen, daran zu denken" (1850). Kierkegaards „Tilbage!", „Zurück", ist ein Zuruf, der von einem Menschen kommt, der als Christ nicht sich selbst in eine Bewußtseinslage steigern läßt, in der er sich überfordert hätte. Jedermann kann sich mit diesem Schriftsteller einlassen und auch anlegen. Er beansprucht kein Privileg in moralischer oder religiöser Hinsicht; denn er weiß und sagte es immer wieder, daß es nicht der Mensch in eigener Kraft ist, der sich aus den Niederungen des Daseins herausarbeitet, sondern daß wir alles der Gnade verdanken. Außerordentlich für sein ganzes Leben ist jedoch, daß er sich stets Gott gegenüber gestellt weiß und dieses sein Bewußtsein bis in die letzten Stunden seines Lebens hinein nie getrübt war.

So sollte dann eine seiner letzten Bemerkungen zur Zeit uns alle wachrütteln:

„Wenn das Verhältnis in einer Zeit so ist, daß nahezu jeder *privat* weiß, daß das Ganze verkehrt ist, unwahr ist, während keiner *offiziell* es sagen will; wenn die Taktik, die von den Regierenden gebraucht wird, ist: Laßt uns die Sache bloß hinhalten, tun, als wäre nichts, zu jedem Angriff schweigen, denn wir wissen nur allzu gut selber, daß das ganze faul ist, daß wir falsch spielen: ja, dann ist ein solcher Zustand eo ipso verurteilt, er soll dann auch fallen. Wie man redet, daß der Tod einen gezeichnet hat, so ist dieser Zustand ein Symptom, das unbedingt Angriff gebietet, hier geht der Kampf gegen die Lüge. Aber das ist im Grunde der Zustand der Christenheit ..." (1854).

Zu dieser „Christenheit" gehörte für Kierkegaard vor allem die „Amtskirche". Die Pfarrer waren königliche Beamte, ihre Bischöfe wurden vom König berufen und trugen seine Ordenszeichen. Es ist nicht auszudenken, was alles geschehen wäre, wenn nicht der frühe Tod diesen Mann aus der Szene dieses kleinen Welttheaters genommen hätte. Der Tag seiner Beerdigung zeigte einige Verwirrung. Sein bischöflicher Bruder hatte die kirchliche Trauerfeier in der Frauenkirche anberaumt. Es war ein Sonntagmorgen, und die Kirche war gedrängt voll. Um den Sarg hatten sich viele schäbig gekleidete Menschen eingefunden. Es kamen dann aber Studenten, die die Totenwache übernahmen. Die Frauenkirche ist die Bischofskirche Kopenhagens, aber bis auf einen Stiftspfarrer hatte sich niemand eingefunden, und der geistliche Bruder im Bischofsamt von Aarhus hatte es nicht leicht, eine würdige Trauerrede zu halten, schließlich lag da ja ein Mann, der mit großer Entschiedenheit aus der Kirche ausgetreten war. So kam es denn auf dem Friedhof zum Eklat. Ein Neffe, der ihn im Krankenhaus umsorgt hatte, es war ein junger Arzt, hielt in der Hand eine Nummer des „Augenblick", in der ironisch erklärt wurde, daß in Dänemark alle Leute „Christen" seien, und ergriff am offenen Grab gegen den Widerspruch des Stiftspropstes das Wort, so daß der offiziell vorgesehene Redner, Professor Nielsen, sich abwandte und den Friedhof verließ. Der ganze Vorgang entsprach im Grunde der Situation, die in der Hauptstadt natürlich zu Tagesgesprächen Anlaß gab.

Kierkegaard wurde in der Familiengruft beigesetzt. Auf einer Mamortafel findet sich ein Vers aus einem Kirchenlied Brorsons; Kierkegaard hatte es selber so angegeben:

„Det er en liden Tid
Saa har jeg vunden,
Saa er den ganske Strid
Med Eet forsvunden.

Saa kan jeg hvile mig
I Rosensale
Og uafladelig
Hos Gud i Himmerig
Min Jesum tale."

„Noch eine kleine Zeit
So ist's gewonnen
So ist der ganze Streit
In Nichts zerronnen
Dann kann ich ruhn
In Rosengärten
Ohn jedes Unterbrechen
Bei Gott im Himmelreich
Mit meinem Jesus sprechen."

Die Inschrift vermittelt Kierkegaards letzten Wunsch, mit Jesus, dem Christus, ein ewiges Gespräch führen zu können. Er wollte nicht, wie Dante von Beatrice sich zur *„visio beatifica"* geleitet sehen, sondern den *„dialogus beatificus"* galt es zu gewinnen; denn der trinitarische Gott spielt keine „divina commedia", sondern eher eine „divina dialectica". Die Teilhabe an diesem Dialog heißt „vita aeterna".

TEXTAUSWAHL

1
Ultimatum

Das Erbauliche, das in dem Gedanken liegt, daß wir gegen Gott allezeit unrecht haben.

Unrecht zu haben: läßt sich ein schmerzlicheres Gefühl denken als dieses? Und sehen wir nicht, daß die Menschen lieber alles erleiden, als daß sie ihr Unrecht eingestehen? Wir billigen einen solchen Starrsinn nicht, weder bei uns selbst, noch bei andern; wir halten es für weiser und besser, sein Unrecht einzugestehen, wo man wirklich Unrecht hat; wir erkennen in dem Schmerz dieses Geständnisses eine bittere, aber heilsame Arznei: aber daß es ein Schmerz ist, unrecht zu haben, sein Unrecht einzugestehen, das verhehlen wir nicht. Wir leiden also den Schmerz, weil wir wissen, daß er uns zu unserem Besten dient; wir getrösten uns dessen, daß wir einst kräftigeren Widerstand zu leisten vermögen, vielleicht einmal nur noch selten ins Unrecht kommen werden. Diese Betrachtung ist so natürlich, daß sie jedermann einleuchtet. Es liegt also etwas Erbauliches darin, unrecht zu haben, sofern wir nämlich bei dem Eingeständnis unseres Unrechts uns durch die Hoffnung erbauen, immer seltener unrecht zu haben. Und doch, wir wollen ja nicht durch diese Betrachtung den Zweifel beruhigen, wir wollen ja das Erbauliche erwägen, das darin liegt, allezeit unrecht zu haben. Wenn nun aber jene erste Betrachtung erbaulich war, die uns die Hoffnung schenkte, mit der Zeit nicht mehr ins Unrecht zu kommen: wie kann dann auch die entgegengesetzte Betrachtung erbaulich sein, daß wir nämlich allezeit, also in der Zukunft nicht weniger als in der Vergangenheit, im Unrecht sind?

Dein Leben bringt dich in mannigfaltige Verhältnisse zu anderen Menschen. Manche von diesen lieben Recht und Gerechtigkeit, andere scheinen sich nicht darum zu kümmern: die tun dir also unrecht. Deine Seele ist nicht verhärtet gegen das Leiden, das sie dir dadurch zufügen; aber du erforschest und prüfest dich selbst, du vergewisserst dich, daß du recht hast, und du findest dann in dieser Überzeugung Ruhe und Kraft. „Wie sehr sie mich auch kränken mögen", sagst du, „diese Quellen inneren Friedens sollen sie mir nicht trüben und verstopfen, daß ich bei mir selbst weiß, ich habe Recht und leide Unrecht." Diese Betrachtung gewährt eine Befriedigung und Freude, die gewiß jeder von uns schon verschmeckt hat; und wenn du dann auch weiter Unrecht leiden mußt, so erbaut dich der Gedanke, daß du doch im Recht bist. Diese Betrachtung ist so natürlich, so faßlich, so zuverlässig: und doch wollen wir nicht durch sie den Zweifel beruhigen und die Bekümmernis heben, sondern wir wollen das Erbauliche erwägen, das in dem Gedanken liegt, daß wir allezeit unrecht haben. Kann denn das Entgegengesetzte dieselbe Wirkung haben?

Dein Leben bringt dich in mannigfaltige Verhältnisse zu anderen Menschen; zu den einen wirst du mit einer stärkeren, innigeren Liebe hingezogen als zu den andern. Wenn nun ein Mensch, den du liebst, dir ein Unrecht zufügt, nicht wahr, das würde dich schmerzen, du würdest alles genau prüfen, und dann würdest du zu dir sagen: „Ich weiß, daß ich recht habe, das beruhigt mich." Wirklich? Ich meine, wenn du ihn wirklich liebst, so beruhigt dich das nicht. Dann wirst du freilich auch alles genau erforschen. Wenn du aber immer wieder zu dem Ende kämest, daß er eben unrecht habe, so würde dich diese Gewißheit gerade beunruhigen. Du würdest wünschen, daß du im Unrecht wärest; du würdest alles aufspüren, was zu seinem Gunsten reden könnte; und wenn du keine Entschuldigung für ihn fändest, so würde sich deine Unruhe nur steigern: zur Ruhe kommst du nur in dem Gedanken, daß du unrecht habest. Oder wenn du Sorge zu tragen hättest für eines anderen Wohl, und du hättest alles getan, was in deiner Macht stünde, er aber achtete nicht darauf und machte dir nur Kummer: da würdest du wohl genau zwischen ihm und dir abrechnen und dich in dem Gedanken beruhigen, daß du deine Pflicht gegen ihn erfüllt habest? O nein! Wenn du ihn liebtest, so würde dich dieser Gedanke nur ängstigen, so würdest du nach allem greifen, was irgendwie für ihn sprechen könnte, und wenn du nichts fändest, so würdest du deine Rechnung zerreißen und sie zu vergessen suchen, und würdest dich an dem Gedanken erbauen, daß du doch unrecht haben müssest.

So ist es also schmerzlich, unrecht zu haben, und um so schmerzlicher, je öfter man unrecht hat; und es ist erbaulich, unrecht zu haben, und um so erbaulicher, je öfter man unrecht hat! Das ist ja ein Widerspruch. Wie ist er zu erklären? Nicht daraus, daß du im einen Fall erkennen *mußt*, was du im andern Fall zu erkennen *wünschest*? Aber bleibt nicht, was du erkennst, dasselbe? Wird denn die Sache dadurch anders, daß man wünscht oder nicht wünscht? Nein, und doch! Aber wie erklärt sich dieser Widerspruch? Nicht daraus, daß du in dem einen Falle liebtest, in dem andern Falle nicht? Mit andern Worten: daß dich im einen Falle das Unendliche, im anderen Falle das Endliche in ein Verhältnis zum andern brachte. So ist denn der Wunsch, unrecht zu haben, das Zeichen eines unendlichen Verhältnisses, der Wunsch, recht zu haben, das Zeichen eines endlichen Verhältnisses. Und es ist erbaulich, allezeit unrecht zu haben, weil nur das Unendliche erbaut, nicht das Endliche.

Wenn es sich nun um einen geliebten Menschen handelt, so glückt es vielleicht deiner Liebe, dein Denken fromm zu betrügen; aber du kommst doch nicht über den Widerspruch hinaus, daß du dich im Recht weißt und nur wünschest, zu glauben wünschest, daß du im Unrecht seiest. Ist es aber Gott, den du liebst, da kann ein solcher Widerspruch nicht entstehen; da kannst du nichts anderes denken, als was du zu glauben wünschest. Sollte er, der im Himmel ist, nicht größer sein als du, der du auf der Erde wohnst? Sollte sein Reichtum nicht deinen Wunsch überbieten? Seine Weisheit nicht tiefer sehen als deine Klugheit? Seine Heiligkeit nicht reiner sein als deine Gerechtigkeit? Mußt du das nicht notwendig erkennen? Mußt du es aber erkennen, so ist ja kein Widerspruch zwischen deinem Denken und deinem Wünschen. Und doch, wenn du es notwendig erkennen mußt, so hat der Gedanke, daß du allezeit unrecht hast, nichts Erbauliches. Daß es das eine Mal schmerzlich, das andere Mal erbaulich ist, unrecht zu haben, das hat ja, wie wir sahen, den Grund, daß man in einem Fall genötigt wird zu erkennen, was man im andern Fall zu erkennen wünscht. So wäre wohl dein Verhältnis zu Gott von einem Widerspruch befreit, aber du wärest um die Erbauung gekommen; und wir wollen ja das Erbauliche betrachten, das in dem Gedanken liegt, daß wir gegen Gott allezeit unrecht haben.

Steht es denn aber wirklich so, daß du dein Unrecht gegen Gott nur erkennen mußt? Greifen wir wieder auf das Verhältnis zu den Menschen zurück. Warum wünschest du denn gegen einen Menschen unrecht zu haben? Weil du ihn liebtest. Warum fandest du das erbaulich? Weil du ihn liebtest. Je mehr du liebtest, desto weniger konntest du abwägen, ob du recht habest oder nicht; deine Liebe hatte ja nur den einen Wunsch, daß du beständig unrecht haben mögest. So auch in deinem Verhältnis zu Gott. Du liebtest Gott; und darum konnte deine Seele Ruhe und Freude nur in dem Gedanken finden, daß du gegen ihn, gegen Gott, allezeit unrecht haben müssest. Du wurdest nicht durch einen beschwerlichen Zwang des Gedankens zu dieser Erkenntnis gebracht; denn wenn du liebst, so bist du frei. Wenn du aus dem Gedanken die Gewißheit schöpftest, daß es sich nicht anders verhalten könne, daß auf deiner Seite immer das Unrecht, auf Gottes Seite immer das Recht sein müsse: so wäre die Erkenntnis eine Frucht der Erwägung. Aber du hast ja die Überzeugung von deinem Unrecht nicht aus der Erkenntnis erschlossen, daß Gott recht habe; vielmehr kamst du von dem einzigen und höchsten Wunsch deiner Liebe, daß du allezeit unrecht haben mögest, zu der Erkenntnis, daß Gott immer recht hat. Aber dieser Wunsch ist als Sache der Liebe eine Sache der Freiheit, und du wurdest keineswegs zu der Erkenntnis genötigt, daß du allezeit unrecht habest. Das wurde dir nicht durch eine Erwägung nachgewiesen; die Gewißheit deiner Überzeugung beruht vielmehr darauf, daß dich ihr Inhalt erbaute.

Es ist also ein erbaulicher Gedanke, daß wir gegen Gott allezeit unrecht haben. Wäre das nicht der Fall, hätte diese Überzeugung nicht ihre Wurzeln in deinem tiefsten Wesen, entspränge sie nicht der Liebe in dir, so würde dein Denken auch eine ganz andere Wendung genommen haben. Du hättest erkannt, unter dem Zwang der Erwägung, daß Gott allezeit recht habe; diese Erkenntnis hätte dich zu der Folgerung genötigt, daß du allezeit unrecht habest. Aber daß du die Anwendung auf dich selbst gemacht, diese Erkenntnis in dein ganzes Wesen aufgenommen hättest, das wäre ausgeblieben; denn dazu kannst du nicht genötigt werden. Du erkanntest, daß Gott allezeit recht, folglich du allezeit unrecht habest; aber diese Erkenntnis erbaute dich nicht. Es liegt nichts Erbauliches in dem Gedanken, daß Gott allezeit recht hat, noch in irgendwelchen Gedanken, der daraus mit Notwendigkeit folgt. Wenn du erkennst, daß Gott allezeit recht hat, so stehst du Gott gegenüber, und ebenso wenn du daraus folgerst, daß du allezeit unrecht hast. Wenn du dagegen nicht in Kraft eines vorausgehenden Denkens forderst und bejahst, daß du allezeit unrecht hast, so bist du in Gott geborgen. Das ist deine Anbetung, deine Andacht, deine Gottesfurcht.

Du liebtest einen Menschen, du wünschtest allezeit gegen ihn unrecht zu haben. Aber ach, er wurde dir untreu. Wie unlieb dir es auch war, wie sehr es dich auch schmerzte, du bekamst doch recht gegen ihn und darin unrecht, daß du ihn so hoch liebtest, und doch verlangte deine Seele so zu lieben; nur darin fandest du Ruhe und Frieden und Glück. Da wandte sie sich weg von dem Endlichen zu dem Unendlichen; da fand sie, was sie lieben konnte; da wurde deine Liebe glücklich. „Gott will ich lieben", sagtest du; „er gibt dem Liebenden alles, er erfüllt meinen höchsten, meinen einzigen Wunsch, daß ich gegen ihn allezeit unrecht habe; nie wird ein ängstigender Zweifel mich von ihm wegreißen, nie wird der Gedanke mich erschrecken, daß ich recht bekommen könnte gegen ihn, denn gegen Gott habe ich allezeit unrecht."

Oder verhält es sich nicht so? War dies nicht dein einziger höchster Wunsch? Ergriff dich nicht eine entsetzliche Angst, wenn einen Augenblick der Gedanke in deiner Seele aufkommen konnte, daß du recht haben könntest, daß nicht Gottes Vorsehung Weisheit wäre, sondern dein Plan, nicht Gottes Gedanken das Rechte wären, sondern dein Wirken, nicht Gottes Herz Liebe wäre, sondern dein Gefühl? Und war es nicht deine Seligkeit, daß du nie so lieben konntest, wie du geliebt wurdest? So ist denn das, daß du gegen Gott allezeit unrecht hast, nicht bloß eine Wahrheit, die du erkennen mußt, nicht bloß ein Trost, der deinen Schmerz lindert, nicht bloß ein Surrogat für etwas Besseres; nein, das ist eine Freude, in der du über dich selbst und über die Welt siegst, dein Jubel, dein Lobgesang; es ist ein Beweis, daß deine Liebe glücklich ist, wie nur die Liebe es sein kann, womit man Gott liebt.

Es ist ein erbaulicher Gedanke, daß wir gegen Gott allezeit unrecht haben; erbaulich ist es, daß wir unrecht haben, erbaulich, daß wir es allezeit haben. Dieser Gedanke erweist seine erbauliche Kraft auf doppelte Weise: indem er den Zweifel aufhält und dessen Bekümmernis hebt; und indem er zum Handeln ermuntert. Du erinnerst dich noch, mein Zuhörer, einer Weisheit, die wir zuvor gekennzeichnet haben? Sie sah so treuherzig und zuverlässig aus; sie machte sich anheischig, jeden Menschen sicher durchs Leben zu führen und vor den Stürmen des Zweifels zu retten. Man tut, was man kann, rief sie dem Ratlosen zu. Und es ist ja nicht zu leugnen; wenn man getan hat, was man kann, so ist einem geholfen. Weiter wußte sie nichts zu sagen; sie wußte dem Zweifelnden nur ihr Sprüchlein zu wiederholen, wenn sie nicht im Augenblick der Not wie ein Traum verschwand. Denn wenn er sie brauchen wollte, so zeigte sich, daß sie nicht zu brauchen war, da sie ihn nur in immer neue Schwierigkeiten verwickelte. Er durfte sich nicht die Zeit nehmen zu überlegen, was er tun könnte, da er das ja immer schon tun sollte. Und wenn er sich die Zeit der Überlegung nahm, so brachte er es mit aller Anstrengung des Denkens immer nur zu einer größeren oder geringeren Wahrscheinlichkeit, zu einer annähernden Gewißheit, nie zur Gewißheit. Was soll denn auch in dem Verhältnis des Menschen zu Gott ein Mehr oder Weniger besagen, eine bloße Annäherung? Gilt da nicht das bestimmte Ja oder Nein? So überzeugte er sich denn, daß diese Weisheit unter dem Schein freundlicher Hilfe verräterisch immer tiefer in den Zweifel verwickelte, in ein unentrinnbares Labyrinth verwirrter Gedanken hineinängstete. Was ihm früher dunkel war, ohne ihn doch in Bekümmernis zu versetzen, das machte sie ihm zwar nicht klarer, verwandelte es aber in ein zweideutiges, ängstigendes Rätsel. Nur in einem unendlichen Verhältnis zu Gott beruhigt sich der Zweifel; nur in einem unendlich freien Verhältnis zu Gott verwandelt sich die Bekümmernis in Freude.

In ein unendliches Verhältnis zu Gott bringt die Erkenntnis, daß Gott allezeit recht hat; in ein unendlich freies Verhältnis die Erkenntnis, daß man selbst allezeit unrecht hat. Damit ist der Zweifel zum Stillstand gebracht; denn das eben verursachte die Unruhe des Zweifels, daß man den einen Augenblick recht haben sollte, den andern Augenblick unrecht, bis zu einem gewissen Grade recht haben sollte, bis zu einem gewissen Grade unrecht, und daß dadurch das Verhältnis zu Gott bestimmt werden sollte; aber so kommt man in kein Verhältnis zu Gott, und daraus zieht der Zweifel immer neue Nahrung. Gegen einen anderen Menschen könnte man wohl teils unrecht haben, reils recht, bis zu einem gewissen Grade unrecht, bis zu einem gewissen Grade recht; denn der Mensch ist ein endliches Wesen und das Verhältnis zweier Menschen ein endliches Verhältnis, das ein Mehr oder Weniger zuläßt. Der Zweifel will das unendliche Verhältnis zu Gott verendlichen; und solange man das unendliche Verhältnis zu Gott durch das Mehr oder Weniger endlicher Bestimmungen erschöpfen will, so lange verbleibt man in dem Herrschaftsgebiet des Zweifels. Wenn dich daher der Zweifel mit dem Einzelnen ängstigen will, wenn er dich lehren will, daß du zuviel leiden müssest und über deine Kräfte versucht werdest: so vergiß all das Endliche in dem Unendlichen, daß du allezeit unrecht hast. Wenn der Zweifel dir Bekümmernis schafft, so erhebe dich über das Endliche in das Unendliche; die Schwinge aber, mit der du dich über die Endlichkeit emporschwingst, ist der Gedanke, daß du allezeit unrecht hast: In ihm sucht sich deine Sehnsucht hin zu Gott, in ihm findet sich deine Liebe hin zu Gott.

Gegen Gott haben wir also allezeit unrecht. Aber ist dieser Gedanke, so erbaulich er auch sein mag, nicht eine Gefahr für den Menschen? Betäubt er ihn nicht? Wiegt er ihn nicht in einen Schlaf ein, worin er wohl von einem Verhältnis zu Gott träumt, aber in kein wirkliches Verhältnis zu Gott kommt? Verzehrt er nicht die Kraft des Willens, die Stärke des Vorsatzes? Keineswegs! Wenn ein Mensch gegen den andern immer im Unrecht zu sein wünscht, macht ihn das vielleicht schlaff und träge? Tut er nicht trotz seines Wunsches, ja wegen seines Wunsches alles, was in seiner Macht steht, um dem andern gerecht zu werden? Warum sollte das im Verhältnis zu Gott anders sein? Sollte uns das nicht vielmehr in Begeisterung versetzen, *daß Gottes Liebe zu uns immer größer ist als unsere Liebe zu Gott?* Und das meinen wir doch allein, wenn wir sagen, daß wir gegen Gott allezeit unrecht haben.

2
Die Kraft der Liebe

Was macht einen Menschen groß, zum Wunder der Schöpfung,
wohlgefällig in den Augen Gottes?
Was macht einen Menschen stark, stärker als die ganze Welt,
was macht ihn schwach, schwächer als ein Kind?
Was macht einen Menschen hart, härter als den Fels,
was macht ihn weich, weicher als das Wachs?
Es ist die Liebe!
Was ist älter als alles?
Es ist die Liebe!
Was überlebt alles?
Es ist die Liebe!
Was kann nicht genommen werden, nimmt aber selber alles?
Es ist die Liebe.
Was kann gegeben werden, gibt aber selber alles?
Es ist die Liebe.
Was besteht, wenn alles wankt?
Es ist die Liebe.
Was tröstet, wenn aller Trost versagt?
Es ist die Liebe.
Was überdauert, wenn alles wechselt?
Es ist die Liebe.
Was bleibt, wenn das Vergängliche vergeht?
Es ist die Liebe.
Was zeugt, wenn Prophetie verstummt?
Es ist die Liebe.
Was erlischt nie, wenn Gesichte schwinden?
Es ist die Liebe.
Was erhellt, wenn dunkler Rede Sinn zu Ende?
Es ist die Liebe.

Was segnet den Überfluß der Gaben?
Es ist die Liebe.
Was gibt der Engel Rede Nachdruck?
Es ist die Liebe.
Was wandelt der Witwe Scherflein in Überfluß?
Es ist die Liebe.
Was macht des Einfältigen Rede weise?
Es ist die Liebe.
Was ändert sich niemals, wenn alles sich ändert?
Es ist die Liebe.
Nur die ist die Liebe, sie, die niemals etwas andres wird.

3
Über den Glauben

Wenn wir *von der Erwartung des Glaubens* reden, so reden wir auch von Erwartung im allgemeinen; wenn wir von Erwartung reden, so halten wir es für natürlich, zu denen zu reden, die etwas erwarten. Aber die, welche erwarten, sie sind ja die Frohen und die Glücklichen. Sie sind es, zu denen an den heiligen Orten zunächst geredet werden soll, und nicht eher die Unglücklichen, die, welche schon die Rechnung und mit dem Leben *abgeschlossen* haben und nichts erwarten? Gewiß sollte zu ihnen *geredet* werden, wenn unsere Stimme es vermöchte. Es sollte gesagt werden, daß es eine erbärmliche Weisheit ist, die sie gefunden haben, daß es bequem genug ist, seinen Sinn zu verhärten; es sollte ihnen weggerissen werden das Kopfkissen der Trägheit, auf dem sie müßig ihr Leben verträumen; es sollte gesagt werden, daß es eine stolze Auszeichnung ist, die sie im Leben erworben haben, daß, während alle andern Menschen, wie glücklich oder wie bekümmert sie in der Welt auch wurden, doch allzeit geneigt sind zu erkennen, daß Gott wohl die Rechnung abschließen könnte; daß, während alle andern Menschen gestehen, daß sie am Tage des Gerichts nicht imstande wären zu antworten, nicht eins auf Tausend – sie sich vorbehielten, im Besitz einer gerechten Forderung ans Leben zu sein, die nicht eingelöst worden sei, einer Forderung, die seinerzeit die Rechnung schwierig genug machen würde – doch nicht für sie. So könnte zu ihnen geredet werden; doch wir wollen lieber zu denen reden, die noch etwas erwarten.

Wie die Zahl der Erwartenden wohl immer die größte war in der Welt, so kann ihre Erwartung wieder so verschieden sein, daß es sehr schwer ist, von ihnen allen zu reden. Doch eines haben alle Erwartenden gemeinsam, daß sie etwas Künftiges erwarten; denn Erwartung und das Künftige sind untrennbare Gedanken. Mit dem Künftigen beschäftigt sich der, der etwas erwartet. Aber mit diesem sich zu beschäftigen, ist vielleicht nicht richtig; die Klage, die oft gehört wird, daß die Menschen das Gegenwärtige vergessen über dem Künftigen, ist vielleicht wohlbegründet. Wir wollen nicht leugnen, daß es der Fall gewesen ist in der Welt, wenn auch am wenigsten in unserer Zeit, aber wir wollen auch nicht unterlassen, daran zu erinnern, daß es das Große ist am Menschen, der Beweis für seine göttliche Herkunft, daß er sich damit beschäftigen kann; denn wäre kein Künftiges, so wäre auch nichts Vergangenes, und wäre weder Künftiges noch Vergangenes, so wäre der Mensch geknechtet wie das Tier, sein Kopf zur Erde geneigt, seine Seele gefangen im Dienste des Augenblicks. In diesem Sinn könnte man wohl nicht wünschen, für das Gegenwärtige zu leben, in dem Sinn hat man es wohl auch nicht gemeint, wenn man es als das Große anbefohlen hat. Aber wo sollen wir die Grenze setzen, wie weit dürfen wir uns mit dem Künftigen beschäftigen? Die Antwort ist nicht schwer: Erst wenn wir es besiegt haben, erst dann können wir zu dem Gegenwärtigen zurückkehren, erst dann bekommt unser Leben darin Bedeutung. Doch dieses ist ja eine Unmöglichkeit; das Künftige ist ja alles, das Gegenwärtige ein Teil nur, wie können wir das Ganze besiegt haben, ehe wir noch zum ersten Teil davon gekommen sind; wie können wir von diesem Sieg zu dem zurückkehren, was vorausging? Ist dieses nicht so, ist das eine unzeitige Schwierigkeit, die der Gedanke sich macht? Keineswegs. Es verhält sich gerade so, wie hier gesagt wurde, denn nicht jede Beschäftigung mit dem Künftigen dürfen wir anpreisen. Der, welcher es ganz aufgibt, dessen Leben wird nur in einem unwürdigen Sinn stark im Gegenwärtigen; der, welcher es nicht besiegt, er hat einen Feind mehr, der ihn schwach machen will im Kampf mit dem Gegenwärtigen. Erst also der, der es besiegt, erst sein gegenwärtiges Leben wird stark und gesund.

Mit dem Künftigen sich beschäftigen können, ist ein Zeichen des Adels des Menschen; der Streit mit ihm ist der am meisten veredelnde. Der, welcher mit dem Gegenwärtigen streitet, er streitet mit einem einzelnen Ding, gegen das er seine ganze Macht gebrauchen kann. Wenn deshalb ein Mensch mit nichts anderem zu kämpfen hätte, so wäre es möglich, daß er siegreich durch das ganze Leben hindurchgehen könnte, ohne doch sich selbst oder seine Kraft kennen zu lernen. Der, welcher mit dem Künftigen kämpft, hat einen gefährlicheren Feind, er kann nicht in Unwissenheit um sich selbst bleiben; denn er kämpft mit sich selbst. Das Künftige ist nicht, es nimmt seine Kraft von ihm selbst, und wenn es ihm diese abgelistet hat, so zeigt es sich außer ihm als sein Feind, dem er begegnen soll. Ein Mensch sei nun so stark, wie er sein mag, kein Mensch ist stärker als er selbst. Deshalb sehen wir oft im Leben die, welche in allen Kämpfen siegten, wenn es aber ein künftiger Feind war, mit dem sie es zu tun hatten, dann ohnmächtig werden; ihr Arm ward gelähmt. Während sie vielleicht gewohnt waren, alle Welt zum Streite zu fordern, hatten sie nun einen Feind gefunden, eine Nebelgestalt, die imstande war, sie zu erschrecken. Deshalb gingen vielleicht oft die Männer, die Gott dazu berief, im Streit versucht zu werden, in den Kampf, der den Menschen furchtbar vorkam, kommend aus einem schlimmeren Kampf; sie lächelten vielleicht zuweilen in der Hitze des Streits, wenn sie an den unsichtbaren Kampf dachten, der vorhergegangen war. Sie wurden bewundert in der Welt, weil man glaubte, daß sie im gefährlichsten Kampf gesiegt hätten, und doch war dieser ihnen nur wie ein Spaß im Vergleich mit dem, der vorausging, den kein Mensch sah. Natürlich war es ja, daß der, welcher stärker ist als die andern, im Kampf mit diesen siegt; aber das ist auch natürlich, daß kein Mensch stärker ist, als er selbst. Wenn also ein Mensch mit dem Künftigen streitet, so lernt er, daß, wie stark er auch im übrigen ist, es einen Feind gibt, der stärker ist, das ist er selbst; einen Feind, den er nicht durch sich selbst besiegen kann: das ist er selbst.

Indessen: warum diesen Streit mit dem Künftigen als so gefährlich schildern? „Ob älter oder jünger, haben wir ja doch alle etwas erlebt, das Künftige ist nicht ganz neu; denn es gibt nichts Neues unter der Sonne; das Künftige ist das Vergangene. Ob älter oder jünger, haben wir ja doch alle Erfahrung, die wollen wir uns anlegen, wir wollen der Spur der Vermutungen und der Führung der Mutmaßungen folgen, mit der Macht der Schlußfolgerung wollen wir es besiegen, und so bewaffnet gehen wir freudig dem Künftigen entgegen. Und das ist gut, daß ein Mensch bewaffnet ist, wenn er in den Kampf geht, noch besser, daß er gerade so bewaffnet ist, wie der Kampf es fordert. Wenn ein Mann, der in der Rennbahn streiten soll, eine schwere Rüstung anlegen wollte, so wäre er wohl bewaffnet, aber seine Rüstung würde ihm kaum von Nutzen sein. Ist nicht dasselbe der Fall mit jenen Waffen für den, der mit dem Künftigen streiten soll; denn die Erfahrung ist ein doppelzüngiger Freund, der bald das eine, bald das andere sagt; und die Mutmaßung ist ein betrügerischer Führer, der einen losläßt, wann man ihn am meisten braucht; und die Vermutung ist ein umnebelter Blick, der nicht gar weit sieht; und die Schlußfolgerung ist eine Schlinge, in der man eher sich selbst fängt als etwas anderes. Außerdem sind jene Waffen schwer zu gebrauchen; denn mit der Mußmaßung geht die Furcht, mit der Vermutung die Angst, mit dem Schluß die *Unruhe, da die erfahrende Seele ja nicht unberührt unter der Erfahrung* verblieb. So waren wir gut bewaffnet, indem wir uns die Erfahrung anlegten, aber nicht zu dem Streit, dem wir entgegengehen sollen, ein Streit mit dem Künftigen; wir suchten, dieses in etwas Gegenwärtiges zu verwandeln, etwas Einzelnes; aber das Künftige ist nicht ein Einzelnes, sondern das Ganze."

Wie sollen wir dem Künftigen entgegengehen? Wenn der Seefahrer draußen auf dem Meer liegt, wenn alles um ihn wechselt, wenn die Wogen geboren werden und sterben, so stiert er nicht in diese hinein; denn sie wechseln. Er sieht hinauf zu den Sternen! Und warum? Weil sie treu sind; wie sie nun stehen, so standen sie für die Väter und sollen stehen für die kommenden Geschlechter. Wodurch besiegt man das Wechselnde? Durch das Ewige. Mit dem Ewigen kann man das Künftige besiegen, weil das Ewige dem Künftigen zugrunde liegt, deshalb kann man mit jenem dieses ausschöpfen. *Was ist aber die ewige Macht im Menschen? Es ist der Glaube.* Was ist die Erwartung des Glaubens? Sieg, oder wie die Schrift so ernst und so bewegt uns lehrt, daß alle Dinge denen zum Guten dienen müssen, die Gott lieben. Aber eine Erwartung des Künftigen, die den Sieg erwartet, sie hat das Künftige besiegt; der Glaubende ist deshalb fertig mit dem Künftigen, ehe er am Gegenwärtigen beginnt; denn was man besiegt hat, das kann nicht mehr stören, und dieser Sieg kann einen nur kraftvoller zum gegenwärtigen Tun machen.

Die Erwartung des Glaubens ist Sieg! Der frohe Sinn, der noch nicht die Widerwärtigkeiten des Lebens schmeckte, der nicht erzogen ward in der Schule der Sorgen, nicht gebildet durch die zweideutige Weisheit der Erfahrung, gibt dieser Erwartung von ganzem Herzen Beifall; denn er erwartet Sieg in allem, in allen Kämpfen und Anfechtungen, oder besser: er erwartet zu siegen ohne Kampf. Wir wünschen nicht die strenge Figur zu spielen, die den Jüngling auf seinem Weg aufhält, wir wollen lieber auf einen Trost für ihn bedacht sein, dann, wenn er gelernt hat, daß diese Erwartung, wie schön sie auch war, doch nicht die Erwartung des Glaubens war; lieber der sein, der ihn zum Streite rufen soll, wenn er sich ohnmächtig fühlt; lieber der, der ihm den Sieg winken lassen soll, wenn er alles verloren glaubt. Der Bekümmerte aber, der kaum die Träne über den gegenwärtigen Verlust abgetrocknet hat, er bildet das Künftige anders, und das Künftige ist ja leicht und flüchtig, bildsamer als Lehm, so daß jeder es bildet, je nachdem er selbst gebildet ist. Der Bekümmerte erwartet nicht Gewinn, er hat nur allzu schwer seinen Verlust gefühlt; und gehört dies auch einer vergangenen Zeit, er nimmt es doch mit sich, er erwartet, daß die künftige Zeit zum mindesten ihm Frieden zu der stillen Beschäftigung mit seinem Schmerz vergönnen werde. – Der erfahrene Mann mißbilligt beider Benehmen. Wenn man im Besitz von fast allem Guten ist, das man wünschen konnte, so darf man auch darauf vorbereitet sein, daß die Bekümmerungen des Lebens auch das Haus des Glücklichen besuchen werden; wenn man alles verloren hat, so darf man bedenken, daß die Zeit manch köstliches Heilmittel für die kranke Seele birgt, daß das Künftige, wie eine liebende Mutter, auch gute Gaben birgt: Im Glück soll man in einem gewissen Grad auf Unglück vorbereitet sein, im Unglück in einem gewissen Grad auf Glück. Seine Rede ist auch nicht vergeblich: Denn der Frohe, der nicht leichtsinnig ist, und der Bekümmerte, der nicht verzweifelt ist, sie werden beide gern auf seine Worte achten; beide gern ihr Leben nach seinem Ratschlag einrichten. Der Glückliche überschlägt also die Güter, in deren Besitz er ist. Einige meint er ohne Schmerz verlieren zu können, andere so, daß es ihm doch leicht werden wird, den Schmerz zu verwinden. Nur ein einziges Gut kann er nicht verlieren, ohne seine Freude zu verlieren, er kann es nicht verlieren bis zu einem gewissen Grad, ohne es ganz und damit seine Freude zu verlieren. Er wird also vorbereitet sein, seine Güter zu verlieren, und so ist er ja, nach dem Rat des erfahrenen Mannes, auf einen gewissen Grad von Unglück vorbereitet. Doch der erfahrene Mann sagte: bis zu einem gewissen Grad. Diese Worte könnten aber auch für jenes eine Gut gelten, das er nicht verlieren konnte, ohne sein Glück zu verlieren, nicht bis zu einem gewissen Grad verlieren, ohne es ganz zu verlieren. Der erfahrene Mann will seine Worte nicht erklären, er wiederholt sie unverändert, unerschütterlich; er überläßt die Erklärung und die Anwendung denen, die sie führen sollen. So wird der Glückliche, nicht minder der Bekümmerte ratlos. Dieses Wort: bis zu einem gewissen Grad, das die Lösung sein sollte, wird die bindende Macht, die sie umstrickt, und das Wort lautet fort, hat keine Teilnahme, bekümmert sich nicht um ihre Anstrengung, es zu verstehen, achtet nicht auf ihre Bitten um eine Erklärung. Die Erfahrung, die sie führen sollte, gebar den Zweifel; die Rede des erfahrenen Mannes war eine zweifelhafte Rede.

Der Glaubende dagegen sagt: ich erwarte Gewinn. Diese Rede ist auch nicht vergeblich; denn der Glückliche, der nicht leichtsinnig war, der Bekümmerte, der nicht verzweifelt war, sie wollten beide gerne auf seine Rede achten. Die Freude kehrt wieder zurück in den frohen Sinn. Erfolg ist seine Erwartung, Sieg in allen Streiten, in allen Anfechtungen, denn daß von Kampf die Rede sein könnte, das lehrte die Erfahrung. Doch mit des Glaubens Hilfe wartet der Erfolg in ihnen allen; nur einen Augenblick hält sie sich selbst auf: „Das ist zu viel", sagt sie, „das ist unmöglich, so herrlich kann das Leben nicht sein; wo gab es eine Jugend, die so reich war in ihrem höchsten Glück, das ist mehr als der Jugend froheste Hoffnung." – Gewiß ist das mehr als der Jugend froheste Hoffnung, und doch ist es so, wenn auch nicht ganz, wie du es meinst. Du redest von vielen Erfolgen, aber der Glaube erwartet nur einen, oder besser: er erwartet Sieg. Wenn da ein Mensch wäre, der gehört hätte, daß es eine Lehre gäbe, die jedem das Nötige zu schenken vermöchte, und er dann sagen würde: das ist unmöglich – all das für einen Menschen Nötige, wie jetzt für mich all das Viele, das mir not tut, so würde der, welcher ihn an die Heiligen Schriften verwies, mit Recht von ihnen zeugen dürfen, daß er darin das Nötige finden würde, und doch würde der Suchende finden, daß es sich nicht ganz so verhielte, wie er vermeint hatte. Die Schrift sagt: „Eines tut not." So auch mit dem Glauben, wenn du von vielen Siegen redest, so bist du wie der, welcher davon redet, daß Vieles not tut. Nur eines tut not, und der Glaube erwartet Sieg.

Aber Sieg erwartet er, und deshalb ist er froh und freudig, und wie sollte er es nicht sein, da er Sieg erwartet! Doch ich höre eine Stimme, die auch du kennst. Sie sagt: „Daraus ist gut zu hören, das sind große Worte und klingende Redensarten, aber der Ernst des Lebens lehrt in Wahrheit etwas anderes." Was lehrte der Ernst des Lebens dich, der so redet? Wohl, er lehrte dich, daß deine Wünsche nicht erfüllt wurden, daß deine Begierden nicht gesättigt wurden, daß deinem Gelüste nicht gehorcht wurde, deine Sehnsucht nicht gestillt wurde. Dieses lehrt er dich, all das, wovon wir gar nicht reden; und zugleich lehrte er dich, mit falschem Mund den Menschen zu Hilfe zu kommen, den Glauben und die Zuversicht aus ihren Herzen zu saugen, und dieses zu tun im heiligen Namen des Ernstes. Warum lehrte er dich das? Könnte er dich nicht etwas anderes gelehrt haben? Wenn zwei Menschen verschiedene Dinge vom Leben lernen, so kann es daher kommen, daß sie Verschiedenes erleben, aber es kann auch daher kommen, daß sie selbst verschieden waren. Wenn zwei Kinder zusammen auferzogen und immer am gleichen teilnehmen würden, so daß, wenn das eine ausgezeichnet wurde, auch das andere es wurde, wenn das eine zurechtgewiesen wurde, das andere es auch wurde, wenn das eine gestraft wurde, das andere es auch wurde, so könnten sie doch ganz verschiedene Dinge lernen; denn das eine könnte lernen, jedesmal, da es ausgezeichnet wurde, nicht stolz zu werden; jedesmal, da es zurechtgewiesen wurde, unter Vermahnung sich zu demütigen, jedesmal, da es gestraft wurde, durch Leiden sich heilen zu lassen; das andere konnte lernen, jedesmal, da es ausgezeichnet wurde, sich zu überheben; jedesmal, da es zurechtgewiesen wurde, sich zu erbittern; jedesmal, da es gestraft wurde, heimlichen Zorn zu sammeln. So auch mit dir. Wenn du die Menschen geliebt hättest, so hätte der Ernst des Lebens dich vielleicht gelehrt, nicht laut zu sein, sondern zu verstummen, und wenn du in Seenot lagst und kein Land sahst, dann zum mindesten nicht andere darein einzuweihen; er könnte dich vielleicht gelehrt haben zu lächeln, solange wenigstens, als du glaubtest, daß einer in deiner Miene eine Erklärung suchte, ein Zeugnis. Das Leben hätte dann vielleicht dir die wehmütige Freude verschafft zu sehen, wie andern glückte, was dir nicht glücken wollte; den Trost, daß du das Deine dazu getan hattest, indem du den Angstschrei in deinem Innern ersticktest, der sie stören würde. Warum lerntest du dieses nicht? Da du dieses nicht lerntest, so können wir auf deine Rede nicht achten. Wir richten dich nicht, weil du zweifelst; denn der Zweifel ist eine hinterlistige Leidenschaft, und es kann wohl schwierig sein, aus seinen Schlingen sich zu reißen. Was wir von dem Zweifelnden fordern, ist, daß er schweigen soll. Er vernahm wohl, daß der Zweifel ihn nicht glücklich machte, warum andern anvertrauen, was sie ebenso unglücklich machen wird. Und was gewinnt er durch diese Mitteilung? Er verliert sich selbst, anstatt daß er vielleicht durch sein Schweigen Ruhe gefunden hätte, indem er still seinen einsamen Schmerz zu tragen dem vorzog, laut zu werden, sich wichtig zu machen in den Augen der Menschen, indem er sich mitbewarb um die Ehre und Auszeichnung, nach der so viele trachten: zu zweifeln oder doch gezweifelt zu haben. Der Zweifel ist eine tiefe und hinterlistige Leidenschaft, aber der, dessen Seele er nicht so innerlich ergriff, daß er stumm wurde, der lügt sich diese Leidenschaft bloß zu; was er sagt, ist deshalb nicht bloß Unwahrheit an und für sich, sondern vor allem in seinem Mund. Siehe, darum achten wir ihn nicht.

Des Glaubens Erwartung ist Sieg. Der Zweifel, der von außen kommt, stört ihn nicht; denn der beschämt sich selbst durch sein Reden. Doch der Zweifel ist verschlagen, auf seinen verborgenen Wegen schleicht er sich um einen Menschen, und wenn der Glaube Sieg erwartet, so flüstert er, daß diese Erwartung eine Täuschung sei. „Eine Erwartung, der man nicht Zeit und Ort bestimmt, ist nur eine Täuschung; so kann man immer fortfahren zu warten; eine solche Erwartung ist ein Kreis, in den die Seele verhext ist, aus dem sie nicht entschlüpfen kann." Gewiß ist die Seele in der Erwartung des Glaubens verhindert, gleichsam aus sich selbst in das Mannigfaltige zu fallen; sie bleibt in sich selbst; aber das wäre das größte Übel, das einem Menschen widerfahren könnte, wenn er aus diesem Kreislauf herausfiele. Daraus folgt doch keineswegs, daß die Erwartung des Glaubens eine Täuschung sei. Ja der, welcher etwas einzelnes erwartet, dessen Erwartung kann getäuscht werden, aber so geht es nicht dem Glaubenden. Wenn die Welt ihre scharfe Prüfung beginnt, wenn die Stürme des

Lebens der Jugend üppige Erwartungen knicken, wenn das Dasein, das so lieb und mild schien, in einen unbarmherzigen Eigentümer sich verwandelt, der alles zurückverlangt, alles, was er so gab, daß er es nehmen kann, so sieht der Glaubende wohl mit Wehmut und Schmerz auf sich und das Leben, aber er sagt doch: „Das ist eine Erwartung, die die ganze Welt nicht von mir nehmen kann, das ist die Erwartung des Glaubens, und sie ist Gewinn. Ich bin nicht getäuscht, denn was die Welt mir zu versprechen schien, das habe ich doch nicht geglaubt, daß sie es halten werde; meine Erwartung war nicht zur Welt, sondern zu Gott. Diese Erwartung ist nicht getäuscht; selbst in diesem Augenblick fühle ich ihren Sieg herrlicher und froher als allen Schmerz des Verlustes. Verlöre ich diese Erwartung, so wäre alles verloren. Noch habe ich gewonnen, gesiegt durch meine Erwartung, und meine Erwartung ist Gewinn." Ging es nicht so zu im Leben? Wenn da ein Mensch wäre, zu dem du dich so stark hingezogen fühltest, daß du sagen durftest: „Ich glaube ihm"; gut, wenn dann alles nach Wunsch ging, oder wenn nicht ganz nach Wunsch, doch so, daß du es leicht in Übereinstimmung mit deinen Vorstellungen bringen konntest, so glaubtest du ihm so, wie auch andere ihm glaubten; aber wenn das Unerklärliche geschah, das Unbegreifliche, da fielen die andern ab; oder besser (laß uns die Sprache nicht verwirren), da zeigen sie, daß sie ihm niemals geglaubt hatten. Nicht so du. Du fühltest, daß es nicht dieser Umstand war, auf den du deinen Glauben gegründet hattest, daß du erklären könntest, was da geschah; denn so wäre er ja gegründet auf deine Einsicht, und weit entfernt, Hingebung zu sein, eher Selbstvertrauen.

Es schien dir, daß es eine Schmach für dich wäre, wenn du ihn losließest; denn wie du vermeint hattest, daß diese Worte in deinem Mund: „Ich glaube ihm", etwas anderes zu bedeuten haben, als wenn die andern sie sagten, so fühltest du, daß die Veränderung unmöglich dich dazu bringen könnte, dasselbe zu tun wie die andern, es sei denn, daß dein Glaube ursprünglich nicht mehr zu bedeuten hatte. Du hörtest also nicht auf zu glauben. Doch tatest du vielleicht unrecht darin; nicht im Glauben; nicht, so zu glauben, sondern: einem Menschen so zu glauben. Vielleicht war das Unerklärliche leicht erklärt; vielleicht gab es eine traurige Gewißheit, die so stark zeugte, daß dein Glaube nur eine schöne Einbildung war, die du besser aufgeben solltest. Wir wissen es nicht. Doch dieses wissen wir, daß, wenn du über diesen Glauben vergäßest, daß es einen höheren Glauben gibt, er trotz seiner Schönheit doch nur zu deinem Verderben wäre. Wenn du dagegen Gott glaubtest, wie sollte dein Glaube je in eine schöne Einbildung verwandelt werden? Sollte er verändert werden können, bei welchem keine Veränderung ist, noch Wechsel von Licht und Finsternis? Sollte er nicht treu sein, durch den jeder Mensch, der es ist, treu ist; er nicht ohne Trug, durch den du selbst den Glauben hattest? Sollte da je eine Erklärung kommen, die anderes erklären könnte, als daß er ehrlich ist und sein Versprechen hält? Und doch sehen wir, daß die Menschen dieses vergessen.

Wenn alles ihnen glückt, wenn sie gute Tage sehen, wenn sie auf wunderliche Weise im Einverständnis mit allem um sie herum sich fühlen, da glauben sie, und in ihrer Freude vergessen sie wohl nicht, allzeit Gott zu danken; denn jeder Mensch will gerne für das Gute dankbar sein, das er empfängt, aber jedes Menschen Herz ist auch schwach genug, so gerne selbst bestimmen zu wollen, was das Gute ist. Wenn alles sich verändert, wenn das Leid die Freude ablöst, fallen sie ab, verlieren sie den Glauben, oder besser, denn laßt uns nicht die Sprache verwirren, dann zeigen sie, daß sie ihn niemals gehabt haben. So tatest du nicht. Wenn du dich selbst dabei ertapptest, daß du dich verändert hattest dadurch, daß alles um dich verändert wurde, so sagtest du: „Ich gestehe, nun sehe ich ein, daß, was ich meinen Glauben nannte, nur eine Einbildung war. Was das Höchste ist, das ein Mensch im Verhältnis zu einem andern tun kann: ihm glauben, was noch höher und schöner ist, seliger, als daß die Sprache es beschreiben kann: Gott glauben, das habe ich vermessen mir selbst eingebildet zu tun: Zu all meiner übrigen Freude habe ich auch diese gefügt; und doch war mein Glaube, wie ich nun sehe, nur eine flüchtige Rührung, ein Widerschein meines irdischen Glückes; aber ich will mich nicht erbauen mit vermessener und sinnloser Rede, nicht sagen, daß ich den Glauben verloren habe, nicht die Schuld auf Welt und Menschen laden oder sogar Gott anklagen." So suchtest du dich selbst aufzuhalten, wenn du im Leid irregehen wolltest; du verhärtetest nicht deinen Sinn, du warst nicht töricht genug, dir einbilden zu wollen, daß wenn das einzelne nicht geschehen wäre, du den Glauben bewahrt hättest, oder erbärmlich genug, Gemeinschaft mit solcher Weisheit suchen zu wollen. Siehe, deshalb gewannst du, wenn auch langsam, wieder den Weg zu der Erwartung des Glaubens. Wenn dann alles dir mißglückte, wenn, was du langsam aufbautest, in cinem Augenblick hingeweht ward, und du wieder mit Mühe von vorne anfangen mußtest; wenn dein Arm matt war, dein Gang schwankend, so hieltst du fest an der Erwartung des Glaubens, welche Sieg ist. Verkündetest du dieses auch nicht für andere, daß sie dessen nicht spotten sollten, weil du in all deinem Elend noch Erfolg erwartetest: In deinem innersten Herzen verbargst du doch deine Erwartung. „Die frohen Tage können wohl meinen Glauben verschönen", sagtest du, „ich schmücke ihn mit dem Kranze der Freude, aber ihn beweisen können sie nicht; die schweren Zeiten können die Tränen in mein Auge bringen und das Leid in meinen Sinn, aber des Glaubens mich berauben können sie nicht." Und wenn auch das Unglück nicht aufhörte, so ward deine Seele doch mild. „Das ist doch schön", sagtest du, „daß Gott so in den sichtbaren Dingen sich für mich nicht zeigen will; wir trennen uns, um uns doch wieder zu begegnen; ich könnte nicht wünschen, immer ein Kind zu bleiben, das jeden Tag Beweise verlangt, Zeichen und Wunder. Führe ich fort, ein Kind zu sein, so könnte ich doch nicht mit aller Macht und von meiner ganzen Seele lieben. Nun sind wir getrennt, wir sehen uns nicht täglich, nur heimlich begegnen wir uns im siegreichen Augenblick der gläubigen Erwartung."

Die Erwartung des Glaubens ist Gewinn, und diese Erwartung kann nicht getäuscht werden außer dadurch, daß man selbst sich täuscht, indem man der Erwartung sich beraubt, so wie der, der töricht meinte, daß er den Glauben verloren habe, oder töricht meinte, daß etwas einzelnes ihn von ihm genommen habe, oder suchte, sich selbst in der Vorstellung zu betören, daß es etwas einzelnes gäbe, das die Macht hätte, einen Menschen des Glaubens zu berauben – Zufriedenheit fand in dem eitlen Gedanken, daß gerade dieses ihm zugestoßen sei, Freude darin, andere durch die Versicherung zu ängstigen, daß es so etwas gebe, das seinen Spott mit dem Edelsten im Menschen triebe, und das den berechtigte, der darin versucht ward, seinen Spott mit anderen zu treiben.

Indes sagt vielleicht der eine oder andere: „Diese Rede hat wohl

Zusammenhang und ist in Übereinstimmung mit sich selbst; aber man kommt mit ihr nicht weiter und insoweit ist sie doch eine törichte und nichtssagende Rede." – Man kommt nicht weiter. Sollte ein Mensch wünschen können, weiter zu kommen als zu siegen, so müßte er ja den Sieg verlieren? Sollte das so töricht und nichtssagend sein, daß ein Mensch recht sich selbst bewußt wurde, ob er den Glauben habe oder nicht? Aber wenn ich sage: „Ich glaube", so kann es nur allzuoft dunkel für mich sein, was ich damit meine. Vielleicht irre ich, vielleicht bilde ich mir nur eine Vorstellung vom Künftigen, vielleicht wünsche, hoffe ich, vielleicht sehne ich mich nach etwas, verlange, begehre, vielleicht bin ich des Künftigen gewiß, und indem ich dieses tue, kann es mir vorkommen, daß ich glaube, unerachtet ich es doch nicht tue. Wenn ich dagegen mir selbst die Frage vorlege: Erwartest du Sieg, so wird jede Unklarheit schwieriger; so sehe ich ein, daß nicht bloß der nicht glaubt, der gar nichts erwartet, sondern auch der, der etwas einzelnes erwartet, oder seine Erwartung auf etwas einzelnes gründet. Und sollte dieses nicht von Wichtigkeit sein, da ja erst der, der mit dem Künftigen fertig geworden ist, ganz und ungeteilt im Gegenwärtigen sein kann; aber fertig mit dem Künftigen wird man nur dadurch, daß man es besiegt, aber dieses tut nur der Glaube, denn seine Erwartung ist Sieg. Jedesmal, wenn ich meine Seele ertappe, daß sie den Sieg nicht erwartet, so weiß ich, daß ich nicht glaube; wenn ich das weiß, dann weiß ich auch, was ich zu tun habe; denn ist es auch keineswegs eine leichte Sache zu glauben, die erste Bedingung, daß ich dazu kommen kann, ist doch die, daß ich mir bewußt werde, ob ich es tue oder nicht.

Deshalb gehen wir so oft irre, weil wir eine Überzeugung für unsere Erwartung suchen, anstatt des Glaubens *Überzeugung* davon, *daß wir glauben.*

4
Adams Sünde

Nach traditionellen Begriffen ist der Unterschied zwischen der ersten Sünde Adams und der ersten Sünde jedes Menschen dieser: Adams Sünde bedingt die Sündhaftigkeit als Konsequenz, die andere erste Sünde setzt die Sündhaftigkeit als Bedingung voraus. Wäre es so, dann stünde Adam wirklich außerhalb des Geschlechtes, und dieses begänne nicht mit ihm, sondern hätte einen Anfang außerhalb seiner selbst, was gegen jeden Begriff streitet.

Die erste Sünde ist die Qualitätsbestimmung, *die erste Sünde ist die Sünde.* Sie ist das Geheimnis des Ersten und dessen Ärgernis für die abstrakte Verständigkeit, die da meint, einmal sei keinmal, aber vielmals sei etwas, was ganz und gar verkehrt ist, da die vielen Male entweder jedes für sich genau soviel bedeuten wie das erstemal oder alle zusammen nicht annähernd soviel.

Falls die erste Sünde numerisch *eine* Sünde bedeutet, so wird keine Geschichte daraus, so erhält die Sünde weder im Individuum noch im Geschlecht Geschichte; denn die Bedingung dafür ist die gleiche, wenn darum auch die Geschichte des Geschlechtes nicht als solche die des Individuums ist, ebensowenig wie die des Individuums die Geschichte des Geschlechtes ist, außer insofern, als der Widerspruch ständig die Aufgabe ausdrückt.

Durch die erste Sünde kam die Sünde in die Welt. Ganz in gleicher Weise gilt es von jedes späteren Menschen erster Sünde, daß durch sie die Sünde in die Welt kommt. Daß sie vor Adams erster Sünde nicht da war, ist eine im Verhältnis zur Sünde selbst ganz zufällige und außerhalb des Zusammenhangs liegende Reflexion, die in keiner Weise die Bedeutung oder das Recht hätte, Adams Sünde größer oder jedes anderen Menschen erste Sünde kleiner zu machen. Eben dies ist eine logische und ethische Ketzerei, daß man den Anschein erwecken will, als ob die Sündhaftigkeit in einem Menschen sich so lange quantitativ bestimme, bis sie zuletzt durch eine *generatio aequivoca* die erste Sünde in ihm hervorbringe.

Mögen Mathematiker und Astronomen sich mit unendlich winzigen Minimalgrößen helfen, wenn sie können, im Leben hilft einem das nicht einmal zu einem Examenspapier, geschweige denn, den Geist zu erklären. Wenn die erste Sünde jedes späteren Menschen auf diese Weise aus der Sündhaftigkeit hervorginge, so wäre die Bestimmung der ersten Sünde als erstes unwesentlich, wesentlich aber wäre, wenn so etwas sich denken ließe, ihre Bestimmung nach der laufenden Nummer im allgemeinen, schwindenden Fond des Geschlechts. Aber so ist es nicht, und es ist gleich töricht, unlogisch, unethisch und unchristlich, ob man um die Ehre des ersten Erfinders buhlt, oder ob man etwas von sich abschiebt, indem man sich nichts denken will bei dem, was man sagt, damit man nichts anderes getan habe, als was alle andern auch getan haben.

Die Erzählung der Genesis von der ersten Sünde ist besonders in unserer Zeit ziemlich leichtfertig als eine Mythe betrachtet worden. Das hat seinen guten Grund, weil, was man an ihre Stelle setzte, eben eine Mythe war und noch dazu eine schlechte Mythe; denn wenn der Verstand auf das Mythische verfällt, kommt selten anderes als Geschwätz dabei heraus. Jene Erzählung ist die einzige dialektisch-konsequente Auffassung. Ihr ganzer Gehalt konzentriert sich eigentlich in dem Satz: *die Sünde kam durch eine Sünde in die Welt.* Wäre es nicht so, dann wäre die Sünde als etwas Zufälliges hineingekommen, das zu erklären man besser sein läßt.

Die Schwierigkeit für den Verstand ist eben der Triumph der Erklärung, ist ihre tiefsinnige Folgerichtigkeit, daß die Sünde sich selbst voraussetzt, daß die Sünde so in die Welt kommt, daß sie, indem sie ist, vorausgesetzt ist. Die Sünde kommt also hinein als das Plötzliche, das heißt durch den Sprung. Dieser Sprung jedoch setzt zugleich die Qualität; indem aber die Qualität gesetzt ist, ist der Sprung im gleichen Augenblick in die Qualität hineingenommen und von der Qualität vorausgesetzt, und die Qualität vom Sprunge. Das ist dem Verstand ein Ärgernis, *ergo* ist es eine Mythe. Als Ersatz dichtet er selbst eine Mythe, die den Sprung leugnet, den Kreis in eine gerade Linie auseinanderlegt, und nun geht alles natürlich zu. Er phantasiert darüber, wie der Mensch vor dem Sündenfall war, und so allmählich, während der Verstand darüber plaudert, wird die projektierte Unschuld im Laufe des Geschwätzes nach und nach zur Sündhaftigkeit – und siehe da, auf einmal ist sie da. Der Vortrag des Verstandes bei dieser Gelegenheit läßt sich treffend mit einem Kinderschnack vergleichen, an dem die Jugend ihren Spaß hat: Ichkimo – Dukimo – Eskimo – siehe da, und ganz natürlich hat es sich aus dem Vorhergehenden ergeben. Sollte etwas an der Mythe des Verstandes sein, so müßte es dies sein, daß die Sündhaftigkeit der Sünde vorausgeht. Wenn das aber in der Weise wahr ist, daß die Sündhaftigkeit durch etwas anderes als die Sünde hineingekommen ist, so ist der Begriff aufgehoben. Ist sie aber durch die Sünde hineingekommen, so ist diese ja vorausgegangen.

Durch Adams erste Sünde *kam also die Sünde in die Welt.* Dieser Satz, wie er gebräuchlich ist, enthält indessen eine ganz äußerliche Reflexion, die gewiß viel zum Aufkommen schwebender Mißverständnisse beigetragen hat. Daß die Sünde in die Welt kam, ist völlig richtig, doch nicht in der Weise geht dies Adam an. Ganz scharf und genau ausgedrückt muß man sagen, daß durch die erste Sünde die Sündhaftigkeit in Adam hineinkam. Bei keinem späteren Menschen fällt es einem ein, zu sagen, daß durch seine erste Sünde die Sündhaftigkeit in die Welt komme, und doch kommt sie durch ihn auf eine ähnliche Weise (das heißt auf eine Weise, die nicht wesentlich verschieden ist) in die Welt; denn scharf und genau ausgedrückt ist die Sündhaftigkeit nur in der Welt, soweit sie durch die Sünde hineinkommt.

Daß man sich über Adam anders ausgedrückt hat, ist nur darin begründet, daß die Auswirkung von Adams phantastischem Verhältnis zum Geschlecht sich überall zeigen muß. Seine Sünde ist die Erbsünde. Sonst weiß man nichts von ihm. Aber die Erbsünde in Adam gesehen ist nur jene erste Sünde. Ist Adam denn das einzige Individuum, das keine Geschichte hat? Dann müßte ja das Geschlecht mit einem Individuum beginnen, das kein Individuum ist, womit sowohl der Begriff des Geschlechts als der des Individuums aufgehoben wäre. Kann irgendein anderes Individuum im Geschlecht mit seiner Geschichte Bedeutung für die Geschichte des Geschlechts haben, so hat Adam es auch; hat Adam es nur durch jene erste Sünde, so ist der Begriff der Geschichte aufgehoben, das heißt, so ist die Geschichte vorbei in dem Augenblick, in dem sie begann. Es geht beständig darum, Adam mit in das Geschlecht hineinzubekommen, ganz in der gleichen Bedeutung wie jedes andere Individuum. Darauf sollte die Dogmatik achten, besonders um der Versöhnung willen. Die Lehre, daß Adam und Christus einander entsprechen, erklärt gar nichts, sondern verwirrt alles. Eine Analogie kann wohl bestehen, aber die Analogie ist ihrem Begriff nach unvollkommen. Nur Christus ist ein Individuum, das mehr als Individuum ist, aber darum *kommt er auch nicht am Anfang, sondern in der Fülle der Zeit.*

Da nun das Geschlecht nicht mit jedem Individuum wieder von vorne anfängt, erhält die Sündhaftigkeit des Geschlechtes allerdings eine Geschichte. Diese schreitet indessen in quantitativen Bestimmungen fort, während das Individuum im Sprung der Qualität daran teilnimmt. Das Geschlecht beginnt darum nicht von vorne mit jedem Individuum; denn dann wäre das Geschlecht gar nicht da; wohl aber beginnt jedes Individuum von vorne mit dem Geschlecht.

Wenn man also sagen will, daß Adams Sünde die Sünde des Geschlechts in die Welt brachte, so meint man es entweder phantastisch, womit jeder Begriff annulliert ist, oder man kann es mit dem gleichen Recht von jedem Individuum sagen, das durch seine Sünde die Sündhaftigkeit hineinbringt. Das Geschlecht mit einem Individuum beginnen zu lassen, das außerhalb des Geschlechts stehen soll, ist ebenso eine Mythe des Verstandes, wie die Sündhaftigkeit auf irgendeine andere Weise beginnen zu lassen als mit der Sünde. Was man erreicht, ist nur ein Hinausschieben des Problems, das sich natürlich um die Erklärung an den Menschen Nummer Zwei wendet oder genauer, an den Menschen Nummer Eins, da Nummer Eins eigentlich Nummer Null geworden ist.

Was oft täuscht und dazu beiträgt, allerlei phantastische Vorstellungen in Bewegung zu setzen, ist das Generationsverhältnis, als sei dank der Abstammung der spätere Mensch wesentlich verschieden vom ersten. Die Abstammung ist nur der Ausdruck für die Kontinuität in der Geschichte des Geschlechts, die sich stets in quantitativen Bestimmungen bewegt und darum in keiner Weise imstande ist, ein Individuum hervorzubringen; denn ein Tiergeschlecht, mag es sich auch durch tausend und abertausend Generationen erhalten haben, bringt doch nie ein Individuum hervor. Falls der zweite Mensch nicht von Adam abstammte, so wäre er nicht der zweite Mensch gewesen, sondern eine leere Wiederholung, und daraus wäre ebensowenig Geschlecht wie Individuum entstanden. Jeder einzelne Adam wäre eine Statue für sich und wäre darum nur durch die gleichgültige Bestimmung, das heißt durch die Zahl zu bestimmen, unvollkommener noch, als wenn die „blauen Jungens" mit Zahlen benannt werden. Wenn es hoch kommt, wäre jeder er selbst gewesen, und nicht er selbst und das Geschlecht, hätte keine Geschichte gehabt, wie ein Engel keine Geschichte hat, sondern nur er selbst ist und an keiner Geschichte partizipiert.

Es braucht wohl kaum gesagt zu werden, daß diese Auffassung sich keines Pelagianismus schuldig macht, der jedes Individuum, unbekümmert um das Geschlecht, seine kleine Geschichte auf seinem Privattheater spielen läßt; denn die Geschichte des Geschlechtes schreitet ruhig auf ihrem Wege fort, und in dieser beginnt kein Individuum an derselben Stelle wie ein anderes, während doch jedes Individuum von vorn beginnt und im gleichen Augenblick dort ist, wo es in der Geschichte beginnen soll.

Wie Adam die Unschuld durch die Schuld verlor, so verliert sie jeder Mensch. War es nicht durch Schuld, daß er sie verlor, so war es nicht die Unschuld, die er verlor, und war er nicht unschuldig, ehe er schuldig wurde, so wurde er niemals schuldig.

Was Adams Unschuld betrifft, so hat es nicht an allerhand phantastischen Vorstellungen gefehlt, ob diese nun symbolische Würde erlangten in Zeiten, da der Samt auf der Kanzel der Kirche wie auf dem Anfang des Menschengeschlechtes noch nicht so fadenscheinig war wie jetzt, oder ob sie als suspekte Erfindungen der Dichtungen abenteuerlich umherstreiften. Je phantastischer man Adam ausstaffierte, desto unerklärlicher wurde es, daß er sündigen konnte, desto entsetzlicher wurde seine Sünde. Indessen hatte er ein für allemal die ganze Herrlichkeit verspielt, und darüber wurde man je nach Zeit und Gelegenheit sentimental oder witzig, schwermütig oder leichtsinnig, historisch zerknirscht oder phantastisch munter; aber man verstand die Pointe nicht ethisch.

Was die Unschuld der späteren Menschen (das heißt aller außer

Adam und Eva) betrifft, so hatte man etwas geringschätzige Vorstellungen. Der ethische Rigorismus übersah die Grenze des Ethischen und war redlich genug, zu glauben, daß die Menschen die Gelegenheit nicht benutzen würden, sich vom Ganzen wegzustehlen, wenn ihnen die Ausflucht so leicht gemacht würde; der Leichtsinn begriff überhaupt nichts. Aber nur durch Schuld wird die Unschuld verloren; jeder Mensch verliert wesentlich auf die gleiche Weise die Unschuld wie Adam, und es ist weder im Interesse der Ethik, alle außer Adam zu bekümmerten und interessierten Zuschauern der Schuldhaftigkeit zu machen, aber nicht zu Schuldigen, noch im Interesse der Dogmatik, alle zu interessierten und teilnehmenden Zuschauern bei der Versöhnung zu machen, aber nicht zu Versöhnten.

Wenn man so oft die Zeit der Dogmatik und der Ethik und seine eigene Zeit damit vergeudet hat, um zu überlegen, was geschehen wäre, wenn Adam nicht gesündigt hätte, so zeigt das lediglich, daß man eine unrichtige Stimmung und folglich auch einen unrichtigen Begriff mitbringt. Der Unschuldige würde niemals daraufkommen, so zu fragen, der Schuldige aber sündigt, wenn er so fragt, denn er will in seiner ästhetischen Neugier ignorieren, daß er selbst die Schuldhaftigkeit in die Welt gebracht hat und die Unschuld durch Schuld verloren hat.

Die Unschuld ist daher nicht wie das Unmittelbare etwas, das aufgehoben werden muß, dessen Bestimmung ist, aufgehoben zu werden, etwas das eigentlich nicht da ist, sondern selbst erst dann und dadurch, daß es aufgehoben wird, Dasein erhält, als das, was war, ehe es aufgehoben wurde und was nun aufgehoben ist. Die Unmittelbarkeit wird nicht durch die Mittelbarkeit aufgehoben, sondern indem die Mittelbarkeit hervortritt, hat sie im gleichen Augenblick die Unmittelbarkeit aufgehoben. Die Aufhebung der Unmittelbarkeit ist darum eine immanente Bewegung in der Unmittelbarkeit; oder sie ist eine immanente Bewegung mit entgegengesetzter Richtung innerhalb der Mittelbarkeit, durch die diese die Unmittelbarkeit voraussetzt. Unschuld ist etwas, das durch eine Transzendenz aufgehoben wird, eben weil die Unschuld *Etwas* ist (wohingegen der richtige Ausdruck für die Unmittelbarkeit der ist, den Hegel vom reinen Sein gebraucht, nämlich Nichts), weswegen denn auch, wenn die Unschuld durch die Transzendenz aufgehoben ist, etwas ganz anderes daraus entsteht, während die Mittelbarkeit eben Unmittelbarkeit ist. Unschuld ist eine Qualität, sie ist ein *Zustand*, der recht wohl bestehen kann, und darum hat die logische Hast, die ihn aufheben will, nichts zu bedeuten; sie sollte lieber sehen, daß sie in der Logik selber ein bißchen schneller vorwärtskommt, denn dort kommt sie immer zu spät, auch wenn sie sich noch so sehr beeilt. Die Unschuld ist nicht eine Vollkommenheit, die man sich zurückwünschen soll; denn sobald man sie wünscht, ist sie verloren, und es ist dann eine neue Schuld, die Zeit mit Wünschen zu vergeuden. Die Unschuld ist nicht eine Unvollkommenheit, bei der man nicht stehenbleiben kann, denn sich selbst ist sie stets genug, und wer sie verloren hat, und zwar so, wie sie allein verloren werden kann, das heißt durch Schuld, und nicht, wie man sie vielleicht verloren haben möchte, der wird wohl nicht darauf verfallen, seine Vollkommenheit auf Kosten der Unschuld anzupreisen.

Die Erzählung in der Genesis gibt nun auch die richtige Erklärung der Unschuld. Unschuld ist Unwissenheit. Sie ist keineswegs das reine Sein des Unmittelbaren, sondern sie *ist* Unwissenheit. Daß man, wenn man die Unwissenheit von außen her betrachtet, sie auf das Wissen hin bestimmt sieht, ist etwas, das die Unwissenheit überhaupt nichts angeht. Es ist wohl einleuchtend, daß sich diese Auffassung nicht des Pelagianismus schuldig macht. Das Geschlecht hat seine Geschichte, in dieser hat die Sündhaftigkeit ihre kontinuierliche quantitative Bestimmtheit, die Unschuld aber wird beständig nur durch den qualitativen Sprung des Individuums verloren. Daß diese Sündhaftigkeit, die der Progreß des Geschlechtes ist, in dem Einzelnen, der sie in seinem Akt übernimmt, sich als größere oder geringere Disposition zeigen kann, ist wohl wahr, aber das ist ein Mehr oder Minder, ein quantitatives Bestimmen, das nicht den Begriff der Schuld konstituiert.

Wenn also Unschuld Unwissenheit ist, so scheint es, insofern die Schuldhaftigkeit des Geschlechtes in ihrer quantitativen Bestimmtheit in der Unwissenheit des Einzelnen vorhanden ist und sich durch seinen Akt als seine Schuldhaftigkeit erweist, als sei da ein Unterschied zwischen der Unschuld Adams und der jedes späteren Menschen. Die Antwort ist bereits gegeben: ein Mehr konstituiert keine Qualität. Zugleich möchte es scheinen, als ließe es sich nun leichter erklären, wie ein späterer Mensch die Unschuld verloren habe. Das ist indessen nur dem Anschein nach der Fall. Die höchste quantitative Bestimmtheit erklärt den qualitativen Sprung ebensowenig wie die niederste; kann ich die Schuld in einem späteren Menschen erklären, so kann ich sie ebensogut in Adam erklären. Aus Gründen der Gewohnheit und besonders der Gedankenlosigkeit und ethischen Stupidität nimmt es sich so aus, als sei das erstere leichter als das letztere. Man möchte so gern um die Stechsonne der Konsequenz herumkommen, die einem auf den Schädel zielt. Man will sich in die Sündhaftigkeit finden, mit an ihr tragen und so weiter und so weiter. Man mache sich nur keine Bemühungen: die Sündhaftigkeit ist keine Epidemie, die sich wie die Kuhpocken überträgt, „und jeder Mund soll gestopft werden". Daß ein Mensch in tiefem Ernst sagen kann, er sei im Elend geboren und seine Mutter habe ihn in Sünden empfangen, ist wohl wahr; aber eigentlich kann er erst wirklich darüber Leid tragen, nachdem er selbst die Schuld in die Welt brachte und alles dies sich zuzog, denn es ist ein Widerspruch, *ästhetisch* über die *Sündhaftigkeit* Leid tragen zu wollen. Der einzige, der unschuldig über die Sünde Leid trug, war Christus, doch trug er nicht Leid über sie als über ein Schicksal, in das er sich finden mußte; er trug Leid als der, der es frei erwählte, die Sünde aller Welt zu tragen und ihre Strafe zu erleiden. Dies ist keine ästhetische Bestimmung, denn Christus war mehr als ein Individuum.

Unschuld ist also Unwissenheit; aber wie wird sie verloren? Hier all die sinnreichen und törichten Hypothesen zu repetieren, mit denen Denker und Projektenmacher den Anfang der Geschichte behängt haben, die nur neugierig interessiert waren an dem großen menschlichen Anliegen, das man Sünde nennt, ist nicht meine Absicht. Teils will ich nicht anderen die Zeit damit vergeuden und das erzählen, womit ich selbst die Zeit vergeudet habe, um es zu ermitteln, teils liegt das Ganze außerhalb der Geschichte in dem Halbdunkel, wo Hexen und Projektenmacher um die Wette auf Besenstiel und Wurstholz reiten.

5
Der Mensch in der Angst vor dem Nichts

Die Unschuld ist Unwissenheit. In der Unschuld ist der Mensch nicht als Geist bestimmt, sondern seelisch bestimmt in unmittelbarer Einheit mit seiner Natürlichkeit. Der Geist ist träumend im Menschen. Diese Auffassung ist ganz in Übereinstimmung mit der der Bibel, die dem Menschen in der Unschuld die Kenntnis des Unterschiedes zwischen Gut und Böse abspricht und damit über alle katholischen Verdienstlichkeits-Phantastereien den Stab bricht.

In diesem Zustand ist Friede und Ruhe; aber es ist zu gleicher Zeit etwas anderes da, das doch nicht Unfriede und Streit ist; denn es ist ja nichts zum Streiten da. Was ist es denn? Nichts. Welche Wirkung aber hat Nichts? Es erzeugt Angst. Dies ist das tiefe Geheimnis der Unschuld, daß sie zugleich Angst ist. Träumend entwirft der Geist seine eigene Wirklichkeit, diese Wirklichkeit aber ist Nichts, dieses Nichts aber sieht die Unschuld beständig außerhalb ihrer.

Die Angst ist eine Bestimmung des träumenden Geistes. Im Wachen ist der Unterschied zwischen mir selbst und meinem andern gesetzt, im Schlafen ist er suspendiert, im Träumen ist er ein angedeutetes Nichts. Die Wirklichkeit des Geistes zeigt sich stets als eine Gestalt, die seine Möglichkeit versucht, aber die zerfließt, sowie er nach ihr greift; die ein Nichts ist, das nur ängstigen kann. Mehr kann sie nicht, solange sie sich nur zeigt. Der Begriff der Angst wird fast nie in der Psychologie behandelt; ich muß daher darauf aufmerksam machen, daß er gänzlich anders ist als etwa Furcht und ähnliche Begriffe, die sich auf etwas Bestimmtes beziehen; *die Angst dagegen ist die Wirklichkeit der Freiheit als Möglichkeit für die Möglichkeit.* Man wird so beim Tier keine Angst finden, eben weil es in seiner Natürlichkeit nicht als Geist bestimmt ist.

Wenn wir *die dialektischen Bestimmungen von Angst* betrachten, so zeigt sich, daß diese eben die psychologische Zweideutigkeit haben. Angst ist eine *sympathetische Antipathie* und eine *antipathetische Sympathie.* Man sieht leicht, denke ich, daß dies in einem ganz anderen Sinne eine psychologische Bestimmung ist als jene *concupiscentia.* Dies wird vom Sprachgebrauch vollstens bestätigt; man sagt: die süße Angst, die süße Beängstigung, man sagt: eine seltsame Angst, eine scheue Angst und so weiter.

Die Angst, die in der Unschuld gesetzt ist, ist nun fürs erste keine Schuld, fürs zweite ist sie keine beschwerende Last, kein Leiden, das sich nicht in Einklang bringen ließe mit der Seligkeit der Unschuld. Beobachtet man Kinder, so wird man diese Angst bestimmter angedeutet finden als ein Suchen nach dem Abenteuerlichen, dem Ungeheuren, dem Rätselhaften. Daß es Kinder gibt, bei denen sich dies nicht findet, beweist nichts; das Tier hat es ja auch nicht, und *je weniger Geist, desto weniger Angst.* Diese Angst gehört so wesentlich dem Kinde zu, daß es sie nicht entbehren möchte; und wenn sie es auch ängstigt, so fesselt sie es, doch mit ihrer süßen Beängstigung. Bei allen Nationen, die das Kindliche bewahrt haben als das Träumen des Geistes, ist diese Angst; und je tiefer sie ist, desto tiefer ist die Nation. Nur prosaische Dummheit kann meinen, dies sei eine Mißbildung. Die Angst hat hier dieselbe Bedeutung wie die Schwermut an einem viel späteren Punkte, wo die Freiheit, nachdem sie die unvollkommenen Formen ihrer Geschichte durchlaufen hat, im tiefsten Sinne zu sich selbst kommen soll.

Wie also das Verhältnis der Angst zu ihrem Gegenstand, zu etwas, das nichts ist (der Sprachgebrauch sagt ja auch prägnant: sich ängstigen vor nichts) durchaus zweideutig ist, so wird der Übergang, der hier von Unschuld zu Schuld gemacht werden kann, gerade so dialektisch sein, daß er zeigt: die Erklärung ist, was sie sein soll, psychologisch. Der qualitative Sprung steht außerhalb aller Zweideutigkeit, aber wer durch Angst schuldig wird, der ist ja unschuldig; denn es war ja nicht er selbst, sondern die Angst, eine fremde Macht, die ihn ergriff, eine Macht, die er nicht liebte, sondern vor der er sich ängstigte; – und doch ist er ja schuldig, denn er versank in die Angst, die er doch liebte, indem er sie fürchtete. Es gibt in der Welt nichts Zweideutigeres als dies, und darum ist diese Erklärung die einzige psychologische, während es ihr niemals einfallen würde, um es nochmals zu wiederholen, dic Erklärung sein zu wollen, die den qualitativen Sprung erklärt. Jede Vorstellung davon, daß das Verbot den Menschen reizte oder daß der Verführer ihn betrog, hat nur für eine oberflächliche Beobachtung die genügende Zweideutigkeit, sie verfälscht die Ethik, bewirkt ein quantitatives Bestimmen und will mit Hilfe der Psychologie dem Menschen ein Kompliment machen, das sich jeder, der ethisch entwickelt ist, als eine neue, noch gefährlichere Verführung verbitten muß.

Daß die Angst in Erscheinung trete, ist das, worum sich alles dreht. Der Mensch ist eine Synthese des Seelischen und des Geistigen. Aber eine Synthese ist undenkbar, wenn die Zwei sich nicht vereinen in einem Dritten. Dieses Dritte ist der Geist. In der Unschuld ist der Mensch nicht nur Tier, wie er denn überhaupt, falls er in irgendeinem Augenblick seines Lebens nur Tier wäre, niemals Mensch werden würde. Der Geist ist also zugegen, aber als unmittelbar, als träumend. Insofern als er nun anwesend ist, ist er in gewissem Sinne eine feindliche Macht; denn er stört beständig das Verhältnis zwischen Seele und Leib, das wohl besteht, aber doch wieder insofern nicht besteht, als es erst durch den Geist zum Bestehen kommt. Andererseits ist er eine freundliche Macht, die ja eben das Verhältnis konstituieren will. Welches ist denn nun das Verhältnis des Menschen zu dieser zweideutigen Macht, wie verhält sich der Geist zu sich selbst und zu seiner Bedingung? *Er verhält sich als Angst.* Seiner selbst ledig werden kann der Geist nicht, sich selbst ergreifen kann er auch nicht, solange er sich selbst außerhalb seiner hat; ins Vegetative absinken kann der Mensch ebensowenig, denn er ist ja als Geist bestimmt; die Angst fliehen kann er nicht, denn er liebt sie; eigentlich lieben kann er sie nicht, denn er flieht sie. Nun ist die Unschuld auf ihrer Spitze. Sie ist Unwissenheit, aber nicht als tierische Roheit, sondern *eine Unwissenheit, die vom Geist bestimmt ist;* aber das ist gerade Angst, weil es eine Unwissenheit im Nichts ist. Hier gibt es kein Wissen um Gut und Böse und so weiter; vielmehr entwirft sich in der Angst die ganze Wirklichkeit des Wissens als das ungeheure Nichts der Unwissenheit.

Noch ist die Unschuld da, aber es braucht nur ein Wort zu verlauten, so ist die Unwissenheit konzentriert. Dies Wort kann die Unschuld natürlich nicht verstehen, aber die Angst hat gleichsam ihre erste Beute bekommen, anstelle des Nichts hat sie nun ein rätselhaftes Wort. Wenn es so in der Genesis heißt, daß Gott zu Adam sagte: *„Allein vom Baum der Erkenntnis des Guten und Bösen sollst du nicht essen"*, so ist ja wohl ganz klar, daß Adam eigentlich dieses Wort nicht verstand; denn wie sollte er wohl den Unterschied von Gut und Böse verstehen, da diese Unterscheidung doch erst mit dem Genuß erfolgte.

Nimmt man nun an, daß das Verbot die Lust erweckt, so erhält man anstelle der Unwissenheit ein Wissen, denn Adam muß doch wohl ein Wissen um die Freiheit gehabt haben, da seine Lust darauf ausging, sie zu gebrauchen. Diese Erklärung ist somit eine nachträgliche. Das Verbot ängstigt ihn, weil das Verbot die Möglichkeit der Freiheit in ihm erweckt. Was an der Unschuld vorbeiging als das Nichts der Angst, das ist nun in ihn selbst hineingekommen und ist hier wieder ein Nichts, die ängstigende Möglichkeit zu *können.* Was es ist, das er kann, davon hat er keine Vorstellung; denn sonst setzt man ja, was im allgemeinen geschieht, das Spätere, den Unterschied zwischen Gut und Böse, voraus. Nur die Möglichkeit zu können ist da, als eine höhere Form von Unwissenheit, als ein höherer Ausdruck von Angst, weil es in einem höheren Sinne ist und nicht ist, weil er es in einem höheren Sinne liebt und flieht. Auf das Wort des Verbotes folgt das Wort der Strafandrohung: So wirst du gewißlich des Todes sterben. Was sterben sagen will, begreift Adam natürlich ganz und gar nicht, dagegen steht dem nichts im Wege, angenommen es sei zu ihm gesagt, daß ihm die Vorstellung des Entsetzlichen gekommen sei. Selbst das Tier kann ja in dieser Hinsicht den mimischen Ausdruck und die Bewegung in der Stimme des Sprechenden verstehen, ohne das Wort zu verstehen. Wenn man durch das Verbot die Lust wecken läßt, so muß man auch durch das Wort der Strafe eine abschreckende Vorstellung erwecken. Das ist jedoch verwirrend. Das Entsetzen hier ist nur Angst; denn Adam hat das Gesprochene nicht verstanden und hat also hier nur wieder die Zweideutigkeit der Angst. Die unendliche Möglichkeit zu können, die das Verbot erweckte, rückt jetzt dadurch näher, daß diese Möglichkeit eine Möglichkeit als ihre Folge aufweist.

So ist die Unschuld zum äußersten gebracht. In der Angst hat sie ihr Verhältnis zum Verbotenen und zur Strafe. Sie ist nicht schuldig, und doch ist sie in einer Angst, als wäre sie verloren.

Betrachtet man das Leben, so wird man sich bald davon überzeugen, daß, wenn auch das Dargelegte sich richtig verhält, die Angst der letzte psychologische Zustand ist, aus dem die Sünde durch den qualitativen Sprung hervorbricht, doch das gesamte Heidentum und dessen Wiederholung innerhalb des Christentums in einem bloß quantitativen Bestimmen liegt, aus dem der qualitative Sprung der Sünde nicht hervorbricht. Dieser Zustand ist jedoch nicht der Zustand der Unschuld, sondern ist, vom Standpunkt des Geistes aus gesehen, gerade der Zustand der Sündhaftigkeit.

Es ist recht eigentümlich, daß die christliche Orthodoxie stets gelehrt hat, das Heidentum läge in der Sünde, während doch das Bewußtsein der Sünde erst durch das Christentum gesetzt wurde. Die Orthodoxie hat mittlerweile recht, wenn sie sich nur ein wenig genauer erklären will. Durch die quantitierenden Bestimmungen zieht das Heidentum gleichsam die Zeit hin, kommt niemals zur Sünde im tiefsten Sinne, dies aber ist gerade die Sünde.

Daß dies vom Heidentum gilt, ist leicht nachzuweisen. Mit dem Heidentum innerhalb des Christentums verhält es sich anders. Das Leben des christlichen Heidentums ist weder schuldig noch nicht-schuldig, es kennt eigentlich keinen Unterschied zwischen dem Gegenwärtigen, Vergangenen, Zukünftigen, Ewigen. Sein Leben und seine Geschichte läuft dahin, wie die Schrift in jenen alten Tagen über das Papier hinlief, als man keine Trennungszeichen brauchte, sondern das eine Wort an das andere, den einen Satz an den anderen kritzelte. Ästhetisch betrachtet ist dies überaus komisch; denn während es lieblich ist, einen Bach murmelnd durchs Leben laufen zu hören, ist es komisch, wenn eine Summe vernünftiger Geschöpfe sich zu einem nie endenden Gemurmel ohne Sinn verwandelt. Ob die Philosophie diese *plebs* als eine Kategorie gebrauchen kann, indem sie sie etwa Substrat für ein Größeres sein läßt, ebenso wie das Schilf in der Pflanzenwelt, das nach und nach zu fester Erde wird, erst Torf, dann weiteres, das weiß ich nicht. *Vom Standpunkt des Geistes aus gesehen ist eine solche Existenz Sünde, und das mindeste, was man für sie tun kann, ist, daß man dies sagt und damit Geist von ihr fordert.*

Was hier gesagt ist, gilt nun nicht vom Heidentum. Eine solche Existenz kann sich *nur innerhalb des Christentums* finden. Dies hat seinen Grund darin, daß, je höher der Geist gesetzt ist, desto tiefer sich die Ausschließung zeigt, und je höher das ist, was verloren ist, desto elender (Eph. 4, 19, die kein Gefühl mehr haben) in ihrer Zufriedenheit sind. Will man diese Glückseligkeit der Geistlosigkeit mit dem Zustand der Sklaven im Heidentum vergleichen, so hat der Sklavenstand doch Sinn; denn er ist überhaupt nichts in sich selbst. Die Verlorenheit der Geistlosigkeit ist das Entsetzlichste von allem; denn das Unglück ist eben dies, daß die Geistlosigkeit zum Geist ein Verhältnis hat, das keines ist. Die Geistlosigkeit kann daher bis zu einem gewissen Grade den ganzen Gehalt des Geistes besitzen, doch wohl zu merken, nicht als Geist, sondern als Spuk, Gallimathias, Phrase und so weiter.

Dies ist ästhetisch gesehen das tief Komische an der Geistlosigkeit, etwas, worauf man im allgemeinen nicht aufmerksam ist, da der Darsteller selber mehr oder minder unsicher ist, was Geist anlangt. Wenn daher die Geistlosigkeit dargestellt werden soll, so legt man ihr gerne schlecht und recht Geschwätz in den Mund, weil man nicht den Mut hat, sie die gleichen Worte brauchen zu lassen, die man selber braucht. Das ist Unsicherheit. Die Geistlosigkeit kann völlig dasselbe sagen wie der reichste Geist, nur sagt sie es nicht in der Kraft des Geistes. Als geistlos bestimmt ist der Mensch eine Sprechmaschine geworden, und es steht dem nichts im Wege, daß er ebensogut eine philosophische Lektion abschnurren lernen kann wie ein Glaubensbekenntnis oder ein politisches Rezitativ. Ist es nicht merkwürdig, daß der einzige Ironiker und der größte Humorist sich zusammentun müssen, um das zu sagen, was das Einfachste von allem scheint, nämlich daß man unterscheiden muß zwischen dem, was man versteht, und dem, was man nicht versteht, und was sollte dem im Wege stehen, daß der geistloseste Mensch wörtlich dasselbe sagen könnte? Es gibt nur einen Beweis für Geist, das ist der Beweis des Geistes in einem selbst. Jeder, der etwas anderes fordert, mag vielleicht Beweise im

Überfluß auftreiben können, aber er ist doch schon als geistlos bestimmt.

In der Geistlosigkeit ist keine Angst, dazu ist sie zu glücklich und zu zufrieden und zu geistlos. Das ist aber ein sehr trauriger Grund, und das Heidentum ist von der Geistlosigkeit darin verschieden, daß es in Richtung *auf* den Geist bestimmt ist, diese in Richtung *ab* vom Geist. Das Heidentum ist daher, wenn man so will, Geistesabwesenheit und somit weit verschieden von der Geistlosigkeit. Insofern ist das Heidentum weit vorzuziehen. Die Geistlosigkeit ist die Stagnation des Geistes und das Zerrbild der Idealität. Die Geistlosigkeit ist daher nicht eigentlich dumm, wenn es aufs Herunterschnurren ankommt, sondern sie ist *dumm* in der Bedeutung, in der es vom Salz heißt: „Wo nun das Salz dumm wird, womit soll man salzen?" Darin liegt eben ihre Verlorenheit, aber auch ihre Sicherheit, daß sie nichts geistig versteht, nichts als Aufgabe erfaßt, obgleich sie alles betastet mit ihrer klammen Schlaffheit. Wird sie ein seltenes Mal vom Geist berührt und fängt einen Augenblick zu zappeln an wie ein galvanisierter Frosch, so tritt ein Phänomen ein, das vollkommen dem heidnischen Fetischismus entspricht. Für die Geistlosigkeit gibt es keine Autorität, denn sie weiß ja, daß es für den Geist keine Autorität gibt; da sie aber selbst unglücklicherweise nicht Geist ist, so ist sie, dem, was sie weiß, zum Trotz eine vollkommene Götzendienerin. Sie betet einen Trottel und einen Helden mit gleicher Ehrerbietung an, vor allen anderen aber ist doch der Scharlatan ihr eigentlicher Fetisch. Wenn nun auch in der Geistlosigkeit keine Angst ist, weil sie, wie der Geist, ausgeschlossen ist, so ist die Angst doch da; nur wartet sie. Es läßt sich denken, daß es einem Schuldner gelingt, seinem Gläubiger zu entwischen und ihn mit Gerede hinzuhalten, aber einen Gläubiger gibt es, der nie zu kurz gekommen ist, und das ist der Geist. Vom Standpunkt des Geistes aus gesehen, ist darum die Angst auch in der Geistlosigkeit zugegen, aber verborgen und vermummt. Selbst der Betrachtung graut vor ihrem Anblick, denn wie die Gestalt der Angst, falls man die Phantasie eine solche bilden lassen wollte, entsetzlich anzusehen ist, so würde doch ihre Gestalt noch mehr entsetzen, wenn sie es für nötig hielte, sich zu verkleiden, um nicht als das aufzutreten, was sie ist, obgleich sie es dennoch ist. Wenn der Tod sich zeigt in seiner wahren Gestalt, als der knöcherne, freudlose Sensenmann, so betrachtet man ihn nicht ohne Schrecken; wenn er aber, um der Menschen zu spotten, die sich einbilden, seiner spotten zu können, in Verkleidung auftritt, wenn nur der Betrachter sieht, daß der Unbekannte, der alle berückt mit seiner Höflichkeit und alle in den wilden Taumel der Lust versetzt, der Tod ist, dann packt ihn ein tiefes Grauen.

Die Innerlichkeit, die Gewißheit ist Ernst. Das sieht etwas armselig aus; wenn ich wenigstens gesagt hätte, sie sei die Subjektivität, die reine Subjektivität, die übergreifende Subjektivität – so hätte ich doch etwas gesagt – das sicherlich manchen ernst gemacht hätte. Den Ernst kann ich indessen auch noch auf eine andere Weise ausdrücken. Sobald die Innerlichkeit mangelt, ist der Geist verendlicht. Die Innerlichkeit ist daher die Ewigkeit oder die Bestimmung des Ewigen in einem Menschen.

Sehr ausführlich möchte ich hier nicht sein, doch will ich einige Punkte hervorheben.

a) *Man leugnet das Ewige im Menschen.* Im gleichen Augenblick ist „der Lebenswein ausgeschenkt", und jede solche Individualität ist dämonisch. Setzt man das Ewige, so ist das Gegenwärtige ein anderes als man haben will. Dieses fürchtet man, und somit ist man in der Angst vor dem Guten. Ein Mensch kann nun leugnen und leugnen solange er will, und doch kann er dadurch das Ewige nicht ganz ums Leben bringen. Und selbst wenn man bis zu einem gewissen Grade in einem gewissen Sinne das Ewige zulassen will, so fürchtet man doch den anderen Sinn und den höheren Grad; aber so sehr man den auch leugnen mag, man wird ihn doch nicht ganz los. Das Ewige fürchtet man nur allzusehr in unserer Zeit, selbst wenn man es in abstrakten und für das Ewige schmeichelhaften Redensarten anerkennt. Während die einzelnen Regierungen heutigentags in Furcht vor unruhigen Köpfen leben, leben nur allzu viele Individualitäten in Furcht vor einem unruhigen Kopf, der doch die wahre Ruhe ist – vor der Ewigkeit. Da predigt man den Augenblick, und wie der Weg zum Verderben mit guten Vorsätzen gepflastert ist, so wird die Ewigkeit am besten durch lauter Augenblicke beiseitegeschafft. Warum aber hat man so schreckliche Eile? Wenn es keine Ewigkeit gibt, so ist ja der Augenblick ebenso so lang, wie wenn es sie gibt. Aber die Angst vor der

Ewigkeit macht den Augenblick zu einer Abstraktion. – Dieses Leugnen des Ewigen kann sich übrigens direkt und indirekt auf sehr viele Weisen äußern; als Spott, als prosaische Berauschung an Verständigkeit, als Geschäftigkeit, als Begeisterung der Zeitlichkeit und so weiter.

b) *Man faßt das Ewige völlig abstrakt auf.* Das Ewige ist wie die blauen Berge die Grenze für die Zeitlichkeit, wer aber kräftig in der Zeitlichkeit lebt, kommt nicht an die Grenze. Der Einzelne, der nach ihr ausspäht, ist ein Grenzposten, der außerhalb der Zeit steht.

c) *Man biegt die Ewigkeit für die Phantasie in die Zeit hinein.* So aufgefaßt, bringt sie eine zauberische Wirkung hervor; man weiß nicht, ob es Traum ist oder Wirklichkeit, die Ewigkeit schaut wehmütig, gedankenvoll verträumt, schelmisch in den Augenblick hinein, wie des Mondes Strahl in einen erhellten Wald oder Saal hineinflimmert. Der Gedanke an das Ewige wird zum Beschäftigungsspiel der Phantasie, und die Stimmung ist ständig die: Träume ich, oder ist es die Ewigkeit, die von mir träumt?

Oder man faßt die Ewigkeit für die Phantasie rein und unvermittelt ohne diese kokette Doppelheit auf. Diese Auffassung hat einen bestimmten Ausdruck gefunden in dem Satze: Die Kunst ist eine Antizipation des ewigen Lebens; denn Poesie und Kunst ist nur die Versöhnung der Phantasie und kann wohl die Sinnigkeit der Intuition haben, nicht aber die Innigkeit des Ernstes. Man malt die Ewigkeit mit dem Flittergold der Phantasie aus – und man sehnt sich nach ihr. – Man erblickt apokalyptisch die Ewigkeit, agiert Dante, während doch Dante, soviel er auch der Anschauung der Phantasie zugestand, die Wirkung des ethischen Urteilsaktes nicht aufhob.

d) *Man faßt die Ewigkeit metaphysisch auf.* Man sagt solange Ich-Ich, bis man selbst das Lächerlichste von allem wird: das reine Ich, das ewige Selbstbewußtsein. Man spricht solange von der Unsterblichkeit, bis man selbst – zwar nicht unsterblich, aber die Unsterblichkeit wird. Trotz alledem entdeckt man plötzlich, daß man die Unsterblichkeit nicht mit ins System hineinbekommen hat, und nun ist man darauf bedacht, ihr in einem Anhang einen Platz anzuweisen. Gegenüber dieser Lächerlichkeit war es ein wahres Wort von Poul Möller, daß die Unsterblichkeit überall zugegen sein müsse. Ist sie das aber, so wird die Zeitlichkeit etwas ganz anderes, als man wünscht. – Oder man faßt die Ewigkeit in der Weise metaphysisch auf, daß die Zeitlichkeit in ihr komisch aufbewahrt wird. Rein ästhetisch-metaphysisch gesehen ist die Zeitlichkeit komisch, denn sie ist der Widerspruch, und das Komische liegt stets in dieser Kategorie. Faßt man nun die Ewigkeit rein metaphysisch auf und will doch aus dem einen oder anderen Grunde die Zeitlichkeit in sie hineinbringen, so ist es ja dann wirklich komisch, wenn der ewige Geist die Erinnerung daran bewahrt, daß er verschiedentlich in Geldverlegenheit war und so weiter. Die ganze Mühe aber, die man sich hier macht, um die Ewigkeit aufrechtzuerhalten, ist vergebens und blinder Alarm; denn rein metaphysisch wird kein Mensch unsterblich und wird kein Mensch seiner Unsterblichkeit gewiß. Wird er es aber auf ganz andere Weise, so wird das Komische sich auch nicht aufdrängen. Wenn auch das Christentum lehrt, daß ein Mensch Rechenschaft geben muß von jedem unnützen Wort, das er geredet hat, und wir das einfach als Totalerinnerung verstehen, von der sich schon hier im Leben bisweilen unverkennbare Symptome zeigen können, wenn auch die Lehre des Christentums durch keinen schärferen Gegensatz beleuchtet werden kann als durch die Vorstellung des Griechentums, nach der die Unsterblichen als erste Lethe tranken, um zu vergessen, so folgt doch daraus keineswegs, daß die Erinnerung auf eine direkte oder indirekte Weise komisch werden solle, direkt dadurch, daß man sich an Lächerlichkeiten erinnert, indirekt dadurch, daß Lächerlichkeiten zu wesentlichen Entscheidungen verwandelt werden sollen. Eben weil die Rechenschaft und das Gericht das Wesentliche sind, wird dieses Wesentliche in Beziehung auf das Unwesentliche wie Lethe wirken, während es doch auch wieder sicher ist, daß vieles sich als wesentlich erweisen kann, von dem man es nicht eben geglaubt hätte. In den Verstecktheiten des Lebens, Possierlichkeiten, Zufälligkeiten ist die Seele nicht wesentlich zugegen gewesen, darum wird all dies verschwinden, nur für die Seele nicht, die wesentlich darin war; für die wird es aber schwerlich komische Bedeutung erhalten. Wenn man gehörig über das Komische nachgedacht hat, es exekutiv studiert hat und sich beständig über seine Kategorie klar ist, so versteht man leicht, daß das Komische eben der Zeitlichkeit zugehört, denn hier ist der

Widerspruch. Metaphysisch und ästhetisch kann man es nicht aufhalten und daran verhindern, daß es am Ende die ganze Zeitlichkeit verschlingt, was dem passieren wird, der entwickelt genug war, es zu gebrauchen, *aber nicht reif genug inter et inter zu distinguieren.* In der Ewigkeit dagegen ist aller Widerspruch behoben, die Zeitlichkeit von der Ewigkeit durchdrungen und in ihr bewahrt; darin aber ist keine Spur des Komischen.

Aber die Ewigkeit will man im Ernst nicht denken, sondern hat Angst vor ihr, und die Angst verfällt auf hundert Ausflüchte. Doch das ist eben das Dämonische.

In einem Grimmschen Märchen wird von einem jungen Burschen erzählt, der auf Abenteuer auszog, um das Gruseln zu lernen. Wir wollen aber jenen Abenteurer seines Weges ziehen lassen, ohne uns darum zu kümmern, ob ihm auf seiner Fahrt das Entsetzliche begegnete. Hingegen möchte ich sagen, daß dies ein Abenteuer ist, das jeder Mensch zu bestehen hat: Angst haben zu lernen, damit er nicht verloren sei, entweder dadurch, daß ihm nie angst gewesen ist, oder dadurch, daß er in der Angst versinkt; wer daher gelernt hat, auf die rechte Weise Angst zu haben, der hat das Höchste gelernt.

Wäre der Mensch ein Tier oder ein Engel, so würde er nicht Angst haben können. Da er eine Synthese ist, kann er Angst haben, und je tiefer seine Angst ist, desto größer ist der Mensch, doch nicht in dem Sinne, wie die Menschen es gemeinhin verstehen, wo die Angst auf das Äußerliche geht, auf etwas außerhalb des Menschen, sondern in dem Sinne, daß einer selbst die Angst produziert. Nur in diesem Sinne ist es aufzufassen, wenn es von Christus heißt, daß ihm angst zu Tode wurde, ebenso wenn er zu Judas sagt: Was du tust, das tue bald. Auch nicht das entsetzliche Wort, über das zu predigen selbst Luther Angst hatte: Mein Gott, mein Gott, warum hast du mich verlassen, nicht einmal dieses Wort drückt das Leiden so stark aus; denn mit dem letzteren wird ein Zustand bezeichnet, in dem sich Christus befindet, das erstere bezeichnet ein Verhältnis zu einem Zustand, der nicht ist.

Die Angst ist die Möglichkeit der Freiheit, nur diese Angst ist durch den Glauben absolut bildend, indem sie alle Endlichkeiten verzehrt, alle ihre Täuschungen aufdeckt. Und kein Großinquisitor hat so entsetzliche Foltern in Bereitschaft wie die Angst, und kein Spion weiß so geschickt den Verdächtigen gerade in dem Augenblick anzugehen, in dem er am schwächsten ist, oder weiß die Falle, in der er gefangen werden soll, so gefällig zu legen, wie die Angst es weiß; und kein scharfsinniger Richter versteht so den Angeklagten zu examinieren, ja, zu examinieren, wie die Angst, die ihn nie losläßt, nicht in der Zerstreuung, nicht im Lärm, nicht unter der Arbeit, nicht am Tage, nicht in der Nacht.

Wer durch die Angst gebildet wird, der wird durch die Möglichkeit gebildet, und erst wer durch die Möglichkeit gebildet wird, wird nach seiner Unendlichkeit gebildet. Die Möglichkeit ist daher die schwerste aller Kategorien. Man hört wohl oft das Gegenteil, daß die Möglichkeit so leicht sei und die Wirklichkeit so schwer. Aber wer ist es, der so redet? Ein paar Jämmerliche, die nie gewußt haben, was Möglichkeit ist, und die dann, als die Wirklichkeit ihnen zeigte, daß sie nichts taugten und zu nichts taugen würden, lügnerisch eine Möglichkeit auffrischten, die zwar so schön, zwar so reizvoll war, der aber höchstens etwas jugendliche Albernheit zugrundelag, deren man sich eher schämen sollte. Im allgemeinen versteht man daher unter der Möglichkeit, von der gesagt wird, sie sei so leicht, die Möglichkeit von Glück, Erfolg und so weiter. Doch ist dies gar nicht die Möglichkeit; es ist eine lügnerische Erfindung, die von der menschlichen Verderbtheit aufgetakelt wird, die Grund sucht, über das Leben und die Vorsehung zu klagen, und Gelegenheit, sich selbst wichtig zu werden. Nein, in der Möglichkeit ist alles gleich möglich, und wer in Wahrheit durch die Möglichkeit erzogen wurde, der hat das Entsetzliche genau so gut erfaßt wie das Freundliche. Wenn ein solcher Mensch die Schule der Möglichkeiten absolviert hat und – besser als ein Kind in seinem ABC – darüber Bescheid weiß, daß er vom Leben absolut nichts fordern kann, und daß das Entsetzliche, das Verderben, die Vernichtung Tür an Tür mit jedem Menschen wohnt, und wenn er gründlich gelernt hat, daß jede Angst, vor der er Angst hatte, im nächsten Augenblick über ihn kam, so wird er der Wirklichkeit eine andere Erklärung geben; er wird die Wirklichkeit preisen, und selbst wenn sie schwer auf ihm lastet, wird er daran denken, daß sie doch weit, weit leichter ist, als die Möglichkeit es war. Nur so kann die Möglichkeit bilden; denn die Endlichkeit und die endlichen Verhältnisse, in denen dem Individuum ein Platz angewiesen ist, mögen sie nun klein und alltäglich oder weltgeschichtlich sein, bilden nur endlich, und man kann sie immer bereden, immer ein bißchen etwas anderes aus ihnen machen, immer schachern, immer einigermaßen dabei wegkommen, immer sich ein bißchen abseits halten, immer verhindern, daß man absolut etwas dabei lernt; und wenn man das will, muß das Individuum wiederum die Möglichkeit in sich haben und selbst das bilden, von dem es lernen soll, wenn dies auch schon im nächsten Augenblick keineswegs anerkennt, daß es von ihm gebildet ist, sondern absolut die Macht von ihm nimmt.

Damit aber ein Mensch in der Weise absolut und unendlich durch die Möglichkeit gebildet werde, muß er redlich sein gegen die Möglichkeit und Glauben haben. Unter Glauben verstehe ich hier das, als was Hegel ihn irgendwo auf seine Weise überaus richtig kennzeichnet: die innere Gewißheit, die die Unendlichkeit vorwegnimmt. Wenn die Entdeckungen der Möglichkeit redlich verwaltet werden, so wird die Möglichkeit alle Endlichkeiten aufdecken, sie aber idealisieren in der Gestalt der Unendlichkeit und in der Angst das Individuum überwältigen, bis dieses sie wieder besiegt in der Antizipation des Glaubens.

Was ich hier sage, dünkt vielleicht vielen dunkel und ungut geredet, da sie sich gerade rühmen, nie Angst zu haben. Darauf würde ich erwidern, daß man vor Menschen, vor Endlichkeiten gewiß nicht Angst haben soll, aber erst der, der die Angst der Möglichkeit durchgemacht hat, erst der ist so gebildet, daß er keine Angst mehr hat, nicht weil er den Schrecknissen des Lebens entgeht, sondern weil diese stets schwach sind im Vergleich mit denen der Möglichkeit. Sollte der Sprechende dagegen meinen, es sei eben das Große an ihm, daß er nie Angst gehabt habe, so werde ich ihm mit Freuden meine Erklärung dafür eröffnen: Das kommt, weil er sehr geistlos ist.

Wenn das Individuum die Möglichkeit betrügt, durch die es gebildet werden soll, so kommt es nie zum Glauben, so ist sein Glaube eine Klugheit der Endlichkeit, wie auch seine Schule die der Endlichkeit war. Man betrügt aber die Möglichkeit auf jede Art; denn sonst müßte jeder Mensch, der bloß den Kopf aus dem Fenster steckte, genug gesehen haben, daß die Möglichkeit damit ihre Exerzitien beginnen könnte. Es gibt ein Bild von Chodowiecki, das die Übergabe von Calais darstellt, betrachtet von den vier Temperamenten, und die Aufgabe des Künstlers war dabei, die verschiedenen Eindrücke, im Ausdruck der verschiedenen Temperamente sich spiegeln zu lassen. Das alltäglichste Leben hat ganz gewiß Begebenheit genug, die Frage aber dreht sich um die Möglichkeit in der Individualität, die redlich gegen sich selbst ist. Man erzählt von einem indischen Einsiedler, der zwei Jahre lang von Tau gelebt hatte, er sei einmal in die Stadt gekommen, habe Wein gekostet und sei darauf dem Trunk verfallen. Man kann diese Geschichte wie jede andere dieser Art auf verschiedene Weise verstehen, man kann sie komisch oder tragisch nehmen; dem Menschen jedoch, der durch die Möglichkeit gebildet wird, genügt eine einzige von solchen Geschichten. Im selben Moment ist er absolut identisch mit jenem Unglücklichen, er kennt keine Ausflüchte der Endlichkeit, mit denen er die Sache abtun und selbst entschlüpfen könnte. Nun hat die Angst der Möglichkeit ihn zur Beute, bis sie ihn gerettet und erlöst abgeben muß an den Glauben; anderswo findet er keine Ruhe, denn jeder andere Ruhepunkt ist bloßes Geschwätz, wenn er auch in den Augen der Menschen Klugheit sein mag. Sieh, darum ist die Möglichkeit so absolut bildend. In der Wirklichkeit ist niemals ein Mensch so unglücklich geworden, daß er nicht einen kleinen Rest zurückbehalten hätte, und die Verständigkeit sagt ganz richtig: Wenn man geschickt ist, weiß man sich zu helfen. Aber derjenige, der den Kursus der Möglichkeit im Unglück durchgemacht hat, der verlor alles, alles, wie es nie jemand in der Wirklichkeit verloren hat. Wenn er nun nicht die Möglichkeit betrog, die ihn lehren wollte, nicht die Angst überredete, die ihn erlösen wollte, dann bekam er auch alles wieder, wie niemals jemand in Wirklichkeit, selbst wenn er alles zehnfach bekommen hätte; denn der Schüler der Möglichkeit bekam die Unendlichkeit, und die Seele des anderen hatte in der Endlichkeit ausgehaucht. In der Wirklichkeit ist niemand so tief gesunken, daß er nicht noch tiefer sinken könnte und daß es nicht noch einen oder viele geben könnte, die tiefer gesunken wären. Wer aber in der Möglichkeit versank, dessen Blick schwindelte, dessen Auge wurde getrübt, so daß er den Maßstab nicht erfaßte, den Krethi und Plethi dem Sinkenden als rettenden Strohhalm reichen; sein Ohr verschloß sich, so daß er nicht hörte, in welchem Marktpreis die Menschen bei seinen Zeitgenossen standen, nicht hörte, daß er ebenso gut sei wie die meisten. Er sank absolut, dann aber tauchte er wieder auf aus der Tiefe des Abgrundes, leichter als all das Belastende und Erschreckende im Leben. Nur leugne ich nicht, daß der, der durch die Möglichkeit gebildet wird, Gefahr läuft – nicht wie die, die durch die Endlichkeit gebildet werden, etwa in schlechte Gesellschaft zu geraten, auf Abwege zu gelangen, sondern – zu Fall zu kommen, und zwar im Selbstmord. Wenn er bei Beginn seiner Bildung die Angst mißversteht, so daß sie ihn nicht zum Glauben führt, sondern vom Glauben wegführt, so ist er verloren. Wer hingegen sich bilden läßt, der bleibt bei der Angst; er läßt sich nicht betrügen von ihren unzähligen Fälschereien, er behält das Vergangene genau im Gedächtnis; zuletzt sind dann die Anfälle der Angst – obwohl entsetzlich, doch nicht so, daß er sie flieht. Die Angst wird ihm ein dienender Geist und muß ihn wider ihren Willen dorthin führen, wohin er es wünscht. Meldet sie sich dann, tut sie heimtückisch, als hätte sie ein ganz neues Schreckmittel erfunden, als wäre sie weit entsetzlicher denn je, so zieht er sich nicht zurück, noch weniger sucht er sie mit Lärm und Verwirrung fortzuhalten; er heißt sie vielmehr willkommen, er begrüßt sie festlich, wie Sokrates festlich den Giftbecher hob, er schließt sich ein mit ihr, er sagt wie ein Patient zum Chirurgen sagt, wenn die schmerzhafte Operation beginnen soll: jetzt bin ich bereit. Da dringt die Angst in seine Seele hinein und durchforscht alles und ängstet das Endliche und Kleinliche aus ihm heraus und führt ihn dahin, wohin er will.

Wenn im Leben irgendein außerordentliches Ereignis eintritt, wenn ein welthistorischer Held Helden um sich sammelt und Heldentaten vollbringt, wenn eine Krisis eintritt und alles Bedeutung erhält, dann möchten die Menschen mit dabei sein; denn es bildet. Schon möglich. Es gibt aber eine weit einfachere Art, auf die man weit gründlicher gebildet wird. *Nimm den Schüler der Möglichkeit, setzte ihn mitten auf die jütländische Heide, wo es kein Ereignis gibt, wo das größte Ereignis ist, daß ein Auerhahn brausend auffliegt, und er wird alles vollkommener, genauer, gründlicher erleben als der, dem auf dem Theater der Weltgeschichte applaudiert wurde und der nicht durch die Möglichkeit gebildet war.*

Wenn so das Individuum durch die Angst zum Glauben gebildet wird, wird die Angst eben ausmerzen, was sie selbst hervorbringt. *Die Angst entdeckt das Schicksal,* aber indem das Individuum sich dem Schicksal anvertrauen will, schlägt die Angst um und entfernt das Schicksal; denn das Schicksal ist wie die Angst, und die Angst ist wie die Möglichkeit ein Hexenbrief. Wird die Individualität nicht in der Weise durch sich selbst im Verhältnis zum Schicksal umgebildet, so wird sie immer einen dialektischen Rest behalten, den keine Endlichkeit ausmerzen kann, genau so wenig wie einer den Glauben an die Lotterie verliert, wenn er ihn nicht durch sich selbst verliert, sondern ihn dadurch verlieren sollte, daß er dauernd im Spiel verliert. Selbst im Verhältnis zum Allerunbedeutendsten ist die Angst gleich bei der Hand, sobald die Individualität sich um etwas herumdrücken möchte, sich etwas zuschanzen will. In sich ist es etwas Unbedeutendes, und von der Endlichkeit, von außen her, kann das Individuum nichts darüber lernen, aber die Angst macht kurzen Prozeß, sie setzt augenblicklich den Trumpf der Unendlichkeit, der Kategorie darauf, und den kann die Individualität nicht stechen. In einem äußerlichen Sinne das Schicksal und seinen Wechsel, seine Schläge fürchten kann ein solches Individuum nicht; denn die Angst in ihm hat schon selbst das Schicksal gebildet und ihm absolut alles genommen, was irgendein Schicksal nehmen kann. Sokrates sagt im Kratylos, es sei entsetzlich, von sich selbst betrogen zu werden, weil man immer den Betrüger bei sich habe; so kann man auch sagen, es sei ein Glück, einen solchen Betrüger bei sich zu haben, der fromm betrügt und beständig das Kind entwöhnt, ehe die Endlichkeit anfängt dreinzupfuschen.

6

Bekräftigung im inneren Menschen

Gebet

Vater im Himmel! Du hältst alle guten Gaben in Deiner Hand. Dein Überfluß ist reicher, als daß menschlicher Verstand ihn fasse, Du bist willig zu geben, und Deine Güte ist größer, als daß eines Menschen Herz sie verstehe; denn Du erfüllst jede Bitte und gibst, um was wir bitten, oder gibst noch Besseres, als was wir bitten. So gib Du denn jedem seinen zugewiesenen Teil, wie es Dir wohlgefällt; aber gib Du auch jedem die Überzeugung, daß alles von Dir kommt, damit nicht die Freude uns von Dir reiße in der Vergessenheit der Lust, damit nicht das Leid die Scheidewand setze zwischen Dich und uns; sondern daß wir in der Freude hinsuchen zu Dir und im Leide bei Dir bleiben, damit, wann unsere Tage gezählt sind und der äußere Mensch verdorben ist, der Tod nicht kalt und furchtbar in seinem eigenen Namen komme, sondern mild und freundlich mit Gruß und Botschaft, mit Zeugnis von Dir, unserem Vater, der Du im Himmel bist! Amen!

(Epheserbrief 3,13 bis Schluß).

In der Hauptstadt der Welt, im stolzen Rom, wo aller Glanz der Welt und alle Herrlichkeit vereinigt waren; wo alles aufgetrieben ward, womit menschliche Klugheit und Wildheit in der Angst der Verzweiflung den Augenblick versuchen, was er ausfindig mache, um den sinnlichen Menschen in Erstaunen zu setzen; wo jeder Tag Zeuge des Merkwürdigen war, des Entsetzlichen, und der nächste Tag es vergessen hatte beim Anblick des noch Merkwürdigeren, des noch Entsetzlicheren; im ruhmreichen Rom, wohin jeder, der in irgendeiner Weise der Menge Aufmerksamkeit fesseln zu können glaubte, als zu seinem rechten Schauplatz hastete, alles im voraus zu seinem Empfang vorbereitete, um, wiewohl berauscht in Selbstvertrauen, schlau doch den knapp zugemessenen, den beneideten, den glücklichen Augenblick zu benützen – dort lebte der Apostel Paulus als Gefangener, dort schrieb er den Brief, aus dem unser Text genommen ist. Als Gefangener ward er dorthin gebracht, von niemand fast gekannt, und doch brachte er mit sich eine Lehre, von welcher er zeugte, daß sie göttliche Wahrheit sei, ihm mitgeteilt durch eine besondere Offenbarung, und die unerschütterliche Überzeugung, daß diese Lehre über die ganze Welt siegen sollte. Wäre er ein Aufrührer gewesen, der das Volk erhitzte und den Tyrannen erbeben machte; wäre er gefangen nach Rom geführt worden, damit der Herrscher seine Rache an seinem Leiden sättigen könnte, ihn mit den ausgesuchtesten Qualen martern lassen könnte – ja!, dann wäre doch Wahrscheinlichkeit dafür, daß sein Schicksal eine kurze Zeit jeden erschüttert hätte, in dessen Brust menschliches Gefühl noch nicht ausgestorben war; daß er einen Augenblick durch seinen Schrecken die wollüstige und neugierige Menge erregt hätte – ja vielleicht wäre der Thron des Tyrannen gestürzt worden! Doch so ward Paulus nicht behandelt. Er war zu unbedeutend, als daß Rom ihn fürchten mußte, seine Torheit zu unschuldig, um die Macht gegen ihn zu wappnen. Wer war er auch? Ein Mann, der einem verachteten Volke angehörte; ein Mann, der nicht einmal dem mehr angehörte, sondern von ihm als ein Ärgernis ausgestoßen war – ein Jude, der Christ geworden war, der einsamste, der verlassenste, der unschädlichste Mann im ganzen Rom. Wie ein solcher ward er auch behandelt. Sein Gefängnis war mild, nur war er Gefangener; und dem, der jene siegreiche Überzeugung mit sich brachte, war nun als Wirkungsplatz die Einsamkeit des Gefängnisses angewiesen und der Kriegsmann, der täglich zu seiner Bewachung gestellt wurde. – In der Hauptstadt der Welt, im lärmenden Rom, wo nichts der zügellosen Macht der Zeit widerstehen konnte, die alles verschlang, so hurtig wie es aufkam, die alles spurlos mit ihrer Vergessenheit auslöschte – dort lebte der Apostel Paulus, ein unbedeutender Mann, im einsamen Gefängnis, still und zurückgezogen, aber während alles außen um ihn in Nichtigkeit hinfährt, schneller als ein Schatten, stand die Überzeugung fest für ihn, daß die Lehre, die er bekannte, über die ganze Welt siegen würde – über die ganze Welt, von der er nun abgesondert war. Wenn ein Mensch, der schuldig leidet, seine Strafe mit Geduld trägt, so hat er kein Lob davon, aber wenn er unschuldig mit Geduld leidet, so hat er Lob. Das ist schön zu bedenken, lieblich zu hören, gut zu bekennen; aber es ist schwer, es zu tun. Doch der, in dessen Herz die Furcht Gottes und Frömmigkeit ist, wird mit Gottes Hilfe seine Seele in Demut bescheiden, bis sie wieder freudig in Gott wird und still im Herrn; so wird er in Geduld sich retten, wenn es auch schwer zu tragen war, daß seine Erwartung wie ein Traum hinschwand, daß er, der die ganze Welt gewinnen wollte, selbst damit endete, Gefangener zu sein; daß er nicht einmal im Streit unterlag, sondern wie eine Täuschung aufgezehrt ward. Wenn da solche waren, die ihr Vertrauen auf ihn gesetzt und auf ihn gehofft hatten, so wird er sich ihrer erinnern, und seine Seele wird nicht unbekannt sein mit der schmerzlichen Bekümmerung, ob auch sie ihn verlassen wollen; von seinem Gefängnis wird er ihnen vielleicht schreiben: „Verlaßt mich nicht jetzt, da ich von allen verlassen bin, bewahret euer Vertrauen zu mir wie vordem, vergesset mich nicht jetzt, da ich von allen vergessen bin." Vielleicht würde er ihre Herzen bewegen, vielleicht würde ein Einzelner zu ihm kommen, und wenn dies erlaubt würde, den Gefangenen besuchen, mit ihm trauern, ihn trösten und mit ihm sich erbauen. Es ist schön, davon zu reden, der Gedanke allein schon bewegt jedes besseren Menschen Herz. Doch Paulus war ein Apostel. Wenn auch betrübt, war er doch allzeit freudig; wenn auch arm, machte er allzeit viele reich; wenn er auch nichts hatte, besaß er doch alles. Von seiner Gefangenschaft schreibt er der fernen Gemeinde: „Darum bitte ich, daß ihr nicht müde werdet um meiner Trübsale willen, die ich für euch leide, welche euch eine Ehre sind." Er, der selbst Trost zu brauchen schien, er ist hurtig, sozusagen in gutem Einverständnis mit dem Herrn, freudig in der Trübsal, mutig in der Gefahr, nicht beschäftigt mit seinem eigenen Leiden, sondern bekümmert um die Gemeinde; und nur insoweit bedenkt er seine Trübsal, als sie die Gemeinde veranlassen könnte zu verzagen.

Wenn ein Mensch Friede und Ruhe in seinem Unglück gefunden hätte, würde vielleicht das Leid, daß andere über seiner Widerwärtigkeit die Freimütigkeit und den Glauben verlieren könnten, in ihm neue Unruhe wecken. Doch soll die Gottesfurcht in ihm siegen, und er soll vertrauensvoll die Geliebten in Gottes

Hand befehlen. Es rührt das Herz, davon zu reden, jeder bessere Mensch fühlt, daß diese stille Hingebung wohl des Strebens wert ist. Doch Paulus war ein Apostel, er schreibt aus seiner Gefangenschaft: „Diese meine Trübsale, die ich für euch leide, sind eure Ehre."

Der, welcher eine Lehre den Menschen anzubefehlen hat und strebt, sie zu gewinnen, hat ja ein Zeugnis, auf das er getrost den Einzelnen hinweist. Aber wenn dieses Zeugnis trügt, sieht er wohl ein, daß die Macht von ihm genommen ist, und wiewohl es sehr schwer ist, versöhnt er sich doch mit Gott in seinem Herzen; und trauert wohl wie die, welche der Bräutigam verließ und die Freude, aber auch wie der, der nicht ins Ungewisse lief, der nicht vergaß, daß höher als die Rettung anderer die Rettung der eigenen Seele ist, den unruhigen Sinn dem Gehorsam des Glaubens zu unterwerfen, die irrenden Gedanken mit der Macht der Überzeugung in den Banden der Liebe zu halten. Es ist wohltuend, davon zu reden, und jeder redliche Mensch bekennt, daß es selig ist, so sein eigenes Haus zu bestellen, wenn man ausgedient hat beim großen Werk und über das Geringere gesetzt wird. – Aber Paulus! Lebte er in der Gunst der Mächtigen, daß sie seine Lehre annehmen könnten? Nein, er war gefangen. Huldigten die Weisen seiner Lehre, daß ihr Ansehen für die Wahrheit bürgen könnte? Nein, sie war ihnen eine Torheit. Vermochte seine Lehre hurtig den Einzelnen in den Besitz einer übernatürlichen Macht zu setzen, bot sie sich den Menschen feil durch Gaukelwerk? Nein, sie mußte langsam erworben werden, in Prüfungen angeeignet werden, die mit dem Verzicht auf alles begannen. Hatte Paulus irgendein Zeugnis? Ja, er hatte das menschliche Zeugnis gegen sich, und dazu hatte er noch die Bekümmerung, daß die Gemeinde verzagen würde, oder was schlimmer war, an ihm sich ärgerte; denn das Ärgernis liegt niemals näher, als wenn Wahrheit unterdrückt wird, wenn Unschuld leidet, wenn Ungerechtigkeit ihres Sieges sicher ist, wenn Gewalt Glück hat, wenn Unwissenheit nicht einmal nötig hat, Gewalt gegen das Gute zu gebrauchen, sondern sorglos und unbekümmert unwissend darum bleibt, daß es da ist. Aber verzagt Paulus, vom Zeugnis verlassen? Keineswegs. Als er kein anderes Zeugnis hatte, sich darauf zu berufen, berief er sich auf seine Trübsale. Ist dieses nicht wie ein Wunder? Wenn Paulus nicht anders kräftig bewiesen hätte, daß er wundertätige Macht besitze, ist dieses nicht ein Beweis? Trübsale in ein Zeugnis für die Lehre der Wahrheit zu verwandeln, Schande in Ehre für sich und die glaubende Gemeinde verwandeln; die verlorene Sache in eine Ehrensache verwandeln, die die ganze begeisternde Macht des Zeugnisses hat, ist das nicht gleich wie den Lahmen zum Gehen bringen und den Stummen redend machen!

Was gab Paulus die Macht dazu? Er hatte selbst ein Zeugnis; er war kein zweifelnder Mann, der in seinem Innersten die starken Gedanken doch widerrief. Ein Zeugnis hatte er höher als alles in der Welt, ein Zeugnis, das stärker zeugte, je mehr die Welt gegen ihn war. War er ein schwacher Mann? Nein, er war mächtig. War er wankend? Nein, er war fest; denn er war machtvoll bekräftigt durch den Geist Gottes im inneren Menschen.

Was der Apostel selbst war, wofür sein ganzes Leben den Beweis führt, das wünscht er jedem einzelnen in der Gemeinde. Wenn auch die Bedingungen jener Zeit andere waren, wenn auch Kampf und Streit es notwendiger machten, aber vielleicht auch schwieriger, diese Bekräftigung im inneren Menschen zu gewinnen, es bleibt doch zu allen Zeiten und unter allen Umständen das einzige, was einem Menschen nottut: seine Seele in der inneren Bekräftigung zu retten; denn jeder Mensch, zu jeder Zeit, hat ja doch *seinen* Streit und *seine* Anfechtung, *seine* Not, *seine* Einsamkeit, in der er versucht wird, *seine* Angst und Ohnmacht, wenn das Zeugnis fehlt. So will ich tiefer überlegen *die Bekräftigung im inneren Menschen.*

Nur eine gedankenlose Seele kann alles um sich wechseln lassen, sich selbst den unsteten, launenvollen Verwandlungen des Lebens als Beute hingeben, ohne Angst zu bekommen vor einer solchen Welt, ohne sich um sich selbst zu bekümmern. Wie unwürdig und widerwärtig ist ein solches Leben, wie weit ist ein solcher entfernt von der hohen Bestimmung des Menschen zu zeugen, der Herr der Schöpfung zu sein. Denn soll der Mensch herrschen, muß es eine Ordnung in der Welt geben; es wäre ja anders nur ein Spott über ihn, ihn als Herrscher über wilde Mächte zu setzen, die keinem Gesetze gehorchen. Und wenn er herrschen soll, muß ein Gesetz in ihm selber sein, denn anders könnte er unmöglich herrschen; er würde entweder störend eingreifen oder es bliebe einem Zufall überlassen, ob er weise herrschte oder nicht. Wäre es so, da wäre der Mensch so weit entfernt, der Herr der Schöpfung zu sein, daß diese eher wünschen müßte, daß er gar nicht da wäre. Sobald deshalb bloß ein Mensch zu einer verständigeren Betrachtung des Lebens sich sammelt, sucht er sich von einem Zusammenhang in allem zu vergewissern, und als Herr der Schöpfung legt er dieser sozusagen die Frage vor, nötigt ihr eine Erklärung ab, fordert ein Zeugnis.

Nur der, welcher seine Seele den weltlichen Begierden hingab; der, welcher die glänzende Knechtschaft der Lust wählte und nicht vermochte, sich von ihrer leichtsinnigen oder schwermütigen Angst freizumachen, nur der begnügt sich, die Schöpfung ihr Zeugnis ablegen zu lassen, daß er schlau und klug sie im Dienste des Augenblicks benützen kann. Und der Mensch ist der Herr der Schöpfung, deshalb gehorcht sie sogar der unwürdigen Herrschaft. Wie traurig ist solche Verlorenheit, die doch nicht glaubt, gedankenlos hinzuleben, sondern eher, alles zu verstehen, und in des Herzens Verwirrung meint, alles zum eigenen Vorteil zu wenden. Wenn er am Himmel die Abendröte sieht, so sagt er: „Es wird morgen ein schöner Tag werden", aber sieht er am Morgen den Himmel rot und trübe, so sagt er: „Es wird heute ein Unwetter geben"; denn über des Himmels Gestalt, über Wind und Wetter weiß er zu urteilen. Darum sagt er: „Heute oder morgen wollen wir gehen in diese oder jene Stadt, und wollen ein Jahr da verbringen und Handel treiben und gewinnen." Wenn er seinen Boden mit Verstand anbaut, so rechnet er, daß er ihm vielfältig geben wird. Sein Auge ergötzt sich am Anblick der reichen Saat, die er selbst vielleicht gedankenlos die gesegnete Frucht nannte. Er baut rasch seine Scheune größer; denn es ist ihm leicht vorauszusehen, daß die alten diesen Überfluß nicht fassen werden. Da ist er sicher und froh, preist das Dasein und legt sich zum Schlafe; doch da heißt es: „Du Narr, diese Nacht wird man deine Seele von dir fordern." – Seine Seele von ihm, ist es nicht zuviel verlangt, ob er es wohl verstände? Es ist nicht die Rede von der reichen Ernte oder von den neulich errichteten Scheunen, aber wenn er nun über alledem vergessen hätte – daß er eine Seele hat. – Indes der, welcher bloß mit wenig Ernst das Leben betrachtet, sieht leicht, daß er nicht also Herr ist, daß er nicht zugleich Diener ist; daß der Mensch nicht bloß dadurch vom Tiere verschieden ist, daß er verständiger ist als dieses.

Nur der, welcher feig jede tiefere Erklärung flieht; der, welcher nicht den Mut hat, die Verantwortung des Herrn auf sich zu nehmen, indem er sich der Verpflichtung des Dieners unterwirft; nicht Demut hat, gehorchen zu wollen, um herrschen zu lernen, und beständig nur herrschen zu wollen, insoweit er selbst gehorcht – nur er füllt die Zeit mit unaufhörlichen Überlegungen aus, die ihn doch nicht weiterführen, sondern eher zur Zerstreuung dienen, in welcher seine Seele, sein Vermögen zu fassen und zu wollen, verschwindet wie ein Dampf und ausgelöscht wird wie eine Flamme. Wie traurig ist solche Selbstverzehrung, wie weit ist ein solcher davon entfernt, durch sein Leben zu zeugen, in seinem Leben auszudrücken des Menschen erhabene Bestimmung: Gottes Mitarbeiter zu sein.

Durch jede tiefere Besinnung, die ihn *älter* macht als den Augenblick und ihn das Ewige ergreifen läßt, vergewissert sich der Mensch davon, daß er ein wirkliches Verhältnis zu einer Welt hat, und daß also dieses Verhältnis nicht ein bloßes Wissen von dieser Welt und von sich selbst als einem Teil ihrer sein kann, da ein solches Wissen kein Verhältnis ist, eben weil er selbst in diesem Wissen gleichgültig gegen diese Welt ist und diese Welt gleichgültig gegen sein Wissen von ihr. Erst in dem Augenblick, da die Bekümmerung in seiner Seele erwacht, was die Welt für ihn zu bedeuten habe und er für die Welt, was all das in ihm, wodurch er selbst zur Welt gehört, für ihn zu bedeuten habe und er darin für die Welt, erst da verkündigt sich der innere Mensch in dieser *Bekümmerung*. Diese Bekümmerung wird nicht gestillt durch ein näheres oder umfassenderes Wissen, sie begehrt eine andere Art von Wissen, ein Wissen, das in keinem Augenblick dabei bleibt, Wissen zu sein, sondern im Augenblick des Besitzes in ein Handeln sich verwandelt; denn anders wird es nicht besessen. Diese Bekümmerung verlangt auch eine Erklärung, ein Zeugnis, aber von einer andern Art. Wenn ein Mensch in seinem Wissen alles wissen könnte, aber nichts wüßte vom Verhältnis dieses Wissens zu ihm, so hätte er wohl in seinem Streben, vom Verhältnis seines Wissens zu dessen Gegenstand sich zu vergewissern, ein Zeugnis verlangt, aber er hätte nicht gefaßt, daß es ein ganz anderes Zeugnis braucht: So wäre die Bekümmerung in seiner Seele noch nicht erwacht. Sobald diese erwacht, wird sein Wissen als trostlos sich erweisen, weil all das Wissen, in welchem ein Mensch vor sich selber verschwindet, ebenso jede Erklärung, die durch ein solches Wissen zustande kommt, zweideutig ist, bald dies, bald jenes erklärt, und das Gegenteil bedeuten kann, ebenso jedes Zeugnis dieser Art, gerade wenn es zeugt, voll Trug und Rätsel ist und nur Angst gebiert. Wie sollte auch ein Mensch in diesem Wissen sich davon vergewissern, ob Glück Gottes Gnade ist, so daß er an ihm sich freuen, sicher sich ihm hingeben darf, oder ob es des Himmels Zorn ist und trügerisch nur den Abgrund der Verlorenheit vor ihm verbirgt, daß sein Untergang um so schrecklicher sei? Wie sollte ein Mensch in diesem Wissen sich davon vergewissern, ob Unglück des Himmels Strafe ist, daß er von ihm sich zermalmen lassen kann, oder daß es Gottes Liebe ist, die ihn in Prüfungen liebt, daß er freudig und zuversichtlich in der Not der Versuchung an die Liebe denken muß? Wie sollte ein Mensch durch ein solches Wissen sich davon vergewissern, ob er in der Welt hochgestellt und ihm viel anvertraut wurde, weil Gott in ihm sein auserwähltes Werkzeug liebte oder dies geschah, weil er zum Sprichwort für die Menschen werden sollte, eine Warnung, ein Schreck für andere? Denn sein Wissen kann ihn wohl davon vergewissern, daß alles ihm glücke, daß alles ihm sich füge, daß alles geschehe, wie er es will, daß alles ihm gegeben werde, worauf er zeigt, daß er hoch betraut sei wie keiner – aber mehr kann dieses Wissen ihn nicht lehren. Und diese Erklärung ist sehr zweideutig, und dieses Wissen ist ohne Trost.

In jener Bekümmerung verkündigt sich der innere Mensch und verlangt eine Erklärung, ein Zeugnis, das die Bedeutung des Ganzen für ihn und seine eigene Bedeutung erklärt, indem es ihn selbst in dem Gott erklärt, der alles in seiner ewigen Weisheit zusammenhält und den Menschen zum Herrn der Schöpfung machte dadurch, daß er Gottes Knecht wurde, und für ihn sich erklärte dadurch, daß er ihn zu seinem Mitarbeiter machte, und durch jede Erklärung, die er einem Menschen gibt, ihn bestärkt im inneren Menschen. In jener Bekümmerung verkündigt sich der innere Mensch, der nicht bekümmert ist um die ganze Welt, sondern nur um Gott und um sich selbst und um die Erklärung, die ihm die Beziehung verständlich macht, und um das Zeugnis, das ihn in der Beziehung bekräftigt. Diese Bekümmerung hört keinen Augenblick auf; denn das Wissen, das er gewinnt, ist kein gleichgültiges Wissen. Wenn nämlich ein Mensch meinte, gleichsam ein für allemal diese Sache zu entscheiden und dann fertig zu sein, so wäre der innere Mensch in ihm nur totgeboren und verschwände wieder. Aber wenn er in Wahrheit bekümmert ist, wird alles durch Gott zur Bekräftigung im inneren Menschen dienen; denn Gott ist treu und läßt sich nicht ohne Zeugnis. Aber Gott ist Geist und kann deshalb ein Zeugnis geben nur im Geist: im inneren Menschen.

So wird Glück einem solchen Menschen zur Bekräftigung im inneren Menschen dienen. Oft hört man die Menschen sagen, daß das Leben so trugvoll sei, und wie verschieden auch die Hoffnungen und Wünsche der einzelnen waren, so einigten sich doch so sehr viele in der Entscheidung, daß die schöne Forderung der Erwartungen niemals sich erfüllte, wenn auch nur allzu viele zuerst sich selber betrogen dadurch, daß sie Trost suchten in der Einbildung, daß sie einmal in Wahrheit große Erwartungen genährt hätten. So klagen sie über die Welt, daß sie das Land des Elends sei; über die Zeit, daß sie eitel Mühe und verlorene Arbeit sei, die den Menschen dem Ziel seines Wunsches nicht näher führe; über die Menschen, daß sie treulos seien oder doch träge, lau, selbstsüchtig; über sich selbst auf dieselbe Weise wie über andere Dinge im Leben, daß sie nicht als das sich erwiesen, was sie einmal zu sein schienen; über die Ordnung aller Dinge hier auf Erden, daß all das eitle und äußere Wesen Fortgang habe, daß alle Tat gekrönt werde, deren Kraft Wortschwall ist; das Gefühl gepriesen, dessen Stärke in Redensarten ist; die Not Teilnahme finde, deren Beweis im Schreien liegt; aber daß das redliche Streben nur Undank und Verkennung gewinne, daß das stille innerliche Gefühl nur Mißverständnis begegne, das tiefe, einsame Leid nur Kränkung finde. Selten hört man eine ernstere Stimme, die jeden ermahnt, des Lebens Unterweisung anzunehmen und in der Schule der Widerwärtigkeiten sich erziehen zu lassen, eine erprobte Rede, die mit allem Nachdruck fragt: „Sollte ein Reicher gerettet werden, sollte der Mächtige auf dem engen Pfade gehen, sollte der Glückliche sich selbst verleugnen, sollte der Gelehrte und Kluge die verachtete Wahrheit annehmen?" Doch diese Rede wird nicht beachtet, sondern die Klage fährt fort zu tönen, daß nicht bloß der Einzelne im Leben Unglück habe, sondern daß das ganze Leben nur Unglück sei, und daß dies das ganze Dasein zu einer finsteren Rede mache, welche keiner verstehen kann. – Aber Glück – das ist leicht zu verstehen. Und doch: – Hiob war ein alter Mann und war alt geworden in der Furcht Gottes, er opferte Brandopfer für jedes seiner Kinder, so oft sie zum Mahle gingen. – „Aber Glück ist leicht zu verstehen" – und doch kann nicht einmal der *Glückliche* selbst es verstehen. Sieh ihn an, den Glücklichen, welchem in allem fügsam zu sein das Glück sich zur Freude machte. Er arbeitet nicht und doch ist er herrlich wie Salomo, sein Leben ist Tanz, sein Gedanke berauscht im Traum der Wünsche, und jeder Traum wird erfüllt, sein Auge ist hurtiger gesättigt, als es begehrt, sein Herz birgt keinen geheimen Gedanken, sein Sehnen hat keine Grenze kennengelernt. Aber wenn du ihn fragen wolltest: „Woher kommt all dieses?", so würde er wohl leichtsinnig antworten: „Ich weiß es selber nicht." Diese Antwort möchte ihn wohl sogar ergötzen in seinem Leichtsinn wie ein Scherz, der mit zum übrigen paßte, aber er würde nicht fassen oder bloß ahnen, was er eigentlich sagte und wie er selbst sich richtete. Die bürgerliche Obrigkeit wacht darüber, daß jeder behalte, was ihm mit Recht gehört. Wenn sie einen Menschen entdeckt, dessen Überfluß und Reichtum alle in Verwunderung setzen, fordert sie eine Erklärung von ihm, woher er es habe. Und kann er es nicht erklären, wirft sie einen Verdacht auf ihn, daß er nicht auf ehrliche Weise es erhielt, daß er nicht im rechtmäßigen Besitz davon sei, daß er vielleicht ein Dieb sei. Die menschliche Gerechtigkeit ist nur ein sehr unvollkommenes Gleichnis der göttlichen. Diese hat ein wachsames Auge auf jeden Menschen. Wenn ein Mensch auf die Frage, woher er das alles habe, keine andere Antwort hat, als daß er selbst es nicht wisse, richtet sie ihn und bleibt bei ihm wie ein Verdacht gegen ihn, daß er nicht in *rechtmäßigem* Besitz davon sei! Dieser Verdacht ist nicht ein Diener der Gerechtigkeit, sondern die Gerechtigkeit selbst; ist die, welche anklagt und richtet und ihm das Urteil verkündet und seine Seele im Gefängnis bewacht, daß sie nicht entweiche. Was fordert man denn von dem Glücklichen? Was anderes, als auch eine Bekräftigung im inneren Menschen? Aber er hatte keine Bekümmerung, keinen inneren Menschen;

war er je dagewesen, so war er verschwunden und ausgelöscht. Der dagegen, in dessen Seele der innere Mensch sich verkündigt in jener Bekümmerung, wird nicht froh, wenn das Glück in allem ihm sich fügen will. Ein heimliches Grauen bemächtigt sich seiner vor der Macht, die so launisch alles verschwenden will, er hat Angst, mit ihr zu tun zu haben, denn es ist, als forderte sie zum Ersatz etwas von ihm, das so furchtbar ist, daß er kaum der Angst davor einen Namen zu geben weiß. Einen weit geringeren Teil will er mit Dankbarkeit annehmen, wenn er bloß wissen darf, von wem er kommt. Aber dieses verlangt die Bekümmerung in ihm, diese Erklärung, dieses Zeugnis. Ob er auf des Berges Spitze gestellt würde, um auszuschauen über die Reiche und Länder der Welt, und ihm gesagt würde: „Das ist alles dein", er möchte doch zuerst wissen, wer ihn hinaufgestellt habe, wem er zu danken habe. Aber wenn das Glück dessen ungeachtet fortfährt, wie er es ausdrücken müßte, ihn zu verfolgen, wird seine Bekümmerung größer und größer; jedoch im Maß, wie seine Bekümmerung zunimmt, gewinnt seine Seele zuletzt die Bekräftigung im inneren Menschen. So ward Glück ihm Anlaß, daß die Bekümmerung zunahm, und so diente Glück ihm zur Bekräftigung im inneren Menschen; denn der, welcher die ganze Welt besitzt und Gott dankt, wird bekräftigt im inneren Menschen. So wird er sich ganz anders freuen als jener Glückliche; denn der, welcher, wenn er die Welt hat, wie der ist, der sie nicht hat, er hat die Welt; anders wird er gehabt von ihr. So freut er sich über alle die guten Gaben, aber noch mehr freut er sich über Gott und mit Gott, der sie gab. So ergötzt er sein Auge am Glanz der Erde, freut sich darüber, daß die Vorratskammern voll sind, so baut er seine Scheunen größer, so legt er sich ruhig zum Schlafen, und wenn es heißt: „In dieser Nacht will ich deine Seele von dir fordern", so versteht er diese Forderung und ist hurtig fertig und weiß besser Bescheid um seine Seele, die er mit sich nehmen soll, als um all die Herrlichkeit, die er besaß und nun verläßt, all die Herrlichkeit, an der er sich freute und die von Tag zu Tag ihm zur Bekräftigung im inneren Menschen ward durch *Danksagung.* – – –

7
Wer ist der Mensch?

Der Mensch ist Geist. Aber was ist Geist? Geist ist das Selbst. Aber was ist das Selbst? Das Selbst ist ein Verhältnis, das sich zu sich selbst verhält, oder ist das im Verhältnis, daß das Verhältnis sich zu sich selbst verhält; das Selbst ist nicht das Verhältnis, sondern daß das Verhältnis sich zu sich selbst verhält. Der Mensch ist eine Synthese von Unendlichkeit und Endlichkeit, von Zeitlichem und Ewigem, von Freiheit und Notwendigkeit, kurz eine Synthese. Eine Synthese ist ein Verhältnis zwischen zweien. So betrachtet, ist der Mensch noch kein Selbst.

Im Verhältnis zwischen zweien ist das Verhältnis das dritte als negative Einheit, und die zwei verhalten sich zum Verhältnis und im Verhältnis zum Verhältnis; dergestalt ist unter der Bestimmung Seele das Verhältnis zwischen Seele und Leib ein Verhältnis. Verhält sich hingegen das Verhältnis zu sich selbst, so ist dieses Verhältnis das positive dritte, und dies ist das Selbst.

Ein solches Verhältnis, das sich zu sich selbst verhält, ein Selbst, muß sich entweder selbst gesetzt haben oder durch ein anderes gesetzt sein.

Ist das Verhältnis, das sich zu sich selbst verhält, durch ein anderes gesetzt, so ist das Verhältnis zwar das dritte, aber dieses Verhältnis, das dritte, ist so doch wieder ein Verhältnis, welches sich zu dem verhält, was das ganze Verhältnis gesetzt hat.

Ein so abgeleitetes, gesetztes Verhältnis ist das Selbst des Menschen, ein Verhältnis, das sich zu sich selbst verhält, und indem es sich zu sich selbst verhält, sich zu einem anderen verhält.

Daher kommt es, daß es *zwei Formen der eigentlichen Verzweiflung* geben kann. Hätte das Selbst des Menschen sich selbst gesetzt, so könnte nur von einer Form die Rede sein, nicht es selbst sein zu wollen, sich selbst los sein zu wollen; aber es könnte nicht davon die Rede sein, verzweifelt es selbst sein zu wollen. Diese Formel ist nämlich der Ausdruck für die Abhängigkeit des ganzen Verhältnisses (des Selbst), der Ausdruck dafür, daß das Selbst nicht durch sich selbst in Gleichgewicht und Ruhe kommen oder sein kann, sondern nur dadurch, daß es, indem es sich zu sich selbst verhält, sich zu dem verhält, was das ganze Verhältnis gesetzt hat. Ja, es ist bei weitem nicht so, daß diese andere Form von Verzweiflung (daß das Selbst verzweifelt es selbst sein will) nur eine eigene Art von Verzweiflung bezeichnete, alle Verzweiflung kann vielmehr darin aufgelöst und auf sie zurückgeführt werden. Wenn es einen Verzweifelnden gibt, der meint, aufmerksam auf seine Verzweiflung zu sein, nicht sinnlos von ihr redet als von etwas, das ihm widerfährt – und nun mit aller Macht durch sich selbst und einzig durch sich selbst die Verzweiflung heben will: dann steht er noch in der Verzweiflung, arbeitet sich mit all seinen vermeintlichen Arbeiten nur desto tiefer in eine tiefere Verzweiflung. Das Mißverhältnis der Verzweiflung ist nicht ein einfaches Mißverhältnis, sondern ein Mißverhältnis in einem Verhältnis, das sich zu sich selbst verhält und von einem andern gesetzt ist, so daß das Mißverhältnis in jenem für sich seienden Verhältnis sich zugleich unendlich im Verhältnis zu der Macht reflektiert, die es setzte.

Dies ist nämlich die Formel, die den Zustand des Selbst beschreibt, wenn die Verzweiflung ganz ausgerottet ist: im Sich-Verhalten-zu-sich-selbst und im Es-Selbst-sein-Wollen gründet das Selbst durchsichtig in der Macht, die es setzte.

Ist Verzweiflung ein Vorzug oder ein Mangel? Rein dialektisch ist sie beides. Wenn man die Verzweiflung als abstrakten Gedanken festhalten wollte, ohne an einen Verzweifelten zu denken, so müßte man sagen: sie ist ein ungeheurer Vorzug. Die Möglichkeit dieser Krankheit ist des Menschen Vorzug vor dem Tiere, und dieser Vorzug zeichnet ihn ganz anders aus als der aufrechte Gang, denn sie deutet auf die unendliche Aufgerichtetheit oder Erhabenheit hin, daß er Geist ist. Die Möglichkeit dieser Krankheit ist der Vorzug des Menschen vor dem Tier; auf diese Krankheit aufmerksam zu sein ist des Christen Vorzug vor dem natürlichen Menschen; von dieser Krankheit geheilt zu sein ist des Christen Seligkeit.

Also ist es ein unendlicher Vorzug, verzweifeln zu können; und doch ist es nicht nur das größte Unglück und Elend, verzweifelt zu sein, nein es ist Verlorenheit. So ist das Verhältnis zwischen Möglichkeit und Wirklichkeit sonst nicht; ist es ein Vorzug, dies oder das sein zu können, so ist es ein noch größerer Vorzug, es zu sein, das heißt, daß zu sein mehr ist als sein zu können. Was nun die Verzweiflung angeht, so verhält sich ihr Sein wie ein Fall zum Sein-Können; so unendlich wie der Vorzug der Möglichkeit ist, so tief ist der Fall. Dies ist also im Verhältnis zur Verzweiflung das Höhere: nicht verzweifelt zu sein. Doch ist diese Bestimmung wieder zweideutig. Es ist nicht dasselbe, nicht verzweifelt zu sein, wie nicht lahm, blind und so weiter zu sein. Wenn nicht verzweifelt zu sein weder mehr noch weniger bedeutet als es nicht zu sein, so ist es gerade dies zu sein. Nicht verzweifelt zu sein muß die vernichtete Möglichkeit es zu sein bedeuten; wenn es wahr sein soll, daß ein Mensch nicht verzweifelt ist, muß er in jedem Augenblick die Möglichkeit zunichte machen. So ist das Verhältnis zwischen Möglichkeit und Wirklichkeit sonst nicht. Denn wohl sagen die Denker, daß die Wirklichkeit die zunichte gemachte Möglichkeit sei, aber das ist nicht ganz wahr, sie ist die erfüllte, die wirksame Möglichkeit. Hier dagegen ist die Wirklichkeit (nicht verzweifelt zu sein), also sogar eine Verneinung, die ohnmächtige, zunichte gemachte Möglichkeit; sonst ist Wirklichkeit im Verhältnis zur Möglichkeit eine Bekräftigung, hier eine Verneinung.

Verzweiflung ist das Mißverhältnis im Verhältnis einer Synthese, das sich zu sich selbst verhält. Aber die Synthese ist kein Mißverhältnis, sie ist nur die Möglichkeit, oder, in der Synthese liegt die Möglichkeit des Mißverhältnisses. Wäre die Verzweiflung gar nicht da, so würde die Verzweiflung etwas sein, das in der Menschennatur als solcher läge, das heißt, so wäre es keine Verzweiflung; sie würde etwas sein, das dem Menschen widerführe, etwas, woran er litte wie an einer Krankheit, die den Menschen befällt, oder wie der Tod, der das Los aller ist. Nein, das Verzweifeln liegt im Menschen selbst; wäre er aber keine Synthese, könnte er gar nicht verzweifeln, und wäre die Synthese nicht durch Gottes Hand ursprünglich im rechten Verhältnis, könnte er auch nicht verzweifeln.

Woher kommt also die Verzweiflung? Von dem Verhältnis, worin die Synthese sich zu sich selbst verhält, indem Gott, der den

Menschen zum Verhältnis macht, ihn gleichsam aus seiner Hand entläßt, das heißt, indem das Verhältnis sich zu sich selbst verhält. Und darin, daß das Verhältnis Geist ist, das Selbst ist, darin liegt die Verantwortung, unter der alle Verzweiflung steht und jeden Augenblick steht, den sie dauert, wieviel und wie sinnreich auch, sich selbst und andere täuschend, der Verzweifelte redet von seiner Verzweiflung wie von einem Unglück, durch eine Verwechslung wie in jenem erwähnten Anfall von Schwindel, mit welchem die Verzweiflung, wenn auch qualitativ verschieden, vieles gemeinsam hat, weil er unter der Bestimmung Seele das ist, was die Verzweiflung unter der Bestimmung Geist ist, und in Analogien zur Verzweiflung schwanger geht.

Wenn so das Mißverhältnis, die Verzweiflung, eingetreten ist, folgt daraus von selbst, daß es anhält? Nein, es folgt nicht von selbst; wenn das Mißverhältnis andauert, folgt es nicht aus dem Mißverhältnis, sondern aus dem Verhältnis, das sich zu sich selbst verhält. Das will besagen, jedesmal, wenn sich das Mißverhältnis äußert, und in jedem Augenblick, wenn es da ist, muß zum Verhältnis zurückgegangen werden.

Sieh, man spricht davon, daß ein Mensch sich eine Krankheit zuzieht, zum Beispiel durch Unvorsichtigkeit. So tritt dann die Krankheit ein, und von diesem Augenblick an macht sie sich geltend und ist nun eine *Wirklichkeit,* deren Ursprung mehr und mehr *vergangen* ist. Es würde grausam und unmenschlich sein, wenn man in einemfort beharrlich sagen würde: „In diesem Augenblick ziehst du, Kranker, dir diese Krankheit zu", das heißt, wenn man in jedem Augenblick die Wirklichkeit der Krankheit in deren Möglichkeit auflösen wollte. Es ist wahr, daß er sich die Krankheit zuzog, aber das tat er nur einmal; die Fortdauer der Krankheit ist eine einfache Abfolge dessen, daß er sie sich einmal zuzog, ihre Fortdauer ist nicht in jedem Augenblick auf ihn als Ursache zurückzuführen; er zog sie sich zu, aber man kann nicht sagen, er *zieht* sie sich *zu.*

Anders mit dem Verzweifeln; jeder wirkliche Augenblick der Verzweiflung ist auf die Möglichkeit zurückzubeziehen, jeden Augenblick, da er verzweifelt ist, *zieht* er sie sich *zu;* es ist stets die gegenwärtige Zeit, die im Verhältnis zur Wirklichkeit nicht ein zurückgelegtes Vergangenes wird; in jedem wirklichen Augenblick der Verzweiflung trägt der Verzweifelte all das Vorhergegangene in der Möglichkeit als ein Gegenwärtiges. Das kommt daher, daß die Verzweiflung eine Bestimmung von Geist ist, sich zum Ewigen im Menschen verhält. Aber das Ewige kann er nicht verlieren, in alle Ewigkeit nicht; er kann es nicht ein für allemal von sich werfen, nichts ist unmöglicher; er muß in jedem Augenblick, in dem er es nicht hat, es fortgeworfen haben oder von sich werfen – aber es kommt zurück, das heißt jeden Augenblick, wenn er verzweifelt, zieht er sich die Verzweiflung zu. Denn die Verzweiflung folgt nicht aus dem Mißverhältnis, sondern aus dem Verhältnis, das sich zu sich selbst verhält. Und um das Verhältnis zu sich selbst kann ein Mensch nicht kommen, sowenig wie um sein Selbst, was übrigens ein und dasselbe ist, da ja das Selbst das Verhältnis zu sich selbst ist.

Dieser Begriff der Krankheit zum Tode muß doch auf eine eigene Art verstanden werden. Er bedeutet geradezu eine Krankheit, deren Ende, deren Ausgang der Tod ist. So spricht man von einer tödlichen Krankheit gleichbedeutend mit einer Krankheit zum Tode. In diesem Sinne kann die Verzweiflung nicht als Krankheit zum Tode bezeichnet werden. *Aber christlich verstanden ist der Tod selbst ein Durchgang zum Leben.* Insofern ist, christlich, keine irdische, leibliche Krankheit zum Tode. Denn gewiß ist der Tod das Ende der Krankheit, aber der Tod ist nicht das letzte. *Soll im strengsten Sinne von einer Krankheit zum Tode die Rede sein, muß es eine sein, bei der das Ende der Tod ist, deren Tod das letzte ist. Und das ist gerade die Verzweiflung.*

Doch in einem anderen Sinne ist Verzweiflung noch bestimmter die Krankheit zum Tode. Es ist nämlich weit entfernt davon, daß man, direkt verstanden, an dieser Krankheit stirbt oder daß diese Krankheit mit dem leiblichen Tode endet. Im Gegenteil, die Qual der Verzweiflung ist eben, nicht sterben zu können. Sie hat somit mehr mit dem Zustand des Todkranken zu tun, wenn er daliegt und mit dem Tode ringt und nicht sterben kann. So heißt also krank *zum* Tode sein nicht sterben können, doch nicht so, als wäre noch Hoffnung auf Leben, nein, die Hoffnungslosigkeit ist, daß selbst die letzte Hoffnung, der Tod, nicht besteht. Wenn der Tod die größte Gefahr ist, hofft man auf das Leben; wenn man aber die noch schrecklichere Gefahr kennenlernt, hofft man auf den Tod. Wenn also die Gefahr so groß ist, daß der Tod die Hoffnung geworden ist, *dann ist die Verzweiflung die Hoffnungslosigkeit, nicht einmal sterben zu können.*

In dieser letzten Bedeutung ist nun die Verzweiflung die Krankheit zum Tode, dieser qualvolle Widerspruch, diese Krankheit im Selbst, ewig zu sterben, zu sterben und doch nicht zu sterben, den Tod zu sterben. Denn sterben bedeutet, daß es vorbei ist, aber den Tod sterben bedeutet, daß man das Sterben durchlebt; und läßt es sich einen einzigen Augenblick erleben, so ist es damit so, daß es für ewig erlebt wird. Sollte ein Mensch aus Verzweiflung sterben, wie man an einer Krankheit stirbt, so müßte das Ewige in ihm, das Selbst, im gleichen Sinne sterben können, wie der Leib an der Krankheit stirbt. Das ist aber eine Unmöglichkeit; das Sterben der Verzweiflung setzt sich beständig in ein Leben um. Der Verzweifelte kann nicht sterben; „sowenig wie der Dolch Gedanken töten kann", so wenig kann die Verzweiflung das Ewige, das Selbst, verzehren, das der Verzweiflung zugrunde liegt, deren Wurm nicht stirbt und deren Feuer nicht verlöscht. Dennoch ist die Verzweiflung gerade eine *Selbst*auszehrung, aber eine ohnmächtige Selbstauszehrung die nicht vermag, was sie selber will. Aber was sie selber will, ist, sich selber verzehren, was sie nicht vermag, und diese Ohnmacht ist eine neue Form von Selbstauszehrung, in der die Verzweiflung doch wieder nicht vermag, was sie will, sich selbst verzehren, sie ist eine Potenzierung oder das Gesetz für die Potenzierung. Dies ist das Aufreizende, oder es ist der kalte Brand in der Verzweiflung, das Nagende, dessen Bewegung beständig nach innen geht, tiefer und tiefer in die ohnmächtige Selbstauszehrung. Es ist so gar kein Trost für den Verzweifelten, daß die Verzweiflung ihn nicht verzehrt; es ist gerade das Gegenteil, dieser Trost ist gerade Qual, ist gerade, was das Nagen am Leben erhält und Leben im Nagen; denn eben darüber – nicht verzweifelt – verzweifelt er aber: daß er sich nicht selbst verzehren kann, nicht von sich selber loskommen kann, nicht zu Nichts werden kann. Das ist die potenzierte Formel für die Verzweiflung, das Steigen des Fiebers in dieser Krankheit des Selbst.

Über sich verzweifeln, verzweifelt sich selbst los sein wollen, ist die Formel für alle Verzweiflung, so daß auch die andere Form der Verzweiflung, daß jemand verzweifelt er selbst sein will, auf die erste zurückgeführt werden kann, daß einer verzweifelt nicht er selbst sein will, gleich wie wir im Vorangegangenen die Form, daß der Mensch verzweifelt nicht er selbst sein will, in die Form auflösten, verzweifelt er selbst sein zu wollen. Ein Verzweifelnder will verzweifelt er selbst sein. Aber wenn er verzweifelt er selbst sein will, so will er ja nicht von sich selbst los. Ja, so scheint es; aber wenn man näher zusieht, sieht man doch, daß der Widerspruch derselbe ist. Das Selbst, das er verzweifelt sein will, ist ein Selbst, das er nicht ist (denn das Selbst sein zu wollen, das er in Wahrheit ist, bedeutet ja gerade das Gegenteil von Verzweiflung), er will nämlich *sein Selbst von der Macht losreißen, die es setzte.* Aber dies vermag er trotz allen Verzweifelns nicht; trotz aller Anstrengungen der Verzweiflung ist jene Macht die stärkere, und sie zwingt ihn dazu, das Selbst zu sein, das er nicht sein will. Aber so will er sich selbst ja doch loswerden, will los vom Selbst, das ist, um das Selbst zu sein, auf das er selbst gekommen. Selbst zu sein, wie er es will, es wollte, ob auch in einem anderen Sinne gleichwohl verzweifelt, das würde all seine Lust sein; aber zu einem Selbst gezwungen zu sein, das er nicht sein will, das ist seine Qual, das ist, daß er sich selbst nicht loswerden kann.

Sokrates bewies die Unsterblichkeit der Seele daraus, daß die Krankheit der Seele (die Sünde) diese nicht verzehrt, wie eine Krankheit den Leib verzehrt. So kann man auch das Ewige in einem Menschen daran beweisen, daß die Verzweiflung nicht sein Selbst verzehren kann, daß das gerade die Qual des Widerspruchs in der Verzweiflung ist. Wäre nichts Ewiges in einem Menschen, so könnte er gar nicht verzweifeln, könnte aber die Verzweiflung sein Selbst aufzehren, so wäre das dennoch keine Verzweiflung.

So ist Verzweiflung, diese Krankheit im Selbst, die Krankheit zum Tode. Der Verzweifelte ist todkrank. In einem ganz anderen Sinne, als es sonst von irgendeiner Krankheit gilt, hat die Krankheit die edelsten Teile angegriffen; und doch kann er nicht sterben. Der Tod ist nicht das letzte der Krankheit, aber der Tod ist in einem fort das letzte. Von dieser Krankheit durch den Tod erlöst zu werden ist eine Unmöglichkeit, denn die Krankheit und ihre Qual – und der Tod bestehen gerade darin, nicht sterben zu können.

Dies ist der Zustand in Verzweiflung. Ob das auch noch so sehr dem Verzweifelten entginge, ob es auch noch so sehr (was da besonders von der Art Verzweiflung gelten muß, die in Unwissenheit darüber ist, daß sie Verzweiflung ist) dem Verzweifelten gelänge, sein Selbst ganz verloren zu haben, so verloren, daß er es in keiner Weise merkt: Die Ewigkeit wird es dann doch offenbaren, daß sein Zustand Verzweiflung war, und ihm sein Selbst festnageln; so bleiben doch die Qualen, daß er sein Selbst nicht loswerden kann, und es wird offenbar, daß die Meinung, es sei ihm gelungen, eine Einbildung war. *Und so muß die Ewigkeit handeln, denn ein Selbst zu haben, ein Selbst zu sein, ist das größte, das unendliche Zugeständnis, das dem Menschen gemacht ist; aber zugleich ist es die Forderung der Ewigkeit an ihn.*

Wie der Arzt wohl sagen mag, daß vielleicht nicht ein einziger Mensch lebe, der ganz gesund ist, so müßte man, wenn man den Menschen recht kennt, sagen, daß nicht ein einziger Mensch lebe, ohne wenigstens etwas verzweifelt zu sein, ohne doch zuinnerst eine Unruhe zu tragen, einen Unfrieden, eine Disharmonie, eine Angst vor einem unbekannten Etwas oder vor einem Etwas, mit dem er auch nicht einmal Bekanntschaft zu machen wagen darf, eine Angst vor einer Möglichkeit des Daseins oder eine Angst vor sich selbst, so daß er doch, wie der Arzt sagt, daß man mit einer Krankheit im Körper umherlaufe, mit einer Krankheit umhergehe, an einer Krankheit des Geistes trage, die ein einzelner Schritt blitzartig, in und mit dieser ihm selbst unerklärlichen Angst, offenbar macht, daß sie da ist. Und auf jeden Fall hat kein Mensch gelebt und lebt kein Mensch außerhalb der Christenheit, ohne daß er verzweifelt wäre, und in der Christenheit keiner, sofern er nicht ein wahrer Christ ist; und insofern er es nicht ganz ist, ist er doch etwas verzweifelt.

Diese Betrachtung wird gewiß manchem wie ein Paradox erscheinen, eine Übertreibung, dazu eine düstere und verstimmende Anschauung. Doch ist sie nichts von alledem. Sie ist nicht düster, sie sucht vielmehr Licht in das zu bringen, was man gemeinhin in einem gewissen Dunkel stehenlassen möchte; sie ist nicht verstimmend, im Gegenteil erhebend, da sie jeden Menschen unter der Bestimmung der höchsten Forderung an ihn betrachtet, Geist zu sein; sie ist auch kein Paradox, vielmehr eine konsequent durchgeführte Grundanschauung und insofern auch keine Übertreibung.

Die allgemeine Betrachtung der Verzweiflung bleibt dagegen beim Anschein stehen und ist so eine oberflächliche Betrachtung, das heißt, gar keine Betrachtung. Sie nimmt an, daß jeder Mensch ja am besten bei sich selber wissen müsse, ob er verzweifelt ist oder nicht. Wer von sich selber sagt, es zu sein, der gilt für verzweifelt, aber wer nicht von sich selber meint, es zu sein, der wird auch nicht dafür angesehen. Demzufolge wird die Verzweiflung ein selteneres Phänomen, statt daß sie das ganz allgemeine ist. Das ist nicht das Seltene, daß einer verzweifelt ist; nein, das Seltene ist, das sehr Seltene, daß einer in Wahrheit es nicht ist.

Aber die vulgäre Betrachtung versteht sich sehr schlecht auf Verzweiflung. So übersieht sie unter anderem völlig (um nur dies zu erwähnen, was doch recht verstanden Tausende und aber Tausende und Millionen unter die Bestimmung Verzweiflung bringt), sie übersieht völlig, daß das gerade eine Form von Verzweiflung ist, es nicht zu sein, sich dessen nicht bewußt zu sein, daß man es ist. Es geht der vulgären Betrachtung in einem viel tieferen Sinne im Verhältnis zum Verständnis der Verzweiflung so, wie es bisweilen bei der Bestimmung zugeht, ob ein Mensch gesund sei oder nicht – in einem viel tieferen Sinne; denn die vulgäre Betrachtung versteht sich noch viel weniger auf das, was Geist ist (und ohne das kann man sich auch nicht auf Verzweiflung verstehen) als auf Krankheit und Gesundheit. Im allgemeinen nimmt man an, daß ein Mensch, wenn er nicht selbst sagt, daß er krank sei, gesund ist, und gewiß dann, wenn er selbst sagt, daß er gesund sei. Der Arzt hinwiederum betrachtet die Krankheit anders. Und warum? Weil der Arzt eine bestimmte und entwickelte Vorstellung davon hat, was es heißt, gesund zu sein, und nach ihr prüft er das Befinden eines Menschen. Der Arzt weiß, daß es ebenso eine Krankheit gibt, die nur Einbildung ist, wie auch eine Gesundheit; er wendet deshalb im letzteren Falle zuerst ein Mittel an, um die Krankheit offenbar zu machen. Überhaupt hat der Arzt, gerade weil er Arzt ist (der Sachverständige), nicht unbedingt Zutrauen zur eigenen Aussage des Menschen über sein Befinden. Gesetzt den Fall, daß alles, was ein Mensch über sein Befinden sagt, ob er gesund oder krank ist, wie er leidet und so weiter, unbedingt zuverlässig wäre, so wäre Arztsein eine Einbildung. Denn ein Arzt hat nicht nur die Heilmittel zu verschreiben, sondern zuerst und zuletzt die Krankheit zu erkennen, und also wiederum zuerst und zuletzt zu erkennen, ob der vermeintliche Kranke wirklich krank oder ob der vermeintliche Gesunde vielleicht wirklich krank ist. So auch mit dem Verhältnis des Seelenkundigen zur Verzweiflung. Er weiß, was Verzweiflung ist, er kennt sie und begnügt sich deshalb weder mit der Aussage eines Menschen, daß er nicht verzweifelt sei, noch daß er es sei. Es muß nämlich bemerkt werden, daß in einem bestimmten Sinne nicht immer diejenigen verzweifelt sind, die sagen, daß sie es seien. Man kann ja affektiert verzweifelt sein, und man kann sich irren und die Verzweiflung, die eine Bestimmung des Geistes ist, verwechseln mit allerhand transitorischer Verstimmtheit, Zerrissenheit, was wieder vorübergeht, ohne es bis zur Verzweiflung zu bringen. Indessen sieht gerade der Seelenkundige auch das für Formen der Verzweiflung an; er sieht sehr wohl, daß es Affektation ist – aber gerade diese Affektation ist Verzweiflung; er sieht sehr wohl, daß diese Verstimmtheit und so weiter nichts weiter zu bedeuten hat – aber gerade dieses, daß sie nichts zu bedeuten hat und weiter bedeuten wird, ist Verzweiflung.

Die vulgäre Betrachtung übersieht außerdem, daß Verzweiflung, verglichen mit einer Krankheit, anders dialektisch ist, als was man sonst Krankheit nennt, weil sie eine Krankheit des Geistes ist. Und dieses Dialektische, richtig verstanden, bringt wieder Tausende unter die Bestimmung Verzweiflung. Falls nämlich ein Arzt in einem gegebenen Augenblick sich davon überzeugt hat, daß der und der gesund ist – und er dann in einem späteren Augenblick krank wird: so kann der Arzt darin recht haben, daß dieser Mensch damals gesund *war*, nun hingegen krank *ist*. Anders mit der Verzweiflung. Sobald sich Verzweiflung zeigt, so zeigt es sich, daß der Mensch verzweifelt war. Insofern kann man in keinem Augenblick etwas über einen Menschen ausmachen, der nicht dadurch geheilt ist, daß er verzweifelt gewesen war. Denn wenn nun das eintritt, was ihn zur Verzweiflung bringt, so wird es in demselben Augenblick offenbar, daß er sein ganzes vergangenes Leben hindurch verzweifelt gewesen war. Keineswegs kann man dagegen sagen, wenn einer Fieber bekommt, es werde nun offenbar, daß er sein ganzes Leben lang Fieber gehabt habe. Aber die

Verzweiflung ist eine Bestimmung des Geistes, verhält sich zum Ewigen und hat daher etwas vom Ewigen in ihrer Dialektik.

Verzweiflung ist nicht nur anders dialektisch als eine Krankheit, sondern im Verhältnis zur Verzweiflung sind alle Kennzeichen dialektisch, und deshalb täuscht sich die oberflächliche Betrachtung so leicht im Bestimmen, ob Verzweiflung vorhanden ist oder nicht. Nicht verzweifelt zu sein, kann nämlich gerade bedeuten, verzweifelt zu sein, und es kann bedeuten, von der Verzweiflung erlöst zu sein. Sicherheit und Beruhigung kann bedeuten, verzweifelt zu sein, gerade diese Sicherheit, diese Beruhigung kann Verzweiflung sein; und es kann bedeuten, die Verzweiflung überwunden und Frieden gefunden zu haben. Nicht verzweifelt zu sein, ist etwas anderes als nicht krank zu sein; denn nicht krank sein, kann nicht bedeuten, krank zu sein, aber nicht verzweifelt sein, kann gerade bedeuten, verzweifelt zu sein. Es ist mit der Verzweiflung nicht wie mit einer Krankheit, daß das Übelbefinden die Krankheit ist. Keineswegs. Das Übelbefinden ist wieder dialektisch. Der dieses Übelbefinden nie empfunden hat, ist gerade verzweifelt.

Sobald man den Menschen nicht unter der Bestimmung Geist betrachtet (und wenn nicht, kann man auch nicht von Verzweiflung reden), sondern nur als seelisch leibliche Synthese, so ist Gesundheit eine unmittelbare Bestimmung und die Krankheit der Seele oder des Leibes erst die dialektische Bestimmung. Aber Verzweiflung ist gerade, daß der Mensch sich nicht bewußt ist, als Geist bestimmt zu sein. Selbst was menschlich gesprochen das Schönste und Liebenswerteste von allem ist, eine weibliche Jugendlichkeit, die lauter Friede und Harmonie und Freude ist: das ist doch Verzweiflung. Dies ist nämlich Glück; aber Glück ist keine Bestimmung des Geistes, und tief, tief drinnen, zuinnerst in der heimlichsten Verborgenheit, dort wohnt doch die Angst, die die Verzweiflung ist; will so gern das Recht haben, da drinnen zu bleiben, denn das ist der Verzweiflung am liebsten, ihre meist gesuchte Wohnstätte: tief drinnen im Glück. Alle Unmittelbarkeit ist trotz ihrer eingebildeten Sicherheit und Ruhe Angst und darum ganz konsequent meist Angst vor nichts; man macht der Unmittelbarkeit mit der schauerlichsten Beschreibung der schauerlichsten Sache nicht so Angst wie mit einem hinterlistig, fast nachlässig, aber doch mit sicher berechneter Absicht der Reflexion hingeworfenen halben Wort von etwas Unbestimmten, ja, man ängstet die Unmittelbarkeit am meisten dadurch, daß man ihr auf eine listige Weise unterstellt, daß sie selbst genug wisse, wovon die Rede sei. Denn allerdings weiß die Unmittelbarkeit das nicht; aber nie fängt die Reflexion so sicher, wie wenn sie ihre Schlinge aus nichts dreht, und niemals ist die Reflexion so sie selbst, wie wenn sie – nichts ist. Es gehört eine eminente Reflexion oder richtiger, es gehört ein großer Glaube dazu, die Reflexion des Nichts, das heißt, die unendliche Reflexion aushalten zu können. So ist selbst das Schönste und Liebenswerteste von allem, eine weibliche Jugendlichkeit, doch Verzweiflung, ist Glück. Daher glückt es wohl auch nicht, durch das Leben zu schlüpfen mit dieser Unmittelbarkeit. Und glückte es diesem Glück durchzuschlüpfen, ja, das würde nur wenig helfen, denn es ist Verzweiflung. Verzweiflung ist nämlich, gerade weil sie ganz dialektisch ist, die Krankheit, von der gilt, daß es das größte Unglück ist, sie niemals gehabt zu haben – ein wahres Gottesglück, sie zu bekommen, ob sie auch die allergefährlichste Krankheit ist, wenn man nicht von ihr geheilt werden will. Sonst kann doch nur davon die Rede sein, daß es ein Glück ist, von einer Krankheit geheilt zu werden; die Krankheit selbst ist das Unglück.

Es ist daher völlig unmöglich, daß die vulgäre Betrachtung recht hat, wenn sie annimmt, die Verzweiflung sei das Seltene, sie ist hingegen das ganz Allgemeine. Es ist also völlig unmöglich, daß die vulgäre Betrachtung recht hat, wenn sie annimmt, daß ein jeder, der nicht meint oder fühlt, verzweifelt zu sein, es auch nicht sei, und daß nur der es sei, der es von sich selbst sagt. Im Gegenteil, wer ohne Affektiertheit von sich sagt, daß er es sei, ist doch ein wenig, ist dialektisch der Heilung näher als alle die, die nicht dafür angesehen werden und sich selbst nicht für verzweifelt halten. Aber gerade das ist es, worin der Seelenkenner mir gewiß recht geben wird, das Allgemeine, daß die meisten Menschen leben, ohne sich recht bewußt zu werden, daß sie als Geist bestimmt sind – und darauf beruht all die sogenannte Sicherheit, Zufriedenheit mit dem Leben und so weiter und so weiter, was gerade Verzweiflung ist. Die dagegen sagen, sie seien verzweifelt, sind entweder in der Regel diejenigen, die eine so viel tiefere Natur haben, daß sie sich selbst als Geist bewußt werden müssen, oder diejenigen, denen schwere Ereignisse und furchtbare Entscheidungen dazu verholfen haben, sich als Geist bewußt zu werden – so oder so; denn sehr selten ist es gerade derjenige, der in Wahrheit nicht verzweifelt ist.

Oh, man redet so viel von menschlicher Not und von Elend – ich suche das zu verstehen, habe auch manches davon näher kennengelernt; man spricht so viel davon, daß ein Leben verspielt wird; aber nur jenes Menschen Leben war verspielt, der so dahin lebte, betrogen von den Freuden des Lebens oder von seinen Sorgen, daß er sich nie auf ewig entscheidend als Geist bewußt wurde, als Selbst, oder was dasselbe ist, nie darauf aufmerksam wurde und im tiefsten Sinne einen Eindruck davon erhielt, daß ein Gott da ist, und „er", er selbst, sein Selbst vor diesem Gott da ist, ein Gewinn der Unendlichkeit, der niemals außer durch Verzweiflung gewonnen wird. Ach, und dieses Elend, daß so viele derartig dahinleben, betrogen um den seligsten aller Gedanken, dieses Elend, daß man geschäftig ist, oder im Verhältnis zur Menge der Menschen diese mit allem anderen beschäftigt, sie dazu braucht, daß sie ihre Kräfte im Schauspiel des Lebens hergeben, aber sie niemals an diese Seligkeit erinnert, daß man sie zusammentreibt – und sie betrügt, anstatt sie zu zersplittern, damit jeder Einzelne dieses Höchste gewänne, das einzige, das wert ist, dafür zu leben und genug, um eine Ewigkeit darin zu leben: Mich dünkt, ich könnte eine Ewigkeit darüber weinen, daß es dieses Elend gibt! Oh, und dies ist in meinen Gedanken ein Ausdruck des Schreckens mehr für diese furchtbarste aller Krankheiten und Nöte: ihre Verborgenheit, nicht nur, daß der, der an ihr leidet, wünschen kann, sie zu verbergen und das auch vermag, daß sie in einem Menschen so wohnen kann, daß keiner, keiner sie entdeckt, nein, daß sie so in einem Menschen verborgen sein kann, daß er selbst nicht davon weiß! Oh, und wenn dann einmal das Stundenglas ausgelaufen ist, das Stundenglas der Zeitlichkeit, wenn der Lärm der Weltlichkeit verstummt ist und die rastlose oder unwirksame Geschäftigkeit ein Ende fand, wenn alles um dich still ist, wie es in der Ewigkeit ist – ob du nun Mann oder Weib bist, Reicher oder Armer, Abhängiger oder Unabhängiger, Glücklicher oder Unglücklicher, ob du in Hoheit der Krone Glanz trugst oder in niedriger Unbemerktheit nur des Tages Müh und Hitze, ob deines Namens gedacht werden wird, solange die Welt steht, und auch gedacht worden ist, solange sie stand, oder du, ohne Namen, als Namenloser mit in der zahllosen Menge liefst, ob nun die Herrlichkeit, die dich umgab, alle menschliche Schilderung überstieg oder dich das strengste und entehrendste menschliche Urteil traf: Die Ewigkeit fragt dich, und jeden einzelnen in diesen Millionen und Abermillionen, nur nach einem, ob du verzweifelt gelebt hast oder nicht, ob so verzweifelt, daß du nicht wußtest, daß du verzweifelt warst, oder so, daß du diese Krankheit in deinem Innersten verborgen trugst als dein nagendes Geheimnis, wie einer sündigen Liebe Frucht unter deinem Herzen, oder so, daß du, ein Schrecken für andere, in Verzweiflung rastest. Und wenn du so, *wenn du verzweifelt gelebt hast, was du auch im übrigen dabei gewannst oder verlorst, so ist für dich alles verloren, die Ewigkeit bekennt sich nicht zu dir, sie kannte dich nie, oder noch schrecklicher, sie kennt dich, wie du erkannt bist, sie setzt dich fest mit deinem Selbst in der Verzweiflung!*

Die Formen der Verzweiflung müssen sich abstrakt bei der Reflexion auf die Momente auffinden lassen, aus denen das Selbst, als Synthese, besteht. Das Selbst ist aus Unendlichkeit und Endlichkeit gebildet. Aber diese Synthese ist ein Verhältnis, und ein Verhältnis, das, wenn auch abgeleitet, sich zu sich selbst verhält, das ist Freiheit. Das Selbst ist Freiheit. Aber Freiheit ist das Dialektische in den Bestimmungen Möglichkeit und Notwendigkeit.

Vor allem muß doch die Verzweiflung unter der Bestimmung Bewußtsein betrachtet werden; ob die Verzweiflung bewußt ist oder nicht, das ist der qualitative Unterschied zwischen Verzweiflung und Verzweiflung. Alle Verzweiflung ist zwar dem Begriffe nach bewußt; aber daraus folgt nicht, daß derjenige, in dem sie ist, der dem Begriffe gemäß verzweifelt genannt werden muß, sich dessen bewußt ist. So ist das Bewußtsein das Entscheidende. Überhaupt ist Bewußtsein, das heißt Selbstbewußtsein, das Entscheidende im Verhältnis zum Selbst. Je mehr Bewußtsein, desto mehr Selbst; je mehr Bewußtsein, desto mehr Wille; je mehr Wille, desto mehr Selbst. Ein Mensch, der gar keinen Willen hat, ist kein Selbst; aber je mehr Wille er hat, desto mehr Selbstbewußtsein hat er auch. – – –

8

Das Christentum in der Christenheit

Das Grundunglück der Christenheit ist eigentlich das Christentum, daß die Lehre vom Gott-Menschen (christlich verstanden wohl zu merken im Paradox und in der Möglichkeit des Ärgernisses gesichert) dadurch, daß sie immer und immer wieder gepredigt, eitel aufgefaßt wird, daß der Qualitätsunterschied zwischen Gott und Mensch pantheistisch (erst vornehm spekulativ, dann pöbelhaft auf Straßen und Gassen) aufgehoben wird. Nie hat irgendwann eine Lehre auf Erden Gott und Mensch wirklich so nah zusammengebracht wie das Christentum; das konnte auch nicht geschehen, nur Gott selber konnte es tun, jede menschliche Erfindung bliebe doch ein Traum, eine unsichere Einbildung. Aber niemals hat sich auch eine Lehre so sorgfältig gegen die scheußlichste aller Gotteslästerungen gewehrt, die, nachdem Gott diesen Schritt getan hat, darin besteht, daß es eitel so verstanden werden sollte, als laufe es doch auf das eine hinaus: Gott und Mensch – nie hat sich irgendeine Lehre so dagegen gewehrt wie das Christentum, das sich mit Hilfe des Ärgernisses wehrte. Wehe den schlaffen Rednern, wehe den leichtfertigen Denkern, und wehe, wehe dem ganzen Anhang, der von ihnen gelernt und sie gepriesen hat!

Soll Ordnung im Dasein gehalten werden – und das will doch Gott, denn er ist kein Gott der Verwirrung –, so muß zuerst darauf geachtet werden, daß jeder Mensch ein einzelner Mensch ist, sich bewußt wird, ein einzelner Mensch zu sein. Erhalten die Menschen erst die Erlaubnis zu dem zusammenzulaufen, was Aristoteles die Tierbestimmung nennt: zur Menge; wird danach dieses Abstraktum (statt daß es weniger als nichts ist, weniger als der geringste einzelne Mensch) doch für etwas gehalten: so dauert es nicht lange, bis dieses Abstraktum Gott wird. Und so, so stimmt es ja philosophisch mit der Lehre vom Gott-Menschen überein.

Wie man in den Staaten gelehrt hat, daß die Menge dem König imponiere und die Zeitungen den Regierungsräten, so entdeckt man schließlich, daß summa summarum alle Menschen Gott imponieren. Dies wird so die Lehre vom Gott-Menschen genannt, oder daß Gott und Mensch idem per idem sei. Es versteht sich, daß manche Philosophen, die diese Lehre vom Übergewicht der Generation über das Individuum mit verbreitet haben, sich mit Ekel abwenden, wenn ihre Lehre so tief gesunken ist, daß der Pöbel zum Gott-Menschen wird. Aber diese Philosophen vergessen, daß es doch ihre Lehre ist; sie übersehen, daß sie nicht wahrer war, als die Vornehmen sie annahmen, als die Elite der Vornehmen oder ein ausgewählter Kreis von Philosophen sich für die Inkarnation hielten.

Das will heißen, die Lehre vom Gott-Menschen hat die Christenheit frech gemacht. Es sieht fast so aus, als sei Gott zu schwach gewesen. Es ist, als sei es ihm wie dem Gutmütigen ergangen, der zu große Zugeständnisse macht und so mit Undankbarkeit belohnt wird. Gott ist es, der die Lehre vom Gott-Menschen erfand, und nun hat die Christenheit das frech umgedreht und duzt Gott als Verwandten, so daß das Zugeständnis, das Gott gemacht hat, ungefähr das bedeutet, was es in diesen Zeiten bedeutet, daß ein König eine freiere Verfassung gibt – und man weiß zur Genüge, was es bedeutet, „dazu war er doch wohl genötigt". Es ist, als sei Gott in Verlegenheit gekommen; es ist, als habe der Kluge recht, wenn er zu Gott sagte: Du bist selbst schuld daran, warum hast du dich soweit mit dem Menschen eingelassen! Es wäre ja doch niemals irgendeinem Menschen eingefallen, nie in eines Menschen Herz gekommen, daß diese Gleichheit zwischen Gott und Mensch sein sollte. Du selbst warst es, der es verkündigen ließ, nun erntest du die Frucht.

Doch das Christentum hat sich von Anfang an gesichert. Es beginnt mit der Lehre von der Sünde. Die Kategorie der Sünde ist die Kategorie der Einzelheit. Die Sünde läßt sich gar nicht spekulativ denken. Der einzelne Mensch liegt nämlich unterhalb des Begriffes; man kann nicht einen einzelnen Menschen denken, sondern nur den Begriff Mensch. – Deshalb ist die Spekulation sogleich auf die Lehre von der *Übermacht* der Generation über das Individuum gekommen; denn daß die Spekulation die *Ohnmacht* des Begriffs im Verhältnis zur Wirklichkeit anerkennen sollte, ist nicht zu verlangen. – Aber wie man nicht einen einzelnen Menschen denken kann, so auch nicht einen einzelnen Sünder; man kann die Sünde denken (dann wird sie die Negation), aber nicht einen einzelnen Sünder. Doch gerade darum kann es auch nicht Ernst mit der Sünde werden, wenn sie nur gedacht werden soll. Denn der Ernst besteht gerade darin, daß du und ich Sünder sind; der Ernst ist nicht die Sünde überhaupt, sondern der Nachdruck des Ernstes liegt auf dem Sünder, der der Einzelne ist. Im Verhältnis zum „einzelnen Menschen" muß die Spekulation, wenn sie konsequent ist, eigentlich sehr geringschätzen, daß einer ein einzelner Mensch ist oder etwas ist, was nicht gedacht werden kann; sie müßte, wenn sie etwas in dieser Richtung tun wollte, zum Einzelnen sagen: „Ist das etwas, um damit Zeit zu vertreiben, so sieh zu, vor allem das zu vergessen, daß ein einzelner Mensch zu sein nichts sein heißt, denke – so bist du die ganze Menschheit, cogito ergo sum. Vielleicht dürfte doch auch dies Lüge sein, dagegen der einzelne Mensch und ein einzelner Mensch zu sein das Höchste. Doch laß es nun sein, wie es will. Aber ganz konsequent müßte die Spekulation auch sagen: Ein einzelner Sünder zu sein, das heißt nichts sein, es liegt unterhalb des Begriffes, vergeude damit nicht die Zeit und so weiter. Und was dann weiter, soll man so vielleicht statt ein einzelner Sünder zu sein (gleich wie wenn man aufgefordert würde, statt ein einzelner Mensch zu sein, den Begriff Mensch zu denken) die Sünde denken? Und was dann weiter, wird man so vielleicht dadurch, daß man die Sünde denkt, selbst „die Sünde" – cogito ergo sum? Ein vortrefflicher Vorschlag! Inzwischen braucht man nicht zu fürchten, so zur Sünde zu werden, zur – reinen Sünde; denn die Sünde läßt sich überhaupt nicht denken. Dies müßte doch wohl die Spekulation selbst zugeben, da die Sünde ja der Abfall vom Begriff ist. Um aber nicht länger e concessis zu disputieren – die Schwierigkeit ist hauptsächlich eine andere. Die Spekulation nimmt sich nicht davor in acht, daß im Verhältnis zur Sünde das Ethische hinzugehört, welches immer umgekehrt von der Spekulation pointiert wird und gerade den entgegengesetzten Schritt tut; denn das Ethische abstrahiert nicht von der Wirklichkeit, sondern, vertieft in die Wirklichkeit, operiert es wesentlich mit Hilfe der spekulativ übersehenen und verachteten Kategorie: der Einzelheit. Sünde ist eine Bestimmung des Einzelnen; es ist Leichtfertigkeit und neue Sünde, zu tun als wäre es nichts, ein einzelner Sünder zu sein – wenn man selbst dieser einzelne Sünder ist. Hier schlägt das Christentum zu, schlägt ein Kreuz vor der Spekulation; es ist der Spekulation gerade so unmöglich aus dieser Schwierigkeit herauszukommen wie für ein Segelschiff, gegen starken Gegenwind zu segeln. Der Ernst der Sünde ist ihre Wirklichkeit im Einzelnen, ob du es bist oder ich, spekulativ soll man vom Einzelnen absehen: also kann man nur leichtsinnig spekulativ von der Sünde reden. Die Dialektik der Sünde läuft derjenigen der Spekulation genau entgegen.

Hier beginnt das Christentum mit der Lehre von der Sünde, und also mit dem Einzelnen. Die Lehre von der Sünde des Geschlechtes ist oft mißbraucht worden, weil man nicht darauf aufmerksam war, daß die Sünde, obwohl sie für alle gemeinsam ist, die Menschen nicht in einen gemeinsamen Begriff zusammenfaßt, in Gesellschaft oder Kompagnie („so wenig wie draußen auf dem Kirchhof die Menge der Toten irgendeine Gesellschaft bilden"); sondern die Menschen in Einzelne aufspaltet und jeden Einzelnen als Sünder festhält, welche Aufsplitterung in einem anderen Sinne sowohl in Übereinstimmung mit der Vollkommenheit des Daseins ist als auch teleologisch in Richtung auf dieselbe. Darauf ist man nicht aufmerksam gewesen und hat das gefallene Geschlecht ein für allemal durch Christus wieder gut werden lassen. Und so ist man doch wieder Gott mit einem Abstraktum auf den Hals gerückt, das, als Abstraktum, in näherer Verwandtschaft mit ihm stehen will. Aber das ist ein Deckmantel, der die Menschen bloß frech macht. Wenn sich nämlich „der Einzelne" mit Gott verwandt fühlen soll (und das ist die Lehre des Christentums), so muß er auch den ganzen Druck davon in Furcht und Zittern erfahren; er muß, wenn es nicht eine alte Entdeckung wäre, die Möglichkeit des Ärgernisses entdecken. Soll aber der Einzelne durch ein Abstraktum zu dieser Herrlichkeit kommen, so wird die Sache viel zu leicht und ist im Grunde eitel genommen. Der Einzelne erfährt dann nicht den ungeheuren Druck von Gott, der ebenso in Demütigung tief bedrückt wie daraus erhebt, der Einzelne bildet sich ein, alles ohne weiteres zu haben dadurch, daß er an jenem Abstraktum partizipiert. Es ist mit dem Menschsein nicht so wie mit dem Tiersein, wo das Exemplar immer weniger ist als die Art. Der Mensch zeichnet sich vor den Tierarten nicht nur durch den Vorzug aus, der gewöhnlich genannt wird, sondern qualitativ dadurch, daß das Individuum, der Einzelne, mehr ist als die Art. Und diese Bestimmung ist wieder dialektisch; sie bedeutet, daß der Einzelne Sünder ist, aber wiederum so, daß es die Vollkommenheit ist, der Einzelne zu sein. Denn wohl ist es das Christentum, das dies vom Gott-Menschen gelehrt hat, von der Gleichheit zwischen Gott und Mensch; aber es ist ein großer Hasser leichtfertiger oder naseweiser Zudringlichkeit.

Durch die Lehre von der Sünde und vom einzelnen Sünder hat Gott und Christus ein für allemal, ganz anders als irgendein König, sich gesichert gegen das Volk und die Leute und die Menge, das Publikum und so weiter und so weiter, item gegen jede Forderung nach einer freieren Verfassung. Alle jene Abstrakta sind vor Gott gar nicht da; vor Gott in Christo leben lauter einzelne Menschen (Sünder) – doch kann Gott das Ganze gut überblicken, er kann sich obendrein der Sperlinge annehmen. Gott ist überhaupt ein Freund der Ordnung; und darum ist er selbst an jedem Punkt zugegen, in jedem Augenblick (was im Lehrbuch als einer der Titel aufgeführt wird, mit denen Gott genannt wird, und an welche die Menschen zwischenhinein einmal ein wenig denken, aber wohl nie den Versuch machen, jeden Augenblick daran zu denken), er ist allgegenwärtig. Sein Begriff ist nicht wie der des Menschen, unter den das Einzelne als das fällt, was im Begriff nicht aufgehen kann, sein Begriff umfaßt alles, und in einem anderen Sinne entspricht ihm kein Begriff. Gott hilft sich nicht mit einer Abbreviatur, er begreift (comprehendit) die Wirklichkeit selbst, all das Einzelne; für ihn liegt der Einzelne nicht unterhalb des Begriffes.

Die Lehre von der Sünde, davon, daß du und ich Sünder sind, eine Lehre, die die „Menge" unbedingt aufsplittert, befestigt nun den Qualitätsunterschied zwischen Gott und Mensch so tief, wie er niemals befestigt wurde – denn dies vermag wiederum nur Gott; Sünde ist ja: *vor Gott* und so weiter. In nichts ist ein Mensch so verschieden von Gott wie darin, daß er, und das heißt jeder Mensch, ein Sünder ist, und es „vor Gott" ist, wodurch ja die Gegensätze in doppeltem Sinne zusammengehalten werden; sie werden zusammengehalten (continentur), sie dürfen nicht auseinanderfallen; aber weil sie so zusammenhalten, zeigt sich desto stärker die Verschiedenheit, wie wenn man davon spricht, daß zwei Farben zusammenhalten, opposita juxta se posita magis illucescunt. Sünde ist das einzige von all dem, was sonst von einem Menschen ausgesagt wird, was man auf keine Weise, weder via negationis noch via eminentiae, von Gott aussagen kann. Von Gott aussagen (im selben Sinne wie daß er nicht endlich sei, also via negationis, daß er unendlich sei), daß er kein Sünder sei, ist Gotteslästerung.

Als Sünder ist der Mensch von Gott durch abgründigste Tiefe der Qualität getrennt. Und selbstverständlich ist Gott wieder vom Menschen durch dieselbe abgründige Tiefe der Qualität getrennt, wenn er Sünden vergibt. Falls es sich nämlich sonst doch tun ließe, durch eine umgekehrte Art Akkommodation, das Göttliche auf das Menschliche zu übertragen: in einem wird es ewig niemals dazu kommen, Gott zu gleichen, im Vergeben der Sünden. Hier liegt nun die äußerste Konzentration des Ärgernisses, welche die Lehre als notwendig erfunden hat, die gerade die Gleichheit zwischen Gott und Mensch gelehrt hat.

Aber Ärgernis ist die größtmögliche entscheidende Bestimmung der Subjektivität des einzelnen Menschen. Allerdings ist es nicht so unmöglich, ein Ärgernis ohne einen Geärgerten zu denken wie ein Flötenspiel, wenn kein Flötenspieler da ist; aber selbst das Denken muß doch gewiß zugeben, daß Ärgernis, noch mehr als Verliebtheit, ein unwirklicher Begriff ist, der erst wirklich wird, so oft einer da ist, ein Einzelner, der geärgert wird. Ärgernis verhält sich also zum Einzelnen. Und damit beginnt das Christentum, daß es jeden Menschen zu einem Einzelnen macht, einem einzelnen Sünder; und nun konzentriert es alles, was Himmel und Erde von der Möglichkeit des Ärgernisses auftreiben kann (nur dafür sorgt Gott): und das ist Christentum. Es sagt so zu jedem Einzelnen: du sollst glauben, das heißt, du sollst entweder geärgert werden oder du sollst glauben. Weiter kein Wort; da ist nichts weiter hinzuzufügen. „Nun habe ich gesprochen", sagt Gott im Himmel, „in der Ewigkeit sprechen wir uns wieder. Du kannst in der Zwischenzeit tun, was du willst, aber das Gericht steht bevor."

Ein Gericht! Ja, das haben wir Menschen ja gelernt, das lehrt ja die Erfahrung, daß, wenn auf einem Schiffe oder in einer Armee eine Meuterei ausbricht, der Schuldigen dann so viele sind, daß man die Bestrafung aufgeben muß; und wenn es das Publikum ist, das hochgeehrte gebildete Publikum oder das Volk, so ist es nicht nur kein Verbrechen, sondern laut Zeitung, auf die man bauen kann wie auf das Evangelium und die Offenbarung, Gottes Wille. Woher kommt das? Es kommt daher, daß der Begriff Gericht dem Einzelnen entspricht, man richtet nicht en masse; man kann Volk en masse totschlagen, es en masse bespritzen, ihm en masse schmeicheln, kurz, auf vielerlei Weise Volk wie Vieh behandeln; aber Volk wie Vieh richten kann man nicht, denn man kann Vieh nicht richten; ob man noch so viele richtet, wenn es Ernst und Wahrheit haben soll zu richten, wird jeder Einzelne gerichtet. Siehe darum ist Gott „der Richter", weil für ihn keine Menge da ist, sondern nur Einzelne. Wenn nun so viele Schuldige da sind, so läßt es sich menschlich nicht machen; darum gibt man das Ganze auf, man sieht ein, daß von irgendeinem Gericht keine Rede sein kann, es sind zu viele, um gerichtet werden zu können, man kann sie nicht fassen oder als Einzelne zu fassen suchen, darum muß man es aufgeben zu *richten*.

Und da man nun in unserer aufgeklärten Zeit, wo man alle anthropomorphistischen und anthropopathischen Vorstellungen von Gott unpassend findet, es doch nicht unpassend findet, Gott zu denken als Richter, in Vergleich mit einem gewöhnlichen Amtsrichter oder General-Auditeur, der eine so weitläufige Sache nicht abwickeln kann – so schließt man, es wird in der Ewigkeit akkurat ebenso gehen. Laßt uns darum nur zusammenhalten, uns versichern, daß die Pfarrer auf diese Weise predigen. Und sollte ein Einzelner da sein, der anders zu reden wagte, ein Einzelner, der töricht genug wäre, sich selbst in Furcht und Zittern sein Leben bekümmert und verantwortlich zu machen, und so auch andere plagen wollte: dann wollen wir uns sichern und ihn für verrückt ansehen oder, falls es nötig würde, ihn totschlagen. Wenn wir bloß zu vielen dabei sind, so ist das kein Unrecht. Es ist Nonsens und antiquiert, daß viele Unrecht tun können; was die vielen tun ist Gottes Wille. Vor dieser Weisheit, das wissen wir aus Erfahrung – denn wir sind keine unerfahrenen Jünglinge, wir werfen keine losen Worte hin, wir sprechen als Männer von Erfahrung – haben sich bislang alle Menschen gebeugt. Könige und Kaiser und Exzellenzen; mit Hilfe dieser Weisheit ist bislang allen unseren Kreaturen aufgeholfen worden: So muß auch Gott sich beugen lernen. Es gilt nur, daß wir zu vielen werden, recht viele, die zusammenhalten, wenn wir das tun, so sind wir gegen das Gericht der Ewigkeit gesichert. – Ja, sie wären gesichert, falls sie erst in der Ewigkeit Einzelne werden sollten. Aber sie waren und sind vor Gott beständig Einzelne; wer in einem Glasschrank sitzt, ist nicht so geniert wie jeder Mensch, der vor Gott durchsichtig ist. Das ist das Gewissensverhältnis. Mit Hilfe des Gewissens ist es so eingerichtet, daß der Rapport sofort auf jede Schuld folgt und daß der Schuldige es ist, der ihn selbst schreiben muß. Aber er wird mit sympathetischer Tinte geschrieben und wird dadurch erst recht deutlich, wenn er in der Ewigkeit vors Licht gehalten wird, während die Ewigkeit die Gewissen prüft. Im Grunde kommt ein jeder in der Ewigkeit so an, daß er selbst die genaueste Anzeige über jede geringste Kleinigkeit mitbringt und abliefert, die er verbrochen oder unterließ. Daher könnte ein Kind in der Ewigkeit Gericht abhalten; für einen Dritten ist eigentlich nichts zu tun, alles, bis zum unbedeutendsten Wort, das gesprochen wurde, ist in Ordnung. Dem Schuldigen, der auf der Reise durchs Leben zur Ewigkeit ist, geht es, wie es jenem Mörder erging, der auf der Eisenbahn mit deren Geschwindigkeit vom Tatort flüchtete – und sein Verbrechen: ach, gerade unter dem Wagen, in dem er saß, lief der elektromagnetische Telegraph mit seinem Signalement und der Anweisung, ihn auf der ersten Station festzunehmen. Als er auf der Station ankam und aus dem Wagen stieg, war er Häftling – er hatte sozusagen die Anzeige selbst mitgebracht.

Also ist die Verzweiflung an der Vergebung der Sünden Ärgernis. Und Ärgernis ist Potenzierung der Sünde. Daran denkt man im allgemeinen gar nicht; man rechnet allgemein wohl das Ärgernis kaum zur Sünde, wovon man nicht redet, sondern man redet von Sünden, unter denen das Ärgernis keinen Platz findet. Noch weniger faßt man das Ärgernis als Potenzierung der Sünde auf. Das kommt daher, daß man nicht, christlich, den Gegensatz zwischen: Sünde–Glauben, sondern zwischen Sünde–Tugend setzt.

Dies ist Sünde wider den Heiligen Geist. Das Selbst ist hier am verzweifeltsten potenziert; es wirft nicht nur das ganze Christentum von sich, sondern macht es zu Lüge und Unwahrheit – welche ungeheuer verzweifelte Vorstellung von sich selbst muß in solcher Verfassung das Selbst haben!

Die Potenzierung der Sünde zeigt sich deutlich, wenn man die Sünde als einen Krieg zwischen Gott und Mensch auffaßt, in dem sich die Taktik verändert; die Potenzierung liegt im Übergang von der Defensive zur Offensive. Sünde ist Verzweiflung; hier wird evitierend gekämpft. So kam Verzweiflung über die eigene Sünde; da wird noch einmal evitierend gekämpft oder sich innerhalb seiner zurückgezogenen Stellung befestigend, aber beständig pedem referens. Nun wird die Taktik verändert; obwohl die Sünde sich mehr und mehr in sich selbst vertieft und sich so entfernt, kommt sie doch in einem anderen Sinne näher, wird mehr und mehr entschieden sie selbst. Verzweiflung an der Vergebung der Sünden ist eine bestimmte Position gegenüber einem Angebot von Gottes Barmherzigkeit; die Sünde ist nicht ganz die flüchtende, nicht nur defensiv. Aber die Sünde, das Christentum als Unwahrheit und Lüge aufzugeben, ist offensiver Krieg. Alles Vorangegangene macht doch in gewisser Weise seinem Widerpart das Zugeständnis, daß er der stärkere ist. Aber jetzt ist die Sünde angreifend. Sünde gegen den Heiligen Geist ist die positive Form des Geärgertseins.

Lehre des Christentums ist die Lehre vom Gott-Menschen, von der Verwandtschaft zwischen Gott und Mensch, aber wohlbemerkt so, daß die Möglichkeit des Ärgernisses, wenn ich so sagen darf, die Garantie ist, wodurch Gott sich sichert, daß der Mensch ihm nicht zu nahe kommen kann. Die Möglichkeit des Ärgernisses ist in allem Christlichen das dialektische Moment. Wird es fortgenommen, dann ist das Christliche nicht nur Heidentum, sondern etwas so Phantastisches, daß das Heidentum es für Gefasel erklären müßte. Gott so nahe zu sein, wie das Christentum es lehrt, daß der Mensch ihm nahe kommen kann und kommen darf und in Christo kommen soll, ist niemals irgendeinem Menschen eingefallen: Soll das nun so wörtlich verstanden werden, so ganz ohne weiteres, ohne die geringste Reservation, völlig ungeniert, mutwillig: so ist das Christentum, wenn man die Dichtung der Heiden über die Götter menschlichen Wahnsinn nennen will, eines wahnsinnigen Gottes Erfindung; eine solche Lehre könnte nur einem Gott einfallen, der den Verstand verloren hat – so muß ein

Mensch urteilen, der noch seinen Verstand bewahrt hat. Der inkarnierte Gott würde, wenn der Mensch so ohne weiteres mit ihm Kamerad sein sollte, ein Seitenstück zu Prinz Heinrich bei Shakespeare werden.

Gott und Mensch sind zwei Qualitäten, zwischen denen ein unendlicher Qualitätsunterschied ist. Jede Lehre, die diesen Unterschied übersieht, ist menschlich gesprochen wahnsinnig, göttlich verstanden, Gottes-Lästerung. Im Heidentum machte der Mensch Gott zum Menschen (Mensch–Gott); im Christentum macht Gott sich zum Menschen (Gott–Mensch) – aber in dieser unendlichen Liebe seiner erbarmenden Gnade macht er doch eine Bedingung, er kann es nicht anders. Gerade das ist der Kummer in Christo, „er kann es nicht anders"; er kann sich selbst erniedrigen, eine Knechtsgestalt annehmen, leiden, sterben für die Menschen, alle einladen, zu ihm zu kommen, jeden Tag seines Lebens opfern – aber die Möglichkeit des Ärgernisses kann er nicht fortnehmen. Oh, einzige Tat der Liebe, oh, unergründlicher Kummer der Liebe, daß selbst Gott nicht kann – wie er auch in einem anderen Sinne wieder nicht will, nicht wollen kann – aber selbst wenn er wollte, es unmöglich tun kann, daß diese Tat der Liebe einem Menschen gerade zum Gegenteil werden kann, zum äußersten Elend! Denn das größtmögliche menschliche Elend, größer noch als die Sünde, ist, an Christus sich zu ärgern und im Ärgernis zu bleiben. Und dies kann Christus nicht, dies kann „die Liebe" nicht unmöglich machen. Sieh, darum sagt er: „Selig jener, der sich an mir nicht ärgert." Mehr kann er nicht tun. Also kann er, das ist möglich, er kann durch seine Liebe dazu kommen, einen Menschen so elend zu machen, wie ein Mensch es niemals sonst werden könnte. Oh, unergründlicher Widerspruch in der Liebe! Aber dennoch kann er – aus Liebe es nicht über sein Herz bringen, das Werk der vollkommenen Liebe zu unterlassen; ach, wenn das dann einen Menschen doch so elend machte, wie er es sonst nie geworden wäre!

Laßt uns recht menschlich darüber reden. Oh, armselig ein Mensch, der nie den Drang verspürt hat zur Liebe, alles aus Liebe zu opfern, der das also nicht gekonnt hätte! Aber wenn er dann entdeckte, daß gerade diese seine Aufopferung aus Liebe, daß es möglich wäre, daß sie dem andern Menschen, dem Geliebten, zum größten Unglück werden könnte: was dann? Dann verlöre entweder die Liebe in ihm ihre Spannkraft, von einer Lebenskraft sänke sie zusammen zu einem verschlossenen Grübeln wehmütigen Gefühls; er ließe von der Liebe ab, er wagte nicht, dieses Werk der Liebe zu tun, er sänke hin, nicht unter dem Gewicht der Tat, sondern unter dem Gewicht jener Möglichkeit. Denn, wie ein Gewicht unendlich viel schwerer wird, wenn es am Ende einer Stange angebracht wird und der Tragende es am entgegengesetzten Ende halten soll, so wird jede Tat unendlich schwerer, wenn sie dialektisch wird, und am schwersten, wenn sie sympathetisch-dialektisch wird, so daß, was die Liebe anspornt, für den Geliebten zu tun, in einem anderen Sinne die Fürsorge für den Geliebten wieder abzuraten scheint. – Oder die Liebe siegte, und er wagte es aus Liebe. Oh, aber in der Freude der Liebe (wie die Liebe immer froh ist, vor allem, wenn sie alles opfert) war doch ein tiefer Kummer – denn es wäre ja möglich! Sieh, darum vollbrachte er diese Tat seiner Liebe, er brachte das Opfer (über das er, was ihn betraf, jubelte) nicht ohne Tränen: es schwebt über diesem, wie soll ich es nennen, diesem Historiengemälde der Innerlichkeit, jene düstere Möglichkeit. Und doch, wenn dies nicht darüber geschwebt hätte, wäre seine Tat nicht die der wahren Liebe gewesen. – Oh, mein Freund, was hast du wohl im Leben versucht! Strenge dein Hirn an, reiß jedes Bedenken fort und lege die viscera des Gefühls in deiner Brust bloß, schleife jede Befestigung, die dich von dem trennt, was du liest, und dann lies Shakespeare – und du sollst schaudern vor den Kollisionen. Aber die eigentlich religiösen Kollisionen scheinen selbst Shakespeare zurückgeschreckt zu haben. Vielleicht lassen sich diese auch nur in der Sprache der Götter ausdrücken. Und diese Sprache kann kein Mensch sprechen; denn, wie schon ein Grieche so schön gesagt hat: Von Menschen lernt der Mensch reden, von den Göttern schweigen.

Daß nun der unendliche Qualitätsunterschied zwischen Gott und Mensch besteht, ist die Möglichkeit des Ärgernisses, die nicht hinweggenommen werden kann. Aus Liebe wird Gott Mensch; er sagt: Sieh hier, was es heißt, Mensch zu sein; aber, fügt er hinzu, oh, nimm dich in acht, denn ich bin zugleich Gott – selig, wer sich an mir nicht ärgert. Er nimmt als Mensch eine geringe Knechtsgestalt an, er drückt es aus, ein geringer Mensch zu sein, damit kein Mensch meinen soll, ausgeschlossen zu sein, oder meine, daß es das menschliche Ansehen und das Ansehen unter den Menschen sei, das einen näher zu Gott bringe. Nein, er ist der geringe Mensch. Sieh hier hin, sagt er, und überzeuge dich davon, was es heißt, Mensch zu sein; oh, aber nimm dich in acht, denn ich bin zugleich Gott – selig, wer sich an mir nicht ärgert. Oder umgekehrt: „Der Vater und ich sind eins, doch bin ich dieser einzelne, geringe Mensch, arm, verlassen, in die Gewalt der Menschen gegeben – selig, wer sich an mir nicht ärgert. Ich, dieser geringe Mensch, bin es, der macht, daß Taube hören, Blinde sehen, Lahme gehen, Aussätzige rein werden, Tote auferstehen – selig, wer sich an mir nicht ärgert."

Unter Verantwortung an höchster Stelle erdreiste ich mich zu sagen, daß dieses Wort: Selig, wer sich an mir nicht ärgert, mit zur Verkündigung Christi gehört, wenn auch nicht in der gleichen Weise wie die Einsetzungsworte beim Abendmahl, so doch wie die Worte: Jeder prüfe sich selbst. Es sind Christi eigene Worte, und sie müssen, besonders in der Christenheit, immer und immer wieder eingeschärft werden, wiederholt, jedem besonders gesagt werden. Überall wo diese Worte nicht mitklingen, oder in jedem Falle, wo die Darstellung des Christlichen nicht in jedem Punkte von diesem Gedanken durchdrungen ist: dort ist das Christentum Blasphemie. Und das ist nun fast überall in der Christenheit der Fall, die, wie es scheint, *entweder* ganz ignoriert, daß Christus es selbst ist, der so eindringlich, so inständig vor dem Ärgernis warnte, noch gegen Ende seines Lebens, sagen seine treuen Apostel, die ihm von Anbeginn gefolgt waren und um Seinetwillen alles verlassen hatten: *Oder* sie hält es wohl im stillen für eine Art überspannter Ängstlichkeit Christi, da die Erfahrung von Tausenden und Abertausenden belege, daß man den Glauben an Christus haben könne, ohne das mindeste von der Möglichkeit des Ärgernisses gemerkt zu haben. Aber dies dürfte ein Irrtum sein, der wohl offenkundig wird, wenn die Möglichkeit des Ärgernisses kommt, um die Christenheit zu richten. Denn ohne Leibwache und ohne Diener, die ihm den Weg bereiten und Menschen darauf aufmerksam machen könnten, wer es sei, der da kommt, ging Christus hier auf Erden in eines geringen Knechtes Gestalt. Aber die Möglichkeit des Ärgernisses (oh, wie war sie in seiner Liebe seine Trauer!) schützte und schützt vor ihm, setzt eine gähnende

Tiefe zwischen ihn und dem, der ihm am nächsten war und ihm am nächsten stand.

Wer sich nämlich nicht ärgert, der *betet* gläubig *an*. Aber anbeten, was der Ausdruck des Glaubens ist, heißt ausdrücken, daß eine unendlich gähnende Tiefe der Qualität dazwischen befestigt ist. Denn im Glauben ist wiederum die Möglichkeit des Ärgernisses das dialektische Moment.

Hier eine kleine Aufgabe für Beobachter. Falls man annimmt, daß alle die vielen Pfarrer hier und im Ausland, die Predigten halten und schreiben, gläubige Christen sind, wie läßt es sich dann erklären, daß man niemals das Gebet hört oder liest, das besonders in unseren Zeiten so nahe läge: *Gott im Himmel, ich danke dir, daß du vom Menschen nicht gefordert hast, er solle das Christentum begreifen; denn wenn es gefordert würde, wäre ich der Elendeste von allen. Je mehr ich es zu begreifen suche, um so unbegreiflicher kommt es mir vor, um so mehr entdecke ich nur die Möglichkeit des Ärgernisses. Darum danke ich dir, daß du allein den Glauben forderst, und bitte dich, daß du ihn mir mehren wollest!* Dieses Gebet wäre orthodox durchaus korrekt, und angenommen, daß es von dem Betenden aufrichtig gemeint wäre, würde es zugleich eine korrekte Ironie sein über die ganze Spekulation. Aber, ob dieser Glaube auf Erden zu finden ist!

Aber diese Art Ärgernis, von der hier die Rede ist, ist modo ponendo: Sie sagt vom Christentum, daß es Unwahrheit und Lüge ist, und wieder dasselbe von Christus.

Um diese Art von Ärgernis zu beleuchten, wird es am besten sein, die verschiedenen Formen des Ärgernisses durchzugehen, das prinzipiell sich zum Paradox (Christus) verhält und darum bei jeder Bestimmung des Christlichen wiederkehrt, weil sich eine jede zu Christus verhält, Christus in mente hat.

Die niedrigste Form des Ärgernisses, die, menschlich gesprochen, unschuldigste, ist das Ganze mit Christus unentschieden dahin gestellt sein zu lassen, so zu urteilen: ich gestatte mir darüber nicht zu urteilen: Ich glaube nicht, aber ich urteile nicht. Daß dies eine Form von Ärgernis ist, entgeht den meisten. Die Sache ist die, man hat völlig das Christliche: „Du sollst" vergessen. Daher kommt es, daß man nicht sieht, daß dies Ärgernis ist, dies Christus in Indifferenz zu setzen. Daß dir das Christentum verkündet wurde, bedeutet, du sollst eine Meinung über Christus haben; er ist, oder daß er da ist und daß er da gewesen ist, ist die Entscheidung des ganzen Daseins. Ist dir Christus verkündet, so heißt es Ärgernis nehmen zu sagen: ich will keine Meinung darüber haben.

Doch muß dies heutzutage mit einer gewissen Einschränkung verstanden werden, da das Christentum so mäßig verkündet wird, wie es geschieht. Es leben gewiß viele Tausende, die die Verkündigung des Christentums gehört haben und die niemals etwas gehört haben von diesem „Du sollst". Derjenige aber, der es gehört hat, wenn er dann so sagt: Ich will keine Meinung darüber haben, der hat Ärgernis genommen. Er leugnet nämlich Christi Gottheit, daß diese ein Recht dazu habe, dies von einem Menschen zu fordern, daß er eine Meinung haben soll. Es hilft nichts, daß ein solcher Mensch sagt: „Ich sage ja nichts aus, weder ja noch nein zu Christus"; denn dann fragt man ihn nur: hast du auch darüber keine Meinung, inwieweit du eine Meinung über ihn haben sollst oder nicht? Antwortet er darauf: Ja, so fängt er sich selbst; und antwortet er: Nein, so verurteilt ihn das Christentum gleichviel, daß er eine Meinung darüber haben soll und also über Christus, daß kein Mensch sich vermessen soll, Christi Leben als eine Kuriosität dahingestellt sein zu lassen. Wenn Gott sich gebären läßt und Mensch wird, so ist das kein müßiger Einfall, etwas worauf er verfällt, um sich doch etwas vorzunehmen, vielleicht um der Langeweile ein Ende zu bereiten, die, wie man frech gesagt hat, damit verbunden sein soll, Gott zu sein – es geschieht nicht, um Abenteuer zu erleben. Nein, wenn Gott es tut, so ist dies Faktum der Ernst des Daseins. Und dies ist wieder der Ernst in diesem Ernst: daß ein jeder eine Meinung darüber haben *soll.* Wenn ein König eine Provinzstadt besucht, sieht er es als eine Beleidigung an, wenn ein Beamter, ohne einen rechten Grund zu haben, es unterläßt, ihm seine Aufwartung zu machen; aber wie würde er urteilen, wenn jener das ganze Faktum ignorieren würde, daß der König in der Stadt ist, den Privatmann spielen würde, der in dieser Hinsicht „auf seine Majestät und das Königsgesetz pfeift"? Und so auch, wenn es Gott gefällt, Mensch zu werden – daß es dann einem Menschen gefällt (und was der Beamte für den König ist, das ist jeder Mensch für Gott), darüber zu sagen: Ja, es ist etwas, worüber ich keine Meinung zu haben wünsche. So spricht man vornehm über das, was man im Grunde übersieht: Also übersieht man vornehm Gott.

Die nächste Form des Ärgernisses ist die negative, aber leidende. Sie fühlt wohl, daß sie Christus nicht zu ignorieren vermag, nicht dazu imstande ist, das mit Christus auf sich beruhen zu lassen und dann im übrigen geschäftig im Leben zu stehen. Aber glauben kann sie auch nicht; sie verbleibt also dabei, auf den einen und selben Punkt zu stieren, auf das Paradox. Insofern ehrt sie doch das Christentum, sie drückt aus, daß diese Frage: Was dünkt dich von Christus, wirklich das Entscheidendste ist. Ein so Geärgerter lebt dahin wie ein Schatten; sein Leben verzehrt sich, weil er in seinem Innersten beständig mit dieser Entscheidung beschäftigt ist. Und so drückt er aus (wie das Leiden unglücklicher Liebe im Verhältnis zur Liebe), welche Realität das Christentum hat.

Die letzte Form des Ärgernisses ist die, von der wir hier reden, die positive. Sie erklärt das Christentum für Unwahrheit und Lüge, sie leugnet Christus (daß er dagewesen ist und der ist, der er zu sein sagte) entweder doketisch oder rationalistisch, so daß Christus entweder nicht ein einzelner Mensch gewesen, sondern nur scheinbar, oder daß er nur ein einzelner Mensch war, so daß er entweder doketisch zu Poesie wird, zur Mythologie, die keinen Anspruch auf Wirklichkeit macht, oder rationalistisch zu einer Wirklichkeit, die keinen Anspruch darauf macht, göttlich zu sein. In dieser Leugnung Christi als dem Paradox liegt natürlich auch die Leugnung alles Christlichen: der Sünde, der Vergebung der Sünden und so weiter.

Diese Form des Ärgernisses ist Sünde gegen den Heiligen Geist. Wie die Juden von Christus sagen, er treibe den Teufel mit Hilfe des Teufels aus, so macht dieses Ärgernis Christus zu einer Erfindung des Teufels.

Dieses Ärgernis ist die höchste Potenzierung der Sünde, was man meistens übersieht, da man nicht, christlich, den Gegensatz bildet zwischen Sünde–Glaube.

9
Jesus der Christus

Laßt uns ganz ungeniert von ihm sprechen, genau wie die Zeitgenossen von ihm geredet haben und wie man von einem Zeitgenossen, einem Menschen wie wir andern, den man im Vorbeigehen auf der Straße trifft, redet, von dem man weiß, wo er wohnt, in welchem Stock, was er ist, wovon er lebt, wer seine Eltern sind und seine Verwandten, wie sein Gesundheitszustand ist, wie er sich kleidet, mit wem er umgeht, „und etwas Außerordentliches ist an ihm nicht zu entdecken, er sieht genau so aus wie alle andern", kurz, wie man von einem Zeitgenossen spricht, von dem man nicht viel Aufhebens macht; denn in der Situation der Gleichzeitigkeit mit diesen Tausenden und aber Tausenden von *wirklichen* Menschen ist für einen solchen Unterschied kein Raum: zwischen einem, dessen man sich vielleicht in aller Zukunft erinnern wird, und einem *wirklichen* Ladendiener, der „ebensogut wäre wie er". – Laßt uns also von ihm reden, wie die Zeitgenossen von einem Zeitgenossen reden. Ich weiß wohl, was ich tue; und glaube mir, die angelernte, dressierte, träge welthistorische Gewohnheit, aus der heraus man immer mit einer gewissen Ehrerbietung von Christus redet, weil man eben aus der Geschichte so viel von ihm zu wissen bekommen hat und so mancherlei gehört hat, daß er eigentlich so etwas Großes gewesen sein soll – diese Ehrerbietung ist keinen Deut wert, sie ist Gedankenlosigkeit, Scheinheiligkeit, an und für sich Gotteslästerung; denn es ist Gotteslästerung, gedankenlose Ehrerbietung vor dem zu haben, an den man entweder glauben oder an dem man sich ärgern muß.

Dies ist der erniedrigte Jesus Christus, ein geringer Mensch, geboren von einer verachteten Jungfrau, sein Vater war ein Zimmermann. Er tritt allerdings unter Verhältnissen auf, die die Aufmerksamkeit ganz besonders auf ihn lenken müssen. Das kleine Volk, in dem er auftritt, Gottes auserwähltes Volk, wie es sich nennt, wartet auf einen Verheißenen, der Land und Volk eine goldene Zeit bringen soll. Es ist deutlich, daß die Gestalt, in der er auftritt, so verschieden wie nur möglich ist von der Erwartung der meisten. Dagegen entspricht sie mehr alten Weissagungen, die man im Volk wohl als bekannt voraussetzen muß. So tritt er auf. Ein Vorläufer hat die Aufmerksamkeit auf ihn gelenkt, und selber zieht er sie zweifellos durch Wunder und Zeichen auf sich, davon wird im ganzen Lande gesprochen – und er, der Held des Tages, überall auf Schritt und Tritt von einem zahllosen Menschengewimmel umgeben. Die Sensation, die er hervorruft, ist ungeheuer, aller Augen sind auf ihn gerichtet. Alles, was laufen kann, ja, alles, was kriechen kann, muß dieses Wunder gesehen haben – und alle müssen sich ein Urteil, eine Meinung über ihn bilden, so daß die Lieferanten von Meinungen und Urteilen beinahe aufgeben müssen, weil die Nachfrage so reißend ist und die Widersprüche sich so kreuzen. Doch der Wundertäter ist immer noch derselbe geringe Mensch, der buchstäblich nicht hat, wohin er sein Haupt legen kann. – Und laßt uns nicht vergessen, daß Zeichen und Wunder in der Situation der Gleichzeitigkeit eine ganz andere Elastizität besitzen, abzustoßen und anzuziehen, als jenes zahme Gerede – wie es die Pfarrer im allgemeinen aufwärmen: jenes noch zahmere Gerede – von Zeichen und Wundern – vor 1800 Jahren. Zeichen und Wunder sind in der Situation der Gleichzeitigkeit etwas verdammt Aufdringliches, etwas, was einen auf höchst unangenehme Weise beinahe dazu zwingt, eine Meinung zu haben, etwas, worüber man höchst erbittert werden kann, wenn man gleichzeitig damit ist und nun einmal nicht dazu aufgelegt ist zu glauben, weil einem dadurch das Leben viel zu anstrengend gemacht wird, und zwar um so mehr, je verständiger, entwickelter und gebildeter man ist. Es ist eine ganz besondere Sache darum, von einem Zeitgenossen annehmen zu müssen, daß er wirklich Zeichen und Wunder tut – hat man ihn dagegen auf Abstand und hilft einem das Ergebnis seines Lebens in Einbildungen hinein, kann man sich leicht einbilden, daß man es glaubt.

Die Masse ist also von ihm begeistert, folgt ihm jubelnd, sieht Zeichen und Wunder, sowohl solche, die er tut, als solche, die er nicht vollbringt, froh in der Hoffnung, daß die goldene Zeit nun beginnen werde, sobald er König wird. Die Masse aber gibt sich selten Rechenschaft über ihre Meinung, sie urteilt heute so und morgen so. Der Kluge und Verständige teilt deshalb nicht ohne weiteres dies Urteil. Laßt uns nun sehen, was der Kluge und Verständige urteilen muß, wenn der erste Eindruck der Überraschung und des Erstaunens verwunden ist.

Der Kluge und Verständige müßte sagen: „Selbst angenommen, daß dieser Mann das Außerordentliche ist, wofür er sich ausgibt – denn daß er Gott sein sollte, kann ich nur als eine Übertreibung auffassen, was ich ihm gern zugute halten und verzeihen würde, wenn ich ihn wirklich für das Außerordentliche hielte, denn an Worte hänge ich mich nicht – angenommen also, wobei ich übrigens meine Bedenken habe und worüber ich jedenfalls mein Urteil suspendiere, daß das, was er tut, Mirakel sind: Bleibt es dann nicht trotzdem ein unerklärliches Rätsel, daß dieserselbe Mann so töricht, so beschränkt, so völlig aller Menschenkenntnis bar, so schwach oder so gutmütig-eitel, oder wie man es nun nennen will, sein kann, sich so zu benehmen, daß er den Menschen seine Wohltaten beinahe aufnötigt! Statt stolz und herrschend die Menschen in der Ferne der tiefsten Unterwerfung von sich abzuhalten und ihre Anbetung entgegenzunehmen, wenn er sich selten einmal sehen ließ: stattdessen allen zugänglich zu sein, oder – noch richtiger ausgedrückt – selbst zu allen zu gehen, mit allen umzugehen, beinahe, als bestünde das Außerordentliche darin, aller Diener zu sein, als wäre das das Außerordentliche, was er selbst zu sein behauptet, nämlich darum besorgt zu sein, ob die Menschen Nutzen von ihm entgegennehmen wollen oder nicht, kurz und gut, als sei das das Außerordentliche, der am meisten Besorgte von allen zu sein. Unerklärlich ist es mir, was er will, was seine Absicht ist, worauf sein Streben gerichtet ist, worin der Sinn besteht. Er, der mit so manchem einzelnen Ausspruch – das kann ich nicht abstreiten – verrät, daß er tiefen Einblick in das menschliche Herz besitzt, er müßte doch wohl auch wissen, was ich ihm mit weniger als der Hälfte meiner Klugheit voraussagen kann, daß man auf diese Weise es in dieser Welt zu nichts bringt – es sei denn, daß man, die Klugheit verachtend, redlich danach strebt, ein Tor zu werden, oder in seiner Redlichkeit vielleicht gar so weit geht, daß man vorzieht, sich totschlagen zu lassen; wenn man aber das will, dann muß man doch wohl verrückt sein. Wie gesagt, als Menschenkenner muß er das doch wohl wissen, daß man die Menschen betrügen muß, um dann seinem Betrug den Schein von Wohltaten zu geben, die man dem ganzen Menschengeschlecht erweise. Dann erntet man alle Vorteile, selbst den köstlichsten von allen, schon von seinen Zeitgenossen Wohltäter der Menschheit genannt zu werden – und liegt man erst im Grabe, so pfeift man darauf, was die Nachwelt von einem sagt. Sich aber so hinzugeben wie er, nicht das mindeste auf sich selbst zu halten, die Menschen beinahe darum zu betteln, doch seine Wohltaten anzunehmen: nein, es könnte mir nie einfallen, mich ihm anzuschließen. Und er lädt mich selbstverständlich auch nicht ein, denn er lädt ja nur die ein, die mühselig und beladen sind."

Oder: „Sein Leben ist ganz einfach eben Phantasterei; und das ist sogar der mildeste Ausdruck, den man dafür finden kann, denn, wenn man so urteilt, ist man gutmütig genug, die reine Verrücktheit, daß er sich selbst für Gott hält, ganz zu vergessen. Das ist Phantasterei. So kann man höchstens ein paar Jahre in seiner Jugend leben, aber er ist doch schon 30 Jahre alt. Und er ist buchstäblich nichts. Und ferner: in ganz kurzer Zeit muß er alle Achtung und alles Ansehen beim Volke verloren haben – das einzige, was er sich bisher hat schaffen können, wenn man davon überhaupt sprechen will. Will man sich die Gunst des Volkes auf die Dauer sichern, was freilich – das will ich gern einräumen – das Unsicherste ist, was man überhaupt tun kann, muß man ganz anders vorgehen. Es dauert nur wenige Monate, bis die Masse jemanden, der sich so zur Verfügung stellt, über hat; er wird als verlorene Person angesehen, als eine Art *mauvais sujet*, der froh sein kann, wenn er in einem Winkel der Welt, die Welt vergessend und von der Welt vergessen, enden darf, falls er nicht, dadurch daß er auf seinem Posten bleibt, indem er alles Vorhergegangene fortführt, so phantastisch sein sollte, daß er totgeschlagen werden will, was die unvermeidliche Folge davon ist. Was hat er für seine Zukunft getan? Nichts. Hat er eine feste Stellung? Nein. Was für Aussichten hat er? Keine. Schon dies ganz Einfache, wie er sich die Zeit vertreiben will, wenn er älter wird, die langen Winterabende, womit will er sie ausfüllen, wenn er nicht einmal Karten spielen kann? Er besitzt ein bißchen Volksgunst – wahrhaftig von aller beweglichen Habe die allerbeweglichste, die im Handumdrehen eine ungeheure Volksungunst werden kann. – Mich ihm anschließen? Nein! danke, verrückt bin ich glücklicherweise noch nicht geworden."

Oder: „Daß etwas Außerordentliches an diesem Menschen ist, daran kann eigentlich kein Zweifel herrschen (vorausgesetzt, daß man sich sein Recht und das des gesunden Menschenverstandes vorbehält, sich jeden Urteils über seine Behauptung, Gott zu sein, zu enthalten). Eher könnte man noch auf die Vorsehung erbittert werden, daß sie einem solchen Menschen so etwas anvertraut hat, so einem Menschen, der das Gegenteil von dem tut, was er selbst sagt: daß man seine Perlen nicht vor die Säue werfen soll, weshalb diese sich schließlich auch umkehren würden, um ihn niederzutreten. Auf so etwas muß man bei Säuen immer vorbereitet sein – dagegen sollte man nicht erwarten, daß der, welcher selbst darauf aufmerksam macht, eben das tut, was man nach seiner Erfahrung nicht tun soll. Ja, könnte man ihm auf geschickte Weise sein Wissen ablisten – wobei er den höchst merkwürdigen Gedanken, auf den er selbst so viel Wert zu legen scheint, nämlich, daß er Gott sei, mit größtem Vergnügen als sein ausschließliches Eigentum behalten darf – könnte man ihm sein Wissen ablisten – ohne sein Jünger zu werden! Könnte man sich bei Nacht zu ihm schleichen und es aus ihm herausholen. Denn es dann redigieren und herausgeben, dazu wollte ich schon der rechte Mann sein, wenn auch auf eine ganz andere Weise. Zum Erstaunen der ganzen Welt sollte dabei etwas ganz anderes herauskommen – dafür verbürge ich mich! Denn soviel kann ich allerdings sehen, daß in dem, was er sagt, etwas außerordentlich Tiefes steckt – das Unglück liegt nur in dem, was er ist. Aber vielleicht, wer weiß, vielleicht läßt es sich am Ende so einrichten, daß er es sich ablocken läßt, vielleicht ist er in dieser Beziehung wieder so gutmütig verrückt, daß er sich ganz offen mitteilt. Unmöglich wäre es nicht, denn mir kommt es so vor, als sei die Weisheit, die er offenbar besitzt, einem Narren anvertraut worden, als man sie ihm anvertraute: solch ein Widerspruch ist sein Dasein. – Aber mich ihm anschließen, sein Jünger werden, nein, das bedeutete, sich selbst zum Narren machen."

Oder: „Falls dieser Mann – was ich indessen unentschieden lasse – das Gute und Wahre will, so stiftet er wenigstens immerhin

Gutes, besonders für Jünglinge und die unerfahrene Jugend, denen es in Anbetracht des Ernstes im Leben außerordentlich nützlich ist, diesen Ernst so früh wie möglich und so gründlich wie möglich einzusehen: er macht es selbst dem Allerverblendetsten augenfällig deutlich, daß alles hochtrabende Gerede darüber, daß man für das Gute und Wahre leben will, eine gute Portion Lächerlichkeit in sich trägt – er beweist, wie richtig die Dichter unserer Zeit gesehen haben, wenn sie das Gute und Wahre immer von einer halbwegs albernen Person darstellen lassen oder aber von jemandem, der so dumm ist, daß man mit ihm Türen einrennen könnte. Sich so anzustrengen wie dieser Mensch, auf alles zu verzichten außer auf Mühe und Arbeit, zu allen Tageszeiten zur Verfügung zu stehen, eifriger als selbst der geschäftigste praktizierende Arzt – und zwar wofür? Weil es sein Beruf ist? Nein, nicht im entferntesten: Soweit man sehen kann, ist es ihm scheinbar noch nie eingefallen, solcherlei haben zu wollen. Verdient er denn Geld dadurch? Nein, keinen Groschen – er besitzt nicht einmal einen Groschen, und wenn er ihn besäße, würde er ihn sofort weggeben. Tut er es denn, um Ehre und Ansehen im Staate zu erlangen? Ganz im Gegenteil: Er verabscheut alles weltliche Ansehen. Und gerade der, der nun einmal alles weltliche Ansehen verschmäht und die Kunst, von nichts zu leben, treibt, gerade der, der dazu geschaffen scheint, wenn überhaupt jemand dazu ausersehen ist, sein Leben im angenehmsten Farniente hinzubringen (was an und für sich durchaus sinnvoll ist): Gerade *der* lebt angestrengter als irgendein Staatsdiener, der mit Ehre und Ansehen belohnt wird, angestrengter als irgendein Geschäftsmann, der Geld wie Heu verdient. Weshalb strengt er sich denn so an, oder (doch wozu diese Frage nach dem, worüber man gar nicht im Zweifel sein kann!): sich so anzustrengen, um das Glück zu erlangen, ausgelacht und verspottet usw. zu werden, das ist wahrlich ein ganz besonderes Vergnügen. Daß sich Leute durch die Menge drängen, um an eine Stelle zu gelangen, wo Geld, Ehre und Ruhm verteilt werden, das läßt sich verstehen: Das ist verständlich. Sich aber vordrängen, um gestäupt zu werden: Wie erhaben, wie christlich, wie dumm!"

Oder: „Man hört über diesen Menschen so viele übereilte Urteile von Leuten, die nichts verstehen – und die ihn vergöttern, und so viele strenge Urteile von anderen, die ihn vielleicht doch mißverstehen – mich soll man jedoch nicht mit Recht beschuldigen können, daß ich übereilt urteile. Ich verhalte mich ganz kühl und ruhig, ja, was mehr ist, ich bin mir bewußt, daß ich mich gegen ihn so nachgiebig und gemäßigt verhalte wie nur möglich; mag sein, daß dieser Mensch sogar dem Verstande imponiert, was ich indessen nur bis zu einem gewissen Grade zugeben möchte. Wie soll man nun über ihn urteilen? Mein Urteil wird sein: Zunächst kann ich keine Meinung über ihn haben. Ich meine nicht in bezug darauf, daß er von sich sagt, er sei Gott; denn darüber werde ich in alle Ewigkeit keine Meinung haben können; nein, ich meine, über ihn als Menschen. Erst das Ergebnis seines Lebens wird entscheiden können, ob er wirklich das Außerordentliche war, oder ob er, von seiner Einbildungskraft betrogen, nicht einen allzu großen Maßstab angelegt hat, nicht bloß in bezug auf sich selber, sondern überhaupt in bezug auf das Mensch-sein. Mehr kann ich beim besten Willen nicht für ihn tun; und wenn er mein einziger Freund, mein eigenes Kind wäre, könnte ich nicht schonender und auch nicht anders über ihn urteilen. Daraus folgt indessen höchstwahrscheinlich, daß ich mir aus guten Gründen keine Meinung über ihn bilden kann, denn um mir eine Meinung zu bilden, muß ich erst das Ergebnis seines Lebens sehen, und zwar bis zum letzten, d. h., erst muß er tot sein. Erst dann kann ich, und auch dann nur vielleicht, eine Meinung von ihm haben; und selbst wenn man das annimmt, handelt es sich nur im uneigentlichen Sinne um eine Meinung über ihn, denn dann wäre er ja nicht mehr da. Ganz von selbst folgt daraus, daß ich mich ihm unmöglich anschließen kann, solange er lebt. Die *Autorität*, mit der er angeblich lehrt, kann für mich keine ausschlaggebende Rolle spielen, denn es ist ja leicht, einzusehen, daß er sich in einem Zirkel bewegt, indem er sich auf das beruft, was er beweisen soll, was wiederum nur durch das Ergebnis bewiesen werden kann, insofern dies nicht mit seiner bekannten fixen Idee zusammenhängt, daß er Gott sei; denn wenn er *darum* Autorität besitzt, weil er Gott ist, so muß die Antwort lauten: ja – eben, *wenn*! Soviel kann ich ihm dagegen zugestehen, daß, wenn ich mir vorstellte, ich lebte in einer späteren Generation, und falls das Ergebnis seines Lebens, die Folgen seines Lebens in der Geschichte, es offenbar gemacht hätten, daß er das Außerordentliche war: da würde es nicht weit ab sein, da würde nicht viel daran fehlen, daß ich sein Jünger würde."

Der Geistliche müßte sagen: „Für einen Betrüger und Volksverführer ist er eigentlich ungemein ehrlich, deshalb kann er auch nicht so unbedingt gefährlich werden, wenn es auch recht gefährlich aussieht, solange der Sturm dauert, wenn es auch noch so gefährlich mit seiner Popularität aussieht, bis dann der Sturmwind vorüber ist, und das Volk – gerade dasselbe Volk – ihn wieder stürzt. Das Ehrliche besteht darin, daß er sich für den Verheißenen ausgibt und ihm dann so wenig ähnelt – das ist so ähnlich, wie wenn einer falsche Scheine ausgeben wollte und sie dann so schlecht machte, daß jeder, der nur ein bißchen davon versteht, sie sogleich kennen könnte. Zwar ist es wahr, daß wir alle einen Verheißenen erwarten, doch daß Gott in eigener Person kommen sollte, das erwartet bestimmt kein Vernünftiger, und jeden Religiösen schauert's vor der Gotteslästerung, die dieser Mensch begeht. Daß wir aber einen Verheißenen erwarten, darin sind wir alle einig. Aber die Weltregierung schreitet nicht in tumultarischen Sprüngen fort, die Weltentwicklung geschieht nicht – das liegt ja schon darin beschlossen, daß es eine Entwicklung ist – nicht *revolutionär*, sondern *evolutionär*. Der wahre Verheißene wird deshalb ganz anders aussehen, er wird als die herrlichste Blüte und die höchste Entfaltung des Bestehenden kommen. Auf diese Weise wird der Verheißene kommen, und er wird ganz anders handeln; er wird das Bestehende als Instanz anerkennen, die ganze Geistlichkeit zu einer Synode einberufen, wird ihr seine Resultate und seine Beglaubigung vorlegen – und wird dann, wenn er bei der Abstimmung die Majorität erhält, als das Außerordentliche, als das, was er ist, als der Verheißene empfangen und begrüßt werden." „Aber im Auftreten dieses Menschen zeigt sich eine Doppelnatur; er hat zuviel von einem Richter; es ist, als wollte er zu gleicher Zeit der Richter sein, der das Bestehende richtet, und doch zugleich auch der Verheißene. Will er das erstere nicht, wozu dann seine absolute Isolierung, sein Abstandnehmen von allem, was das Bestehende heißt! Will er kein Richter sein, wozu dann seine phantastische Flucht aus der Wirklichkeit in die Gesellschaft des unwissenden Volkes, wozu verschmäht er dann hochmütig und revolutionär alle Intelligenz und Tüchtigkeit des Bestehenden, um mit Hilfe von – Fischern und

Handwerkern völlig von vorn anzufangen; so daß es gleichsam als Motto für seine ganze Existenz im Verhältnis zum Bestehenden betrachtet werden kann, daß er ein uneheliches Kind ist! Will er dagegen nur der Verheißene sein, wozu redet er dann davon, daß man keinen neuen Flicken auf ein altes Kleid setzen kann, ein Wort, das immer das Feldgeschrei jeder Revolution ist, denn darin liegt ja, daß man das Bestehende nicht anerkennen will, sondern daß man es weghaben will, statt sich dem Bestehenden anzuschließen und es zu verbessern, wenn man ein Reformator ist, oder es zu seiner höchsten Entwicklung zu bringen, wenn man der Verheißene ist. Dies ist eine Duplizität; und es läßt sich nicht machen, sowohl Richter als der Verheißene zu sein; und diese Duplizität wird sein Untergang, den ich bereits vorausberechnet habe. Die Katastrophe eines Richters erdichtet man richtig als gewaltsamen Tod, die Katastrophe eines Verheißenen kann indessen unmöglich der Untergang sein, denn dann ist er *eo ipso* nicht der Verheißene, also nicht der, auf den das Bestehende wartet, damit es ihn vergöttliche. Diese Duplizität erkennt das Volk noch nicht, es sieht in ihm den Verheißenen, was das Bestehende unmöglich sehen kann, nur das Volk, die lockere und ungebundene Masse, weil sie selbst nichts weniger ist als etwas Bestehendes. Sobald aber diese Doppelnatur offenbar wird, ist sie sein Untergang. Nein, da war sein Vorgänger eine viel deutlicher ausgeprägte Gestalt, indem er nur eins war: Richter. Welche Konfusion und Verwirrung, beides sein zu wollen, und welche noch größere Verwirrung, selbst den Vorgänger als den anzuerkennen, der Gericht halten soll, was doch wohl darin besteht, das Bestehende für die Aufnahme des Verheißenen empfänglich und völlig bereit zu machen, um dann selbst der Verheißene sein zu wollen, der dem Richter folgt – ohne sich indessen dem Bestehenden anschließen zu wollen!"

Und der Philosoph müßte sagen: „Eine so schreckliche, oder besser: so wahnsinnige Eitelkeit, daß ein einzelner Mensch Gott sein will, ist doch etwas bisher Unerhörtes; eine so bis auf die Spitze getriebene Form der reinen Subjektivität und der bloßen Negation hat es noch nie gegeben. Er hat keine Lehre, kein System, er weiß im Grunde nichts; er kommt mit einzelnen aphoristischen Aussprüchen, ein paar Sentenzen und ein paar Parabeln, er repetiert und variiert immerfort, wodurch er die Masse blendet, für die er auch Zeichen und Wunder tut, so daß sie, statt etwas zu erfahren und wirkliche Belehrung zu bekommen, an ihn glauben lernt, an ihn, der einem so fatal wie möglich fortwährend seine Subjektivität aufnötigt. In ihm und in dem, was er sagt, ist nichts Objektives oder Positives; insofern braucht er nicht unterzugehen, denn *philosophice* ist er bereits untergegangen, indem es ja die Bestimmung der bloßen Subjektivität ist, unterzugehen. Man kann ihm zugestehen, daß er eine merkwürdige Subjektivität ist, daß er – mag es mit seinen übrigen Zeichen und Wundern sich verhalten, wie es will – in seiner Eigenschaft als Lehrer das Wunder mit den fünf Broten wiederholt: mit ein bißchen Lyrik und einigen Aphorismen bringt er das ganze Land in Bewegung. Selbst wenn man von seiner Verrücktheit, daß *er* meint, er sei Gott, absieht, so bleibt es eine unbegreifliche Verwirrung, die allerdings sehr geringe philosophische Bildung verrät, zu glauben, Gott könne sich überhaupt in der Gestalt eines, einzelnen Menschen offenbaren. Das Menschengeschlecht, das Universelle, das Totale ist Gott; aber das Menschengeschlecht kann doch kein einzelnes Individuum sein. Das ist überhaupt die in der Subjektivität enthaltene Anmaßung, daß der Einzelne etwas sein will; daß der Einzelne aber Gott sein will, ist selbstverständlich das Wahnsinnige an ihm. Wäre dieser Wahnsinn möglich, daß ein einzelner Mensch Gott wäre, so müßte man ja konsequenterweise diesen einzelnen Menschen anbeten; eine größere philosophische Bestialität ist undenkbar."

Der kluge Staatsmann müßte sagen: „Daß dieser Mensch im Augenblick eine Macht ist, läßt sich nicht leugnen – abgesehen natürlich von seiner Einbildung, daß er Gott sei. Über derlei Dinge macht man als Privatliebhabereien natürlich ein für allemal einen Strich, so etwas braucht man nicht mit in Anschlag zu bringen, und das geht niemanden etwas an, am wenigsten einen Staatsmann. Ein Staatsmann sieht nur darauf, welche Macht ein Mensch hat, und daß er in diesem Augenblick Macht hat, läßt sich, wie gesagt, nicht leugnen. Aber, was er will, wohin er zielt, daraus ist nicht recht klug zu werden; soll *das* Klugheit sein, dann muß es eine völlig neue und ganz eigentümliche Art von Klugheit sein, die dem nicht so ganz unähnlich ist, was man sonst Verrücktheit zu nennen pflegt. Er hat bedeutende Kräfte; er scheint sie aber zu verderben, statt sie anzuwenden, er verschwendet sie, aber *er* bekommt nichts dafür. Ich betrachte ihn als ein Phänomen, mit dem man sich klüglich nicht einläßt – das tut man am besten überhaupt nie mit Phänomenen –, denn es ist völlig unmöglich, ihn und die Katastrophe seines Lebens zu berechnen. Es ist möglich, daß er König werden könnte – möglich ist es –, aber es ist nicht unmöglich oder genauer: es ist ebenso möglich, daß er auf dem Schafott endet. In seinem ganzen Streben fehlt ihm der Ernst. Mit ungeheurer Flügelspannung schwebt er – sonst nichts; er macht keine Trosse fest, berechnet nicht seinen Kurs – er schwebt nur. Will er für das Nationale kämpfen oder erstrebt er einen kommunistischen Umsturz, will er eine Republik oder ein Königreich? Welcher Partei schließt er sich an, gegen welche wendet er sich oder will er sich mit allen Parteien gutstellen oder will er alle Parteien bekämpfen? Mich mit ihm einlassen – nein, das müßte das allerletzte sein – im Gegenteil, ich tue noch mehr als das, ich treffe alle möglichen Vorsichtsmaßregeln gegen ihn. Ich verhalte mich ganz still, unternehme nichts, tue so, als wäre ich gar nicht da; denn man kann nicht einmal berechnen, wie störend er eingreifen könnte oder wie man in seine Handlungen verwickelt werden könnte, wenn man nur das geringste unternähme. Gefährlich ist der Mann, im gewissen Sinne ungeheuer gefährlich. Aber meine Pläne gehen darauf aus, ihn gerade dadurch, daß ich nichts tue, zu fangen; denn gestürzt muß er werden – und am sichersten durch ihn selber, dadurch daß er über sich selber strauchelt. Ich habe – jedenfalls augenblicklich – nicht die Kraft, ihn zu stürzen, und kenne keinen, der sie hätte. Wenn man jetzt das geringste gegen ihn unternähme, würde man nur sich selbst zermalmen. Nein, immerfort nur negativen Widerstand leisten – einfach nichts – dann verwickelt er sich vermutlich in die ungeheuren Konsequenzen, die er nach sich zieht, tritt aus Versehen auf die eigene Schleppe und stürzt."

Und der gesetzte biedere Bürger müßte sagen – wie eben das Urteil in seiner Familie ausfallen würde: „Laßt uns doch Menschen sein, alles mit Maßen; Zuwenig und Zuviel verdirbt alles, und wie es in einem französischen Sprichwort heißt, das ich einmal von einem Handlungsreisenden gehört habe: Zu viel umfaßt, alles verpaßt! – Was mit diesem Menschen? Sein Untergang ist bestimmt so gut wie sicher. Ich habe mir auch meinen Sohn ernstlich vorgenommen, ihn verwarnt und ihm dies vorgehalten, damit er nicht hingehe und auf schlechte Wege gerate und sich etwa diesem Menschen anschließe – und zwar warum? Weil ihm alle nachlaufen. Ja, wer sind diese „alle“? Lockere und ungebundene Leute, Gassensteher und Landstreicher, denen das Laufen leichtfällt. Dagegen nur ganz wenige von den Angesessenen und Wohlhabenden und gar keine von den klugen und angesehenen Leuten, nach denen ich meine Uhr zu stellen pflege, weder Kommerzienrat Jeppesen noch der Geheimrat Marcus oder der reiche Agent Christophersen, nein, nein, bei Gott!, die Leute wissen Bescheid. Und sehen wir nun auf die Geistlichen, die sich doch auf so etwas am besten verstehen müssen – die bedanken sich. Pastor Grünewald sagte gestern abend im Klub: „Dies Leben nimmt ein Ende mit Schrecken“; und der gute Mann kann mehr als predigen, den soll man nicht sonntags in der Kirche hören, sondern montags im Klub; hätte ich nur die Hälfte seines Verstandes für die Dinge dieser Welt. Er sagte ganz richtig, wie aus meinem Herzen gesprochen: „Dem rennen nur lockere und leichtfertige Leute nach.“ Und warum rennen sie ihm nach? Weil er ein paar Wunder tun kann. Wer aber sagt, daß es Wunder sind, oder wer garantiert uns, daß er seinen Jüngern dieselbe Kraft verleiht; unter allen Umständen ist ein Wunder indessen etwas höchst Ungewisses – was aber gewiß ist, das ist gewiß. Jeder ordentliche Vater, der erwachsene Kinder hat, muß wahrhaftig Sorge tragen, daß sich seine Söhne nicht verführen und mitreißen lassen und sich mit ihm und den verzweifelten Menschen, die ihm folgen, und die nichts zu verlieren haben, einlassen. Und wie hilft er schließlich auch diesen? Man müßte ja verrückt sein, sich auf diese Weise helfen zu lassen, selbst dem allerärmsten Bettler hilft er nur vom Regen in die Traufe, zu neuem Elend, was der Arme hätte vermeiden können, wäre er geblieben, was er war: schlecht und recht ein Bettler.“

Und der Spötter, und zwar nicht der wegen seiner Bosheit von allen verachtete, sondern der von allen wegen seines Witzes bewunderte und dabei wegen seiner Gutmütigkeit beliebte, müßte sagen: „Im Grunde ist es eine unbezahlbare Idee, die uns allen ohne weiteres zugute kommen müßte, daß ein einzelner Mensch sagt, er sei Gott. Wenn das nicht den Menschen wohltun heißt, so weiß ich nicht, was wohl- und guttun oder gut- und wohltun ist.

Angenommen, daß das Merkmal dafür, daß man Gott ist, darin besteht, daß man genau wie alle andern aussieht, weder mehr noch weniger, dann sind wir alle Götter. *Quod erat demonstrandum.* Ja, wer in aller Welt wäre darauf verfallen; wie wahr ist es, daß so etwas nicht in dem Herzen eines Menschen hätte entstehen können! Es lebe der Entdecker dieser für die Menschen so außerordentlichen Erfindung. Morgen lasse ich bekanntmachen, daß ich, Endesunterzeichneter, Gott bin – der Entdecker kann es jedenfalls nicht leugnen, ohne sich selbst zu widersprechen. Im Dunkeln sind alle Katzen grau – und wenn Gott-sein bedeutet, daß man wie alle andern aussieht, völlig wie alle andern: dann ist es eben dunkel, und wir sind alle..., oder was ich eigentlich sagen wollte, wir sind alle, jeder für sich, Gott, der eine soll, bei Gott!, dem andern nicht nachstehen. Das ist das Lächerlichste, was man sich überhaupt vorstellen kann, der Widerspruch, worin immer das Komische enthalten ist, der größtmögliche – es ist aber nicht mein Verdienst, das kommt einzig und allein dem Entdecker zu: daß ein Mensch, völlig wie wir – abgesehen davon, daß er nicht ganz so gut angezogen ist wie der Durchschnitt, daß also ein schlecht angezogener Mensch, der am ehesten wohl unter die Armenpflege gehörte (jedenfalls bedeutend eher dorthin gehörte als unter die Rubrik: Gott), daß *der* Gott ist. Am schlimmsten ist es eigentlich für den Armenvorsteher, weil er bei diesem General-Avancement des ganzen Menschengeschlechts nicht befördert wird."

Oh, mein Freund, ich weiß wohl, was ich tue, ich kenne meine Verantwortung, und meine Seele ist von der Richtigkeit dessen, was ich tue, ewig überzeugt. Denke dich nun also mit ihm, dem Einladenden, gleichzeitig. Denke dir, du seiest ein Leidender – bedenke aber, wem du dich aussetzt, wenn du sein Jünger wirst, wenn du ihm nachfolgst. Du setzt dich dem aus, daß du in den Augen aller Klugen, Verständigen und Angesehenen unbedingt so gut wie alles verlierst. Er, der Einladende, fordert von dir, daß du alles aufgibst, alles fahren läßt – aber die gleichzeitige Verständigkeit deiner Zeitgenossen läßt dich nicht los, sie urteilt, daß es Verrücktheit ist, sich ihm anzuschließen. Und der Spott wird grausam über dich herfallen; während er ihn beinahe aus Mitleid schont, findet er es verrückter als das Verrückteste, daß man sein Jünger wird. „Denn", sagt er, „Schwärmer ist Schwärmer, meinetwegen, aber in allem Ernst sein Jünger werden, ist die denkbar größte Verrücktheit. Es besteht immer nur eine Möglichkeit, noch verrückter als ein Verrückter zu werden: die höhere Verrücktheit, sich in allem Ernst einem Verrückten anzuschließen und ihn für einen Weisen zu halten." Sage nicht, daß diese Darstellung übertrieben sei. Aber du weißt doch selbst – hast es dir vielleicht aber nicht recht gegenwärtig gemacht, daß von all den Angesehenen, all den Gebildeten und Verständigen zwar der eine und der andere, vielleicht sogar mehrere, sich neugierig mit ihm einließen, aber es war nur einer, ein einziger, der ihn im Ernst aufsuchte, und der kam – in der Nacht zu ihm. Und das weißt du ja, daß man in der Nacht verbotene Wege geht; die Nacht wählt man, wenn man dorthin geht, wohin man eigentlich nicht gehen darf – denke darüber nach, welches Urteil über den Einladenden darin liegt: Zu ihm zu gehen, war eine Schande, etwas, was kein Angesehener, kein Mann von Ehre sich leisten konnte, so wenig, wie man es sich leisten kann, an Orte zu gehen, die ja auch von der Nacht verhüllt werden, wo – doch nein, ich mag nicht einmal ausführen, was auf dieses „so wenig, wie" folgen würde.

Kommet *nun* her *zu mir* alle, die ihr mühselig und beladen seid, ich will euch Ruhe geben.

Es ist ihm nun so gegangen, wie alle Klugen, Verständigen, Staatsmänner, Biedermänner, Spötter usw. vorausgesagt haben. Und wie später in einem Augenblick gesagt wurde, der selbst die Verhärtetsten zur Teilnahme, selbst Steine zu Tränen hätte rühren müssen: „er hat anderen geholfen, mag er sich nun selber helfen": So ist nun wohl tausend- und aber tausendmal von Tausenden und aber Tausenden wiederholt worden: „Sprach er nicht zu seiner Zeit, daß seine Stunde noch nicht gekommen sei! Sollte sie jetzt vielleicht gekommen sein?" – Ach, während jener Einzelne, der Gläubige, schaudern müßte, so oft er daran dächte und doch in den Abgrund – menschlich gesprochen – sinnloser Verrücktheit starren müßte: nämlich, daß Gott in menschlicher Gestalt, daß diese göttliche Lehre, daß diese Zeichen und Wunder, wenn sie in Sodoma und Gomorrha geschehen wären, selbst diese Städte zur Umkehr gebracht hätten, daß alles das in Wirklichkeit genau das Entgegengesetzte hervorbrachte, indem der Lehrer gemieden, gehaßt, verachtet wurde. Wer er nämlich ist, kann man nun leichter sehen, nachdem der Widerstand und die Maßnahmen der Mächtigen und Angesehenen und überhaupt des Bestehenden den ersten Eindruck von ihm abgeschwächt haben, und nachdem das Volk die Geduld verloren hat, abzuwarten, weil sein Leben, statt mit zunehmendem Ansehen vorwärtszugehen, in zunehmender Degradation immer mehr rückwärts geht. Jeder weiß ja, daß man einen Menschen nach seinem Umgang beurteilt – und nun betrachte man seinen Umgang! Ja, seinen Umgang könnte man dadurch charakterisieren, daß man sagt, daß er von der „menschlichen Gesellschaft" ausgestoßen worden ist; sein Umgang sind die niedrigsten Klassen des Volkes, Zöllner und Sünder – alles Leute, die jeder, der das geringste vorstellt, um seinen guten Namens und Rufes willen flieht; und ein guter Name und ein guter Ruf sind doch wohl das mindeste, was man sich in diesem Leben zu sichern wünscht; sein Umgang besteht außerdem aus Aussätzigen, die jeder meidet, aus Wahnsinnigen, die nur Entsetzen hervorrufen, aus Kranken und Elenden, Armut und Erbärmlichkeit. Und wer ist nun dieser Mensch, der in diesem Aufzug trotzdem noch Gegenstand der Nachstellungen durch die Mächtigen ist? Ein als Verführer, Betrüger und Gotteslästerer Verachteter. Wenn wirklich ein angesehener Mann seiner Verachtung gegen ihn nicht Ausdruck gibt, geschieht es aus einem gewissen Mitleid – daß sie ihn fürchten, ist ja dabei etwas ganz anderes. – So ist nun sein Auftreten. Denn du mußt dich in acht nehmen, damit du nicht etwas von dem in dein Urteil einfließen läßt, was du erst hinterher zu wissen bekommen hast, davon, wie sich seine Erhabenheit fast mit göttlicher Majestät nie so deutlich gezeigt habe als gerade jetzt. Oh, mein Freund, wenn du gleichzeitig mit einem Menschen lebst, der nicht nur selbst „aus der Synagoge ausgestoßen" ist – nein, denke daran, daß Strafe darauf stand, sich von ihm helfen zu lassen, und daß diese Strafe „Ausschluß aus der Synagoge" war – also, wenn du gleichzeitig mit einem solchen Verachteten lebst, bei dem sich also alles in schönster Übereinstimmung damit befindet – denn wenn auch alles auf zweierlei Weisen erklärt werden kann, so bist du schwerlich der Mann, der alles auf andere Weise erklärt, oder, was dasselbe ist: Du bist nicht der Einzelne, der ja, wie du wohl weißt, niemand sein will, indem dies als eine lächerliche Eigenbrötelei, vielleicht sogar als ein Verbrechen betrachtet wird.

Und seine Apostel, die ja hauptsächlich seine Gesellschaft sind! Welcher Wahnsinn, indessen nicht: welcher neuer Wahnsinn, da der sich ganz mit dem ersteren vereinen läßt – seine Apostel sind ein paar Fischer, unwissende Menschen, die gestern noch Heringe fingen, und die morgen – so heißt es im Zusammenhang der Verrücktheit – in alle Welt hinausgehen sollen, um die Gestalt der Erde zu verändern. Und so ein Mensch sagt, daß er Gott sei, und das sind seine wohlbestallten Apostel! Soll der etwa den Aposteln Ansehen verschaffen, oder vielleicht die Apostel ihm? Ist dieser Einladende ein wahnsinniger Schwärmer: denn sein Aufzug scheint darauf zu deuten; kein Dichter hätte einen passenderen erfinden können. Ein Lehrer, ein Weiser, oder als was man ihn sonst bezeichnen will, eine Art verunglücktes Genie, das von sich sagt, er sei Gott – umgeben von einem Pöbelhaufen, der ihm zujubelt, er selbst wird von ein paar Zöllnern, Vorbestraften und Aussätzigen begleitet; zunächst um ihn sein auserwählter Kreis, die Apostel. Und diese für die Beurteilung dessen, was Wahrheit ist, so außerordentlich kompetenten Instanzen, diese Fischer, Schneider und Schuhmacher, bewundern nicht allein ihren Lehrer und Meister, sondern jedes Wort von ihm ist ihnen Weisheit und Wahrheit; sie sehen nicht nur, was kein anderer sehen kann: Erhabenheit und Heiligkeit, nein, sie sehen in ihm Gott und beten ihn an. – Kein Dichter kann das besser erfinden, falls er dabei nicht noch eins vergißt, daß dieserselbe Mensch derjenige ist, den die Mächtigen fürchten, gegen den sie Pläne schmieden, um ihn zu stürzen. Sein Tod allein kann sie beruhigen und zufriedenstellen. Sie haben entehrende Strafe darauf gesetzt, sich ihm anzuschließen, ja darauf, sich nur von ihm helfen zu lassen, und trotzdem können die Mächtigen keine Ruhe finden, sie können sich nicht richtig damit abfinden, daß das alles Schwärmerei und Wahnsinn sei. So geht es den Mächtigen! Das Volk, das ihn vergötterte, das Volk selber hat ihn mehr oder weniger aufgegeben, nur in einem einzelnen Augenblick lodert die alte Vorstellung von ihm wieder auf. In seinem ganzen Dasein gibt es auch nicht das geringste, um das ihn der Neidischste von allen Neidischen beneiden könnte. Und um dieses Leben beneiden die Mächtigen ihn sicherlich auch nicht, sondern fordern seinen Tod nur um ihrer eigenen Sicherheit willen, damit sie wieder Ruhe bekommen können, nachdem alles wieder beim alten ist – noch mehr gesichert durch dieses abschreckende Beispiel.

Dies sind die beiden Abschnitte seines Lebens. Es begann damit, daß ihn das Volk vergötterte, während alles, was das Bestehende darstellt, alles, was Macht und Einfluß besitzt, ihm gehässig, aber feige und heimlich die Schlinge legte – der er dann zum Opfer fiel? Ja, aber er hatte sie deutlich gesehen. Endlich entdeckte das Volk, daß es sich in ihm geirrt hatte, daß die Erfüllung, die er bringen wollte, alles andere war, als was es sich erträumt hatte. Da kehrte sich das Volk von ihm ab, und die Mächtigen zogen die Schlinge enger – der er dann zum Opfer fiel? Ja, aber er hatte sie deutlich gesehen. Die Mächtigen zogen die Schlinge enger – und jetzt kehrt das Volk, das sich ja nun völlig betrogen sieht, all seinen Haß, all seine Erbitterung gegen ihn.

Und das Mitleid – um das doch auch mitzunehmen – mußte sagen, oder in der Gesellschaft der Mitleidigen würde es so heißen (denn das Mitleid ist gesellig, versammelt sich gern, und in der Gesellschaft der geschwätzigen Beschränktheit befindet sich auch Schadenfreude und Neid, indem ja – was schon ein Heide beobachtet hat – niemand so schnell zu Mitleid geneigt ist wie der Neidische): „Es muß einem um diesen armen Menschen doch wirklich leid tun, daß es so enden muß. Schließlich war es ein guter Kerl. Mag es auch eine Übertreibung gewesen sein, daß er Gott sein wollte, so war er doch wirklich gut gegen Arme und Notleidende, wenn er es auch auf eine sonderbare Weise zeigte, indem er sich den Armen ganz gleichstellte und in Gesellschaft von Bettlern umherzog. Aber etwas Rührendes war doch daran, und es muß einem deshalb um den armen Menschen leid tun, daß er so jämmerlich zu Tode kommen sollte. Denn man mag nun sagen, was man will, und ihn so streng verurteilen, wie man will: Ich kann's nicht lassen, ihn zu bemitleiden; ich bin nicht so hartherzig und muß ihm Mitleid gönnen."

Wir sind im letzten Abschnitt, nicht der „Heiligen Geschichte", wie sie von den Aposteln und Jüngern, die an ihn glaubten, niedergeschrieben worden ist, sondern der unheiligen Geschichte, die deren Gegensatz ist.

Kommet nun alle her, die ihr mühselig und beladen seid, das heißt: Fühlst du ein Verlangen danach, wenn du auch von allen

Leidenden der Elendeste seist, dir auf diese Weise helfen zu lassen, was bedeutet, daß du in ein noch größeres Elend gerätst, dann komme her, er wird dir helfen.

Mit der Einladung an alle, die „mühselig und beladen sind", ist das Christentum nicht, wie es der Pfarrer weinerlich und unwahrhaftig einführt, als ein Prachtexemplar milder Trostgründe in die Welt gekommen – sondern als das *Absolute.* Aus Liebe will es Gott so, aber *Gott* will es, und er will das, was er will. Er will nicht von dem Menschen zu einem freundlichen – menschlichen – Gott umgeschaffen werden: Er will die Menschen umschaffen, und zwar aus Liebe. Er will auch nichts von menschlicher Naseweisheit wissen, die sich darüber ausbreitet, warum und weshalb das Christentum in die Welt gekommen sei: Es ist das Absolute und soll das Absolute sein. Deswegen ist all das Relative, was man herausgeklügelt hat, warum und aus welchem Grunde es da sei, Unwahrheit. Vielleicht ist man aus einer Art menschlichem Mitleiden darauf verfallen, das vermeint, etwas abhandeln zu müssen – in dem Gott vermutlich die Menschen nicht kenne und seine Forderungen zu überspannt seien, weshalb dann die Pfarrer Hilfestellung leisten müßten, um es etwas herunterzuhandeln. Vielleicht ist man darauf verfallen, um sich mit den Menschen gut zu stehen und um aus der Verkündigung des Christentums Vorteil zu ziehen; denn wird es auf das bloß Menschliche herabgestimmt, auf das, was im Herzen der Menschen entsteht, so gefällt es den Menschen natürlich, und dann gefällt den Menschen wiederum der liebenswürdige Prediger, der das Christentum so mild hinstellen kann – hätten die Apostel das gekonnt, so hätten die Apostel auch damals der Welt gefallen. Aber all das ist Unwahrheit, ist Entstellung des Christentums, welches das Absolute ist. Wozu ist es denn aber da, denn dann wäre es ja eine Plage? Ganz richtig; relativ verstanden ist das Absolute die größte Plage. In allen matten, trägen und stumpfen Augenblicken, wo das Sinnliche den Menschen beherrscht, ist ihm das Christentum ein Wahnsinn, da es einem endlichen „Wozu" nicht kommensurabel ist. Wozu ist es dann aber da? Antwort: Schweige! es ist das Absolute. Und so *muß* es dargestellt werden, nämlich so, daß es sich dem sinnlichen Menschen als Verrücktheit zeigt. Und darum ist es wahr und in einem anderen Sinne ebenfalls so wahr und richtig, wenn der Verständige in der Situation der Gleichzeitigkeit verurteilend über Christus so spricht: „Er ist buchstäblich nichts" – durchaus richtig, denn er ist das Absolute. Als das Absolute ist das Christentum in die Welt gekommen, nicht als Trost im menschlichen Sinne – es spricht im Gegenteil unaufhörlich und immer wieder davon, wie der Christ leiden muß oder wie ein Mensch leiden muß, um ein Christ zu werden und zu sein – Leiden, die er also dadurch vermeiden kann, daß er einfach darauf verzichtet, ein Christ zu werden.

Es besteht nämlich ein unendlicher, klaffender Unterschied zwischen Gott und Mensch, und darum zeigte es sich in der Situation der Gleichzeitigkeit, daß – menschlich gesprochen – eine noch größere Qual, größerer Schmerz, größeres Elend als selbst der größte menschliche Schmerz damit verbunden ist, Christ zu werden (zur Ähnlichkeit mit Gott umgebildet zu werden) – in den Augen der Zeitgenossen ist es sogar ein Verbrechen. Und das wird immer so sein, wenn die Tatsache, daß man Christ wird, bedeutet, daß man in Wahrheit gleichzeitig mit Christus wird. Und hat dieses, ein Christ zu werden, nicht diese Wirkung, so ist all dies Gerede, daß man ein Christ werde – Geschwätz, Einbildung und Eitelkeit, zum Teil sogar Gotteslästerung und eine Sünde gegen das zweite Gebot des Gesetzes und Sünde wider den Heiligen Geist.

Denn dem Absoluten gegenüber gibt es nur eine Zeit: die Gegenwart; wer mit dem Absoluten nicht gleichzeitig ist, für den ist es gar nicht da. Und da Christus das Absolute ist, so kann man leicht einsehen, daß es im Verhältnis zu ihm nur eine einzige Situation gibt: die der Gleichzeitigkeit; die 300, 700, die 1500 und 1800 Jahre bedeuten dabei nicht das geringste und verändern ihn nicht, offenbar aber auch nicht, wer er gewesen ist; denn was er ist, das ist nur dem Glauben offenbar.

Christus ist, um dies in allem Ernst zu sagen, kein Komödiant, auch keine nur historische Persönlichkeit, indem er als das Paradox eine höchst unhistorische Person ist. Dies aber ist der Unterschied zwischen Poesie und Wirklichkeit: die Gleichzeitigkeit. Der Unterschied zwischen Poesie und Geschichte besteht freilich darin, daß die Geschichte das *wirklich* Geschehene ist, während die Poesie das Mögliche, nur Gedachte, das Erdichtete ist. Was aber wirklich geschehen ist (das Vorübergegangene), ist trotzdem nur in einem gewissen Sinne, nämlich im Gegensatz zum Erdichteten, das Wirkliche. Es fehlt dabei die Bestimmung, die die Bestimmung der Wahrheit (als Innerlichkeit) und aller Religiosität ist: *für dich.* Das Vergangene ist nicht Wirklichkeit: für mich; nur das Gleichzeitige ist Wirklichkeit für mich. Das, womit du gleichzeitig bist, ist Wirklichkeit: für dich. Und auf diese Weise kann jeder Mensch nur mit *der* Zeit gleichzeitig werden, in der er selber lebt – aber dann noch mit *einer* anderen: mit Christi Leben auf Erden, denn Christi Leben auf Erden, die „Heilige Geschichte", steht ganz und gar allein, indem sie außerhalb der Geschichte steht.

Von der Geschichte kannst du als von etwas Vergangenem lesen und hören, bei ihr kannst du, wenn es dir beliebt, nach dem Ergebnis urteilen. Aber Christi Leben auf Erden ist nicht etwas Vergangenes; es wartete seinerzeit, vor 1800 Jahren, nicht und wartet auch heute nicht darauf, daß das Ergebnis ihm zu Hilfe eilen soll. Ein historisches Christentum ist Galimathias und unchristliche Verwirrung; denn *alle wahren Christen einer Generation sind gleichzeitig mit Christus, und sie haben nicht das geringste mit den Christen der vorausgehenden Generation zu tun, dagegen alles mit dem gleichzeitigen Christus.* Sein Leben auf Erden begleitet die Generationen und begleitet jede Generation besonders als ewige Geschichte, sein Leben hier auf Erden besitzt die ewige Gleichzeitigkeit. Und diese Gleichzeitigkeit macht wiederum alles Dozieren über das Christentum (dieses Dozieren hat ja nämlich seinen Deckmantel und seinen Rückhalt wesentlich darin, daß das Christentum etwas Vergangenes sei, und in der Geschichte der 1800 Jahre) zu der unchristlichsten aller Ketzereien, was jeder leicht einsehen und darum sein Dozieren aufgeben würde, wenn er sich vorzustellen versuchte, daß die mit Christus gleichzeitige Generation – dozierte; dabei ist doch jede Generation (von Glaubenden) gleichzeitig.

Kannst du dich nicht dazu überwinden, ein Christ in der Situation der Gleichzeitigkeit mit ihm zu werden, oder: Kann er dich nicht in der Situation der Gleichzeitigkeit anrühren und zu sich ziehen, so wirst du niemals ein Christ. Du magst dann denjenigen, der dir einbildet, du seiest trotzdem ein Christ, ehren und lobpreisen, ihm danken und ihn mit allen irdischen Gütern belohnen – er betrügt dich. Du kannst dich glücklich schätzen, daß du nicht gleichzeitig mit einem Manne bist, der dies zu sagen wagt; du kannst dich über die Pein, mit einem Manne gleichzeitig zu sein, der dir das sagt, bis zur Raserei aufregen und es wie den Stich jener „Bremse" empfinden: im ersten Falle bist du betrogen, im anderen hast du die Wahrheit wenigstens zu wissen bekommen.

Kannst du die Gleichzeitigkeit nicht ertragen, kannst du es nicht ertragen, diesem Anblick in der Wirklichkeit zu begegnen, könntest du nicht auf die Straße gehen – um zu sehen, daß der Gott in diesem scheußlichen Aufzuge einhergeht, würdest du nicht einsehen, daß dies die Bedingungen sind, wenn du dann niederfielest und ihn anbetetest: So bist du kein *wesentlicher* Christ. Was du zu tun hast, besteht darin, dir dies so völlig unbedingt einzugestehn, damit du vor allem die Demut und die Furcht und das Zittern bewahrst gegenüber dem, was in Wahrheit heißt, Christ zu sein. Denn auf diesem Wege mußt du, um es zu lernen und es dir einzuüben, so deine Zuflucht zur Gnade nehmen, daß du sie nicht mißbrauchst; gehe dann um Gottes willen nicht zu jemandem, der dich „beruhigen" kann. Denn zwar steht geschrieben: „selig die Augen, welche sahen, was ihr saht", mit diesen Worten sind die Pfarrer immer besonders schnell bei der Hand – merkwürdigerweise wohl auch, um ihr weltlich nettes Ansehen zu verteidigen, das ja gerade in der Situation der Gleichzeitigkeit unzweifelhaft einen ziemlich auffälligen Kontrast bilden würde – gerade, als seien diese Worte nicht einzig und allein von jenen Zeitgenossen gesagt worden, die gläubig wurden. Wäre die Herrlichkeit unmittelbar zu sehen gewesen, so daß ein jeder sie ohne weiteres hätte sehen können, so wäre es ja nicht wahr, daß Christus sich selbst erniedrigt hätte und Knechtsgestalt angenommen habe; und es wäre überflüssig, vor dem Ärgernis zu warnen, denn wie in aller Welt sollte man sich wohl an einer Herrlichkeit ärgern, die in Herrlichkeit gekleidet wäre! Und wie in aller Welt sollte man dann erklären, daß es Christus so gegangen ist, wie es ihm ergangen ist; daß nicht alles herbeiströmte, um zu sehen, was unmittelbar zu sehen war. Nein, „er hatte keine Gestalt noch Schöne; wir sahen ihn, aber da war keine Gestalt, die uns gefallen hätte" (Jesaja 53,2); *unmittelbar* war nichts zu sehen als ein geringer Mensch, der durch Zeichen und Wunder dadurch, daß er sagte, er sei Gott, fortwährend die Möglichkeit des Ärgernisses herausforderte. Ein geringer Mensch, der also ausdrückte I. was Gott unter Mitleid versteht (wobei hinzugehört, daß man selbst der geringe und arme Mensch ist, wenn man der Mitleidige sein will), und 2. was Gott unter dem Elend der Menschen versteht, was in beiden Fällen höchst verschieden von dem ist, was die Menschen darunter verstehen, und was jeder einzige in jeder Generation bis ans Ende der Tage ganz von Grund auf lernen muß, indem er ganz und gar auf demselben Punkt anfangen muß wie jeder, der mit Christus gleichzeitig ist und es in der Situation der Gleichzeitigkeit einübt. Menschliche Heftigkeit und Unbändigkeit hilft dabei natürlich nichts. Wie weit es jemandem gelingen wird, wesentlich ein Christ zu werden, kann ihm kein Mensch sagen. Aber Angst und Furcht und Verzweiflung helfen auch nicht. *Aufrichtigkeit vor Gott ist das Erste und Letzte;* sich selbst aufrichtig gestehen, wo man sich befindet, aufrichtig vor Gott, den Blick beständig auf die Aufgabe richten – wie langsam es auch gehen mag, und wenn man auch nur vorwärtskriecht: eines hat man doch, man ist richtig gestellt, nicht durch das Kunststück irregeleitet und betrogen, wodurch Christus umgedichtet wird, so daß er, statt Gott zu sein, zu jenem schmachtenden Mitleiden wird, das die Menschen selbst erfunden haben, wodurch das Christentum, das doch die Menschen zum Himmlischen hinaufziehen sollte, unterwegs aufgehalten und das schlecht und recht Menschliche wird.

„Und was will nun all dies sagen?" Es will sagen, daß ein jeder für sich, in stiller Innerlichkeit sich demütigen soll, indem er fragt, was es heißt, im strengsten Sinne Christ zu sein; es heißt, daß er aufrichtig vor Gott eingestehe, wo er steht, damit er die Gnade würdig annehme, die jedem Unvollkommenen, also jedem dargeboten wird. Und darüber hinaus nichts; sonst verrichtet er seine Arbeit, freue sich ihrer, liebe sein Weib und freue sich dessen, erziehe seine Kinder, liebe seine Mitmenschen und freue sich des Lebens. Ob mehr von ihm gefordert wird, wird ihm Gott wohl zu verstehen geben, und er wird ihm dann auch weiterhelfen; denn in der schrecklichen Sprache des Gesetzes klingt es doch nur deshalb so schrecklich, weil es ist, als sollte sich der Mensch selbst aus eigener Kraft an Christus halten, während in der Sprache der Liebe

Christus ihn trägt. Ob also mehr von *ihm* gefordert wird, wird ihn Gott wohl verstehen lassen; doch wird dies von jedem gefordert, daß er sich vor Gott aufrichtig unter die Forderungen der Idealität demütige. Und darum müssen diese Forderungen immer und immer wieder in ihrer ganzen Unendlichkeit gehört werden.

10

Wie wird man Christ in der Christenheit?

Vielleicht ist es nicht so, ich weiß nichts und will nichts wissen, aber wir wollen es uns denken, daß viele so dahinleben als Christen und eigentlich Heiden sind, indem nämlich das Dasein, die sie umgebende Welt in einen großen Sinnesbetrug sich verwandelt hat, der wieder und wieder und auf jede Weise sie darin bestärkt, daß sie Christen sind. Denken wir uns diese vielen in einem spätern Alter und jeden im besondern eine Familie konstituierend. Diese fingierten Christen *erziehen* also wieder ihre Kinder – im Christentum; wie wird nun die nächste Generation von Christen aussehen?

Es ist freilich überhaupt charakteristisch für unsere Zeit, daß der Begriff *Erziehung,* zum mindesten im Sinne des Altertums, mehr und mehr aus der Rede und dem Leben der Menschen verschwindet. Das Altertum schlug die Bedeutung der menschlichen Erziehung sehr hoch an und verstand unter ihr eine harmonische Entwicklung dessen, was die verschiedenen Gaben und Talente und Anlagen tragen soll: der Persönlichkeit in der ethischen Richtung des Charakters. In unsrer Zeit scheint man ungeduldig diese Erziehung abschaffen zu wollen und akzentuiert dagegen den *Unterricht.* Man will, daß die Jugend hurtig und so früh wie möglich viel und allerhand lernen soll, das lernen, wovon man sich fast handgreiflich überzeugen kann, daß es Wissen ist und etwas ist. Die formale Bildung, die ethische Bildung des Charakters ist nicht solcher Art und fordert doch viel Zeit und viel Fleiß. Man scheint in unserer Zeit zu glauben, daß, wenn man bloß auf jede Weise dafür sorgt, daß das Kind etwas lernt, Sprachen, Mathematik, Religion und so weiter, es dann im übrigen so ungefähr sich selbst erziehen kann. Das ist nun freilich zu jeder Zeit und in jedem Land ein großes Mißverständnis, aber es wird besonders verderblich in der Christenheit. Soll nämlich ein Mensch nicht direkt um das Christentum genarrt werden, so muß eines von beiden geschehn; *entweder* muß man ihn von seiner frühesten Kindheit an, und solange er unter Vormundschaft ist, von jedem Verhältnis zum Christentum fernhalten, ihn aufwachsen lassen ohne irgendwelche christlichen Kenntnisse, damit er dann in einem reiferen Alter einen entscheidenden Eindruck vom Christentum bekommen und selber wählen kann; oder die Eltern müssen die Verantwortung übernehmen, ihm von seiner frühesten Kindheit an durch eine strenge christliche Erziehung einen entscheidenden Eindruck vom Christlichen beizubringen. Aber läßt man ihn von Kindheit an in der Umgangsvorstellung aufwachsen, so ohne weiteres Christ zu sein, so tut man alles, was in eines Menschen Macht steht, um ihn, was die absolute qualitative Entscheidung des menschlichen Lebens anlangt, zu betrügen. Er ist dann Christ ungefähr im selben Sinn, wie er Mensch ist, und so wenig, wie es ihm in einem späteren Alter einfällt, zu bedenken, ob er nun doch wirklich Mensch ist, so wenig wird es ihm ordentlicherweise einfallen, sich selbst Rede zu stehn, ob er nun doch wirklich ein Christ ist.

Ich will mir einen Familienvater denken – denn es ist meiner Seele zuwider, mich in irgendeines andern Menschen Gottesverhältnis zu mengen, sogar bloß so, daß ich unterrichtet wäre, daß ein solcher Mann lebte – ich will ihn mir also denken. Er ist tüchtig in seinem Lebensberuf, behaglich im Umgang, nicht unwitzig, wohlgelitten von allen, gastfrei und gesellschaftlich in seinem Hause; er ist kein Religionsspötter (dies wäre, wenn es auch gefahrvoll ist, vielleicht sogar besser für die Kinder, denn das gibt Elastizität); er ist auch nicht im strengsten Sinn indifferent: sondern er ist auch so Christ, er würde es wunderlich finden, gesucht und auffallend, über diese Sache äußerlich oder innerlich viel Aufhebens zu machen; er ist auch so Christ und durch die Lektüre der einen oder andern neuern Schrift im Einverständnis mit der Anschauung, daß das Christentum die höchste Geistesbildung ist, samt daß jeder Gebildete Christ ist. In seinem häuslichen Leben, ob er nun Gesellschaft hat oder nicht, findet er niemals Anlaß, über religiöse Angelegenheiten sich religiös zu äußern. Passiert es ein seltenes Mal, daß der eine oder andere exzentrische Religiöse sich einige Aufmerksamkeit zuzieht, und zum Gegenstand des Tages und dadurch auch zum Gegenstand des Gespräches im Hause jenes Familienvaters wird, so ist das Urteil über einen solchen und sein Betragen nicht ein religiöses, sondern ein ästhetisches, das einen solchen Ton und ein solches Wesen als anstößig stempelt, als etwas, das nicht geduldet werden kann im Kreise der Gebildeten. – Die Gattin dieses Mannes ist eine liebenswürdige Frau, frei von allen modernen, unweiblichen Grillen, herzensgut als Mutter und als Hausfrau. Sie hat auch in ihrem Leben einen einzelnen Augenblick einen Drang nach einem tiefern religiösen Besinnen gefühlt. Aber da solche Angelegenheiten und Bekümmerungen zwischen ihr und ihrem Mann niemals in Fluß gekommen sind und da sie einen vielleicht übertriebenen Respekt vor den Forderungen ihres ihr überlegenen Mannes in Hinsicht auf Bildung hat: so fürchtet sie, daß es einen Mangel an Bildung verraten oder anstoßen könnte, wenn sie von religiösen Gegenständen reden würde. Deshalb schweigt sie und ordnet sich mit weiblicher Hingebung ganz ihrem Mann unter, eignet sich kleidsam zu, was männlich ihm so gut steht; und diese beiden harmonieren wie selten ein Ehepaar in der Christenheit.

Unter den Augen dieser Eltern wachsen die Kinder auf; es wird nichts gespart, um ihren Geist zu entwickeln und sie mit Kenntnissen zu bereichern; und während die Kinder so wachsen an Kenntnissen und Einsicht, eignen sie sich unbewußt das gebildete Wesen der Eltern an, so daß diese Familie ein äußerst behagliches Haus für den Verkehr ist. Es folgt ganz von selber, daß die Kinder Christen sind; sie sind ja von christlichen Eltern geboren, und so ist es ja ebenso natürlich, wie daß einer Jude ist, der von jüdischen Eltern geboren ist. Christ sein aber, weil man von chistlichen Eltern geboren ist, ist der Grund-Sinnesbetrug, aus dem eine Menge andrer abgeleitet sind. Man ist Jude dadurch, daß man von jüdischen Eltern geboren ist; ganz richtig, denn das Judentum ist wesentlich an die Naturbestimmung geknüpft und in ihr gebunden. Aber das Christentum ist Bestimmung des Geistes, so daß es in ihm weder Juden noch Heiden noch *geborene* Christen gibt. Es ist in Ordnung, daß man aus einem Juden, aus einem Heiden, aus der Abstammung von christlichen Eltern Christ *wird;* denn die Bestimmung des Geistes ist höher als die Naturbestimmung. Dagegen kann man nicht gut Jude *werden,* denn man muß als Jude geboren sein. Man kann nicht Christ sein und doch nicht Christ sein, dagegen kann man Jude sein und doch nicht Jude sein, weil die Naturbestimmung überwiegt; ob nämlich ein Jude nicht ein gläubiger Jude ist, so ist er doch ebenso ein Jude; aber ein Christ, der nicht ein gläubiger Christ ist, ist überhaupt kein Christ. Die Bestimmung „der Christ" ist gerade die, von der am absolutesten gesagt werden muß: man wird nicht *geboren* mit der Bestimmung, ganz im Gegenteil, es ist das, was man *werden* soll.

Daß es Juden, Heiden, Mohammedaner, Fetischanbeter gibt, wissen Kinder ja freilich aus der Geschichte und dem wissenschaftlichen Religionsunterricht; aber sie wissen es auch wie etwas, das sie nichts angeht, dagegen wissen sie überhaupt nichts davon, *daß man Christ sein kann und doch nicht Christ sein kann.*

Wir wollen das älteste der Kinder betrachten; es ist jetzt im Alter, da es konfirmiert werden soll. Es folgt ganz von selbst, daß der Junge mit „ja" antwortet auf die Frage, die der Priester ihm vorlegt; wie in aller Welt sollte dem Jungen wohl etwas andres einfallen; hat man je gehört, daß einer nein geantwortet hat, oder hat man ein einziges Wort vor dem Jungen verlauten lassen, daß er auch nein antworten kann. Dagegen hat man ihn vielleicht darauf aufmerksam gemacht, nicht zu laut und nicht zu leise zu antworten, sondern es auf ordentliche und anständige Weise zu tun; er erinnert sich vielleicht, den Vater sagen gehört zu haben, daß es Affektion sei, in der Kirche bloß zu flüstern. In dem Grad folgt es von selbst, daß er ja antworten soll, in dem Grad, daß er, anstatt auf die Antwort aufmerksam gemacht zu werden, auf die rein ästhetische Seite der Formalität aufmerksam gemacht worden ist. So antwortet er denn „ja" – weder zu laut noch zu leise, sondern mit dem freimütigen und doch bescheidenen Anstand, der einen jungen Menschen wohl kleidet. Der Vater ist am Konfirmationstag etwas ernster als gewöhnlich; doch hat sein Ernst mehr einen festlichen als einen religiösen Charakter, und er harmoniert deshalb ganz gut mit der Aufgeräumtheit, die an seinen Platz tritt, nachdem sie von der Kirche heimgekommen sind, wo der Vater nicht bloß behaglich ist wie sonst, sondern seine Gaben anwendet, um diesen Tag recht zu einem Festtag zu machen. Die Mutter ist bewegt, sie hat sogar geweint in der Kirche; aber mütterliche Zärtlichkeit und weltliche Bekümmerung für das künftige Schicksal des Kindes sind doch wohl nicht dem Christentum vorbehalten. Der Junge bekommt deshalb wohl am Konfirmationstage einen feierlichen Eindruck vom Vater, einen rührenden Eindruck von der Mutter; er wird mit Dankbarkeit und Freude dieses Tages gedenken als einer schönen Erinnerung; aber er bekommt keinen entscheidenden christlichen Eindruck. Der Junge bekommt den Eindruck, daß dieser Tag ein bedeutungsvollerer Moment in seinem Leben sein muß – wenn auch nicht so bedeutungsvoll wie zum Beispiel: Student und immatrikuliert zu werden.

Der Junge ist konfirmiert, und nach und nach beginnt nun die geschäftige Zeit für ihn, da er sich vorbereiten soll zu seinem Offiziersexamen; wir können ja annehmen, daß er diesen Beruf wählen will. Er macht sein Examen mit Auszeichnung, er geht zur Hochschule, zeichnet sich weiter aus, die Eltern haben eine rechte Freude an diesem Sohn, den sie jetzt doch seltener sehen, da er aus dem Haus gezogen ist und es immer eilig hat. Er hat Glück, im Alter von 26 Jahren ist er bereits Kapitän. – Unser junger Kapitän verliebt sich. Sie ist ein liebenswürdiges, ein einnehmendes Mädchen, ganz nach dem Wunsche der Eltern; und die bereits behagliche Familie gewinnt einen neuen Zauber, dadurch, daß sie sie in ihren Kreis aufnimmt, und durch all die Traulichkeit, die sich über das häusliche Leben ausbreitet, wenn nur die Andeutung da ist, daß die ältere Generation nun sich in einer neuen verjüngen wird. Der Kapitän ist wirklich verliebt. Aber wirklich verliebt sein ist doch wohl keine spezifische Bestimmung des Christlichen! Es haben doch wohl Liebende genau so in Griechenland gelebt wie im Christentum, ja die erotische Bestimmung ist eigentlich nicht christlich. Die Hochzeit wird anberaumt; man findet, daß die Kirchenhochzeit das Feierlichste ist. Der Vater des Kapitäns ist der Meinung, daß eine Kirchenhochzeit durch den Eindruck der hohen Kirchengewölbe, der Orgeltöne, durch die ganze Umgebung und weil der Pfarrer in die richtige Umgebung gebracht ist, die Seele ganz anders feierlich stimmt, als wenn man in einer Kutsche zu einem Pfarrer sich schleicht, um auf einem Präsentierteller getraut zu werden. Dazu kommt, was auch der Vater des Kapitäns gesagt hat, „daß eine Nemesis weilt über aller Geheimnistuerei;

daß jede zustoßende Fatalität eine fast ridiküle Macht über einen bekommt. Wenn so die Kutsche falsch führe oder umschlüge und ein Auflauf entstände – wenn es eine bekannte und offizielle Sache wäre, daß die Verunglückten zu einer Kirchenhochzeit sollten, nun ja, es wäre immer eine unbehagliche Störung; aber wenn es ein Geheimnis wäre und sein sollte, wenn es eine stille Hochzeit wäre!" So steht der Kapitän vor dem Altar mit seiner jungen Braut – ein anmutiges Paar! Und der Pfarrer fragt: Haben Sie mit Gott und ihrem Gewissen sich und so weiter. Was soll der Kapitän antworten? Nun ja, das folgt doch wohl von selbst, daß der Kapitän, der, erotisch verstanden, wirklich verliebt ist, sich nicht zweimal fragen läßt, ob er das Mädchen haben will. Er antwortet also: ja – nicht zu laut und nicht zu leise, sondern eben mit der edlen, selbstbewußten und doch bescheidenen Haltung, die einem jungen Mann so wohl ansteht. Ob dieses Ja just ganz genau die Antwort auf die Frage des Pfarrers ist, fällt dem Kapitän garnicht ein; er ist glücklich in seiner Verliebtheit, er ist glücklich und vertrauensvoll und brav bei sich selbst überzeugt, daß er das Mädchen so glücklich machen wird, wie er vermag. – So werden die Eheleute vereinigt. Die Töne der Orgel brausen weltlich zum Abschied, der Zug setzt sich in Prozession, die Menge sieht bewundernd, fast neidisch, auf das einnehmende Paar; und jeder, der Gelegenheit hat genauer zu sehen, sieht die Verliebtheit aus den Augen des Kapitäns leuchten. Ja, es ist Grund, neidisch zu werden auf ihn; Grund für die Familie, stolz auf ihn zu sein: jung ist er, begabt, glücklich entwickelt, männlich schön, brav genug, um in Wahrheit verliebt zu sein, glücklich durch seine Verliebtheit, treu in aufrichtigem Entschluß.

Lassen wir dies in der geographischen Christenheit vorgegangen sein; wer ist nun mehr betrogen worden im Verhältnis zum Christentum als gerade unser Kapitän! Denn der, welcher niemals etwas vom Christentum gehört hat, ist nicht betrogen; aber der, welcher, ohne den geringsten entscheidenden Eindruck vom Christlichen zu bekommen, von Anfang an darin bestärkt worden ist, daß er Christ sei – er ist betrogen. Wie in aller Welt soll es ihm einfallen, sich darum zu bekümmern, wie weit er ist, oder wohl sich sogar darum bekümmern, zu werden, was zu sein er seit seiner ersten Erinnerung so ohne weiteres überzeugt gewesen ist.

Und in dieser Überzeugung hat ihn alles bestärkt. Nichts hat ihn aufgehalten; die Eltern haben nichts gesprochen über das Christliche, sie haben gedacht: Das muß der Pfarrer tun; und der Pfarrer hat gedacht: Den Jungen in der Religion unterrichten, das kann ich schon, aber ihm den entscheidenden Eindruck eigentlich beibringen, das muß Sache der Eltern bleiben. So ist er aufgewachsen, konfirmiert worden, Leutnant, Kapitän – nun christlicher Ehemann.

Wollte einer, der nicht Pfarrer wäre, unsern Kapitän im Ernst fragen, ob er ein Christ sei: so würde der Kapitän zweifellos lächeln. Es wäre nichts Rohes und Beleidigendes in diesem Lächeln, als wollte er dadurch den Frager verstehn lassen, daß er ein ziemlich dummer Mensch sei, nein, dazu ist der Kapitän zu gebildet, denn er ist wirklich ein gebildeter junger Mann. Aber er würde unwillkürlich lächeln, weil die Frage ihm ebenso sonderbar vorkäme, wie wenn ihn einer fragte, ob er wirklich ein Mensch sei. Wenn dann etwa am Abend im Hause unseres Kapitäns am Teetisch die Geschichte von Sokrates erzählt würde, wie er gesagt haben soll, daß er nicht mit Bestimmtheit wüßte, ob er ein Mensch sei, so würde der Kapitän vielleicht sagen: „das ist unleugbar ironisch genug, und man kann nicht lassen, darüber zu lächeln, aber auf der andern Seite liegt doch auch etwas Sonderbares darin, solche Zweifel vorzubringen, welche die allerersten und simpelsten und notdürftigsten Voraussetzungen des Lebens berühren; so war da heute ein Mann, der mich im Ernste fragte, ob ich ein Christ sei. Solche Betrachtungen müssen einen außerdem ganz lebensüberdrüssig machen, wenn man, anstatt etwas zu werden in der Welt, sich damit aufhalten soll, nachzudenken, ob man ein Mensch ist, oder, was in einem christlichen Land dasselbe ist, ob man ein Christ ist. Eine andre Sache ist es, wenn man in der Theologie Karriere machen will. Aber ein Offizier kann sich doch wahrlich damit begnügen, es als gegeben hinzunehmen, daß er Mensch ist und Christ, wenn er nur mit Anstand dem Religösen nicht zu nahe tritt und sich nicht ungebildeten Spott herausnimmt." Und die junge Frau des Kapitäns wird sich nicht wundern über diese Rede; sie ist in jeder Weise davon überzeugt, daß er ein Mensch ist, und sie wünscht, daß nichts ihn aufhalte, General zu werden.

Denken wir uns jetzt das Gegenteil, daß einer durch eine

strenge christliche Erziehung bereits als Kind einen entscheidenden Eindruck vom Christlichen bekommen hat. Soll dies geschehn, so müssen die Eltern selbst wesentlich Christen sein, so daß das Kind den fortwährenden Eindruck davon hat, wie die Eltern zum täglichen Gebrauch ein religiöses Leben führen, sich mit dem Christlichen beschäftigen, sowohl zu ihrer Erbauung, wie, um es in ihrem Wandel auszudrücken. So wächst das Kind denn auf, und in dem Alter, da es am empfänglichsten ist, und dessen Gedächtnis das treueste ist, wird das entscheidende Christliche sich unvergeßlich einprägen in seine Seele und seinen Charakter κατὰ δύναμιν modifizieren. Denn sollte, wie gesagt, die Tatsache, daß man heutzutage so selten einen Charaktermenschen trifft, nicht damit zusammenhängen, daß man keine rechte Vorstellung davon hat, was Erziehung ist; daß man Lernen (discere) verwechselt mit Erzogenwerden, Lernen mit Gehorchen lernen, Sichbeugen unter mächtige und tägliche Eindrücke des Ethischen und des Religiösen.

Daß nun ein solches Kind, weil es eine ernste christliche Erziehung bekommen hat, im strengeren Sinn ein Christ sein sollte, wäre wieder ein Sinnesbetrug; und nächst dem, Christ zu sein, weil man von christlichen Eltern geboren ist, kommt der Fehlschluß: Seine Eltern waren fromme Christen, ergo ist er ein Christ. Nein, die unvergeßlichen und tiefen Eindrücke des Christlichen in der Erziehung sind nur eine Voraussetzung.

So geht denn dieses Kind auch hinaus in die Welt. Voraussetzungen in Hinsicht auf Christ werden hat es unleugbar; es ist, menschlich gesprochen, für es getan, was menschlich möglich ist. Aber Entscheidung ist noch keine da; denn wenn sein Ja am Konfirmationstag auch die Konsequenz der Erziehung ist, so ist es doch noch nicht das Entscheidende.

Mit den Jahren werden nun vermutlich ganz andere Seiten des Lebens, ganz andere Faktoren in der Seele sich geltend zu machen suchen; der junge Mensch wird Eindrücke verspüren, die ihm ganz unbekannt sind. Denn die strenge christliche Erziehung ist eine Voraussetzung, und eine solche, in die er hineinwachsen muß, um sie recht zu übernehmen. Wie Eltern für ihre Kinder in dem Alter, da sie am stärksten wachsen, die Kleider etwas größer anfertigen lassen, zum Hineinwachsen: so kann man im Sinne des

Ernstes von dem sagen, der eine strenge christliche Erziehung bekommen hat, daß seine Eltern ihm ein Kleid geschenkt haben, das gemacht ist zum Hineinwachsen, aber auch ein Kleid, aus dem keiner herauswachsen kann. – Der junge Mensch wird nun Bekanntschaft machen mit der Welt und dem Weltlichen; es kommt vielleicht eine Zeit, da es, naiv, ihm sonderbar vorkommt, daß seine Eltern ihm die frohe Botschaft verschwiegen haben, die auf dem Tanzplatz der Jugend verkündigt wird; bekommt das Weltliche Macht, ihn mit sich zu reißen, so kommt vielleicht eine Zeit, da er ungeduldig meint, daß die Eltern ihn betrogen haben. Denn der Kapitän, der wird vermutlich niemals entdecken, daß er betrogen ist; er ist gerade gebildet durch das und eingeweiht in das, wobei sein Leben sein Bewenden hat. Aber der andre, der als Kind nichts von alledem gehört hat, was die Herrlichkeit der Welt zu bieten hat, oder nur die strenge Warnung davor gehört hat: Er steht mit der Voraussetzung seiner strengen christlichen Erziehung wie ein Fremder, ja wie ein Betrogener in all dieser Weltlichkeit, die nun, da er selber nachsehn soll, ganz anders erscheint, als wie sie ihm als Kind beschrieben wurde.

Indes ist für diesen Menschen, menschlich gesprochen, getan, was getan werden kann; sein Leben muß sich so für ihn darlegen, daß er einer Katastrophe nicht entgehen kann; er muß zu einer Entscheidung kommen, ob er Christ werden will oder ob er das Christentum wirklich aufgeben will. Und ist es wahr, was Sokrates sagt, daß es das Furchtbarste von allem ist, sein Leben in einem Irrtum zu haben, so muß dieser junge Mensch glücklich gepriesen werden; denn selbst wenn er fehlgereift und verzweifelt, muß er es auf so entscheidende Weise tun, daß gerade aus diesem Grund eine Hoffnung auf Rettung bleibt. Denn es ist wahrlich so: die verzweifelteste Entscheidung ist doch diesem schleichenden Leben vorzuziehn, das sich von Jahr zu Jahr in illusorischer Sicherheit wegschleicht.

In einem christlichen Land (und es ist doch eine Frage, ob nicht etwas Sophistisches darin liegt, das prädikat „christlich" ohne weiteres mit so abstrakten Bestimmungen wie: Land, Staat, Volk, Reich zusammenzusetzen, welche die Bestimmung der persönlichen Individualität und Subjektivität und Einzelheit überfliegen) besteht für jeden die gefahrvolle Möglichkeit, der höchsten Entscheidung verlustig zu gehn: Christ werden.

Man könnte anfangen zu weinen, wenn man den Zustand des Christentums in der Christenheit bedenkt und was bei dem Gepredige immer und immer wieder benutzt wird, und zwar mit der größten Suffisance, als sagte man etwas höchst Schlagendes und Überzeugendes. Da heißt es denn: Christus habe selbst direkt gesagt, er sei Gott, der Eingeborene des Vaters; man perhorresziert alle Verborgenheit als Christi unwürdig, als Tand und Eitelkeit bei einer so ernsten Sache, der allerernstesten Sache, dem Heile der Menschheit; man versichert, daß Christus auf direkte Fragen direkte Antworten gegeben habe. Ach, dergleichen Pfarrer wissen gar nicht, wovon sie reden; es ist ihren Augen gleichsam verborgen, daß sie das Christentum abschaffen. Der, welcher den Juden ein Ärgernis, den Griechen eine Torheit war, das Mysterium, durch das alles offenbar wurde, aber im Mysterium: den macht man menschlich zu solch einem ernsthaften offiziellen Mann, der beinahe ebenso ernsthaft ist wie der Herr Pfarrer. Wenn man sich nur die Mühe gäbe, ihn so in direkter derber Gemütlichkeit anzusprechen und zu fragen: „sag mir nun mal in vollem Ernst", so bekommt man ohne Furcht und Zittern vor der Gottheit, ohne den Todeskampf, der die Geburt des Glaubens darstellt, ohne das Schauern, das bei der Anbetung zuerst da ist, ohne allen Schrekken vor der Möglichkeit des Ärgernisses das sofort zu wissen, was nicht direkt gewußt werden kann.

Ja, gewiß hat Christus ganz direkt von sich selber gesagt, er sei der Eingeborene des Vaters, was also bedeutet, daß das *Zeichen des Ärgernisses* es *ganz direkt* gesagt hat – was will das aber sagen? Sieh, hier halten wir wiederum inne. Ist er das Zeichen des Ärgernisses, so kann er nicht direkte Mitteilung geben, das heißt, die Aussage kann zwar ganz direkt sein, aber daß er dabei ist, daß er, das Zeichen des Ärgernisses, es sagt, verursacht, daß es zu einer indirekten Mitteilung wird. Ja, gewiß hat Christus gesagt: „glaubt an mich", was ja eine ganz direkte Aussage ist. Wenn nun aber der, der dies sagt, das Zeichen des Widerspruchs ist, wie dann? Dann ist diese direkte Aussage in seinem Munde gerade der Ausdruck dafür, daß das Glauben nichts so ganz Direktes ist oder daß diese Aufforderung von ihm zu glauben, selbst indirekte Mitteilung ist.

Und was nun den Ernst betrifft, so verstehen sich diese Herren Pfarrer ebensogut auf den Ernst wie auf das Christentum überhaupt. Der Ernst besteht gerade darin, daß Christus keine direkte Mitteilung geben kann, daß die einzelne direkte Aussage, genau wie das Wunder, nur dazu dienen kann, aufmerksam zu machen, so daß der Aufmerksamgemachte dann, indem er auf den Widerspruch stößt, wählen kann, ob er glauben will oder nicht.

Aber man verwirrt das Christliche auf jede Weise. Man macht Christus zur spekulativen Einheit von Gott und Mensch; oder man verwirft Christus ganz und nimmt seine Lehre; oder man macht Christus in vollem Ernst zu einem Götzen. Geist ist Leugnung der direkten Unmittelbarkeit. Ist Christus wahrer Gott, so muß er in Unkenntlichkeit sein, in Unkenntlichkeit gehüllt, welche die Leugnung aller Direktheit ist. Die direkte Kenntlichkeit ist gerade charakteristisch für den Götzen. Aber dazu macht man nun Christus, und das soll dann Ernst sein. Man nimmt die direkte Aussage, bildet phantastisch eine dementsprechende Gestalt (am liebsten sentimental mit mildem Blick, freundlichen Augen, oder worauf sonst ein alberner Pfarrer verfallen mag), und dann ist es *direkt* ganz gewiß, daß Christus Gott ist. Oh, widerliche, sentimentale Leichtfertigkeit! Nein, ganz so leichten Kaufs kommt man doch nicht dazu, Christ zu werden. Er ist das Zeichen des Widerspruchs, und durch die direkte Aussage fesselt er dich allein deshalb an sich, damit du nun auf den Widerspruch stoßen mußt und die Gedanken deines Herzens offenbar werden, indem du wählst, ob du glauben willst oder nicht.

Besonders in frühen Zeiten ist viel und oft von den Leiden Christi geredet worden, wie er verspottet, gegeißelt und gekreuzigt worden sei. Darüber aber scheint man eine ganz andere Art von Leiden zu vergessen, das Leiden der Innerlichkeit, das Seelenleiden, oder das, was man das Geheimnis seiner Leiden nennen müßte, welches von seinem Leben in der Unkenntlichkeit untrennbar war, von seinem ersten Auftreten an bis zum letzten.

Es ist immer schmerzlich, eine Innerlichkeit verbergen zu müssen und als ein anderer erscheinen zu müssen. So ist es schon in bloß menschlichen Verhältnissen. Das ist das schwerste menschliche Leiden; und wer so leidet, ach, der leidet an einem Tage oft mehr als alle leiblichen Qualen zusammen. Ich möchte es nicht übernehmen zu entscheiden, ob es wirklich solche Kollision gibt, ob ein Mensch, wenn er eine solche Kollision erlebt, nicht zugleich jeden Augenblick lang, den er darin verharrt, sündigt; ich spreche nur von dem Leiden selber. Die Kollision entsteht dann, wenn man aus Liebe zu einem anderen Menschen eine Innerlichkeit verbergen und als ein anderer erscheinen muß. Die Schmerzen sind nur seelisch und dabei so zusammengesetzt wie nur möglich. Es ist aber nicht gut, daß ein Schmerz zusammengesetzt ist, denn mit jeder neuen Komponente bekommt er noch einen Stachel mehr. Das Schmerzliche besteht nun zuerst in dem eigenen Leiden; denn es ist selig, im Verständnis der Liebe, der Freundschaft einem anderen Menschen anzugehören, so ist es schmerzlich, diese Innerlichkeit für sich selber behalten zu müssen. Dann ist es ein Leiden um des anderen willen; denn die Fürsorge der Liebe, die Liebe, die alles tun möchte, ja, das Leben für den anderen opfern würde, findet hier in einer Weise ihren Ausdruck, die eine erschreckende Ähnlichkeit mit der höchsten Art Grausamkeit haben kann – ach, und dabei ist es doch Liebe. Schließlich ist bei diesem Leiden die Verantwortung das Schmerzliche. Das hieße also: aus Liebe die eigene Liebe unmittelbar zerstören; aus Liebe grausam gegen das Geliebte sein; aus Liebe diese ungeheure Verantwortung auf sich zu nehmen.

Nun aber der Gott-Mensch. Der wahre Gott *kann* nicht direkt kenntlich sein; aber um die direkte Kenntlichkeit möchte ihn das Bloß-Menschliche bitten, möchten die Menschen, zu denen er kam, ihn als um eine unbeschreibliche Linderung bitten und anflehen. Und aus Liebe wird er Mensch. Er ist die Liebe, und doch muß er jeden Augenblick, in dem er auf Erden ist, alles menschliche Mitleid und alle menschliche Fürsorge gleichsam kreuzigen – denn er kann nur der Gegenstand des Glaubens werden. Alles aber, was nur menschliches Mitleid ist, steht in Beziehung zur direkten Kenntlichkeit. Doch wird er nicht Gegenstand des „Glaubens“, so ist er nicht wahrer Gott, und ist er nicht wahrer Gott, so rettet er auch nicht den Menschen. Durch den Schritt, den er also aus Liebe tut, wirft er jenen Menschen, die Menschheit, auf einmal in die schrecklichste Entscheidung. Ja, es ist beinahe, als hörte man einen Schrei menschlichen Mitleids: Oh, warum tust du das? Und doch tut er es aus Liebe, tut er es, um die Menschen zu retten.

Aber mitten im Schrecken dieser Entscheidung muß er sie fern von sich halten, damit sie ihm überhaupt im Glauben gerettet angehören sollen – und dabei ist er die Liebe. Aus Liebe will er für die Menschen alles tun, er gibt sein Leben für sie hin, er erleidet für sie den schmählichen Tod – und er erleidet für sie dieses Leben, in dem er in göttlicher Liebe, Mitleid und Erbarmen (gegen das doch alles menschliche Mitleiden für nichts zu rechnen ist) – menschlich gesprochen – so hart sein muß. Sein ganzes Leben ist das Leiden der Innerlichkeit. Und als dann der letzte Abschnitt seines Lebens mit dem nächtlichen Verrat beginnt, da erleidet er leiblichen Schmerz und Mißhandlung; er leidet dadurch, daß er von einem Freund verraten wird, daß er allein steht, verlacht, verspottet, bespien, in Dornenkrone und Purpurmantel; allein mit seiner, menschlich gesprochen, verlorenen Sache – seht, welch ein Mensch, allein unter seinen rasenden Feinden – in dieser entsetzlichen Umgebung; verlassen von allen seinen Freunden – welch fürchterliche Einsamkeit! Doch so kann auch ein Mensch leiden – er kann dieselbe Mißhandlung erleiden, kann es erleiden, daß ihn sogar der beste Freund verläßt; aber doch auch nicht mehr; wenn dies überstanden ist, ist der Leidenskelch eines Menschen geleert. Ihm dagegen wird er noch einmal gefüllt, der allerbitterste Kelch: Er leidet, weil dies sein Leiden für die wenigen Glaubenden zum Ärgernis werden könnte und tatsächlich wird. Zwar leidet er nur einmal, aber er darf sich nicht wie ein Mensch damit begnügen, einmal zu leiden, sondern er leidet das schwerste Leiden noch einmal in Sorge und Angst, daß sein Leiden zum Ärgernis werde.

Dies Leiden kann kein Mensch begreifen, und es begreifen wollen, wäre Vermessenheit.

Was mich selbst angeht, der ich alles darzustellen versuche, so bin ich hier vielleicht eine kleine Erklärung schuldig. Ich lasse vielleicht gelegentlich eine so genaue Kenntnis der verborgenen Innerlichkeit, des eigentlichen Leidens der Selbstverleugnung erkennen, daß man möglicherweise auf den Gedanken kommen könnte, ich sei – wenn auch nur auf menschliche Weise – einer von „jenen", einer jener seltenen edlen Menschen. Dies ist keineswegs der Fall. Ich habe auf eine sonderbare Weise, und nicht gerade um meiner Tugend willen, eher um meiner Sünden willen, rein formal Wissen um Existenzgeheimnisse und Existenzgeheimnisvolligkeit erhalten, die sicherlich nicht für recht viele vorhanden sind. Ich rühme mich dessen nicht; denn nicht um meiner Tugend willen bin ich dieses Wissens teilhaftig geworden. Aber ich bestrebe mich redlich, dies Wissen zur Beleuchtung des menschlich Wahren zu benutzen, wie auch des – menschlich – wahren Guten. Und dies wiederum benutze ich dazu, womöglich auf das Heilige aufmerksam zu machen – wobei ich doch unaufhörlich darauf hinweise, daß kein Mensch dieses Heilige begreifen könne, denn dabei beginne und ende alles in der Anbetung. Denn begriffe man auch das Rein-Menschliche, und begriffe man es ganz, so ist dieses Verständnis beim Gott-Menschen doch ein Mißverständnis.

Welche Verantwortung ich trage, versteht niemand so gut wie ich selber; niemand bemühe sich daher, mich zu erschrecken, denn vor dem, der ganz anders erschrecken kann, stehe ich in Furcht und Zittern. Aber nur wenige verstehen auch wie ich, daß man das Christentum in der Christenheit abgeschafft hat.

Die Möglichkeit des Ärgernisses ist, wie wir zu zeigen suchten, in jedem Augenblicke vorhanden und bestätigt jeden Augenblick die klaffende Tiefe, über die allein der Glaube reicht. Dies ist also, um es immer wieder zu wiederholen, nichts Zufälliges, indem es sich nicht so verhält, daß einige die Möglichkeit des Ärgernisses merken und andere nicht; nein, die Möglichkeit des Ärgernisses ist der Anstoß für alle, sei es daß sie nun den Glauben wählen oder sich ärgern. Die Mitteilung beginnt also mit einem Rückstoß. Mit einem Rückstoß beginnen, bedeutet aber die direkte Mitteilung verweigern. Dies ist leicht einzusehen, es bietet sich der Anschauung beinahe sinnlich dar. Von dem, was sich direkt darbietet, kann man nicht sagen, daß es zuerst abstoße; was sich aber so darbietet, daß es zuerst abstößt, von dem kann nicht gesagt werden, daß es sich direkt darbiete. Man kann aber auch nicht sagen, daß es nur abstoße; denn es bietet sich an, aber doch so, daß es zuerst abstößt.

Nimm aber die Möglichkeit des Ärgernisses fort, wie man das in der Christenheit getan hat, so ist das ganze Christentum direkte Mitteilung, und dann ist das ganze Christentum abgeschafft und ist etwas Leichtes und Oberflächliches geworden, was weder tief genug verwundet noch heilt, die unwahre Erfindung des bloß menschlichen Mitleids, die den unendlichen qualitativen Unterschied zwischen Gott und Mensch vergißt.

Die Möglichkeit des Ärgernisses, das, womit begonnen wird, ist im tiefsten Sinne der Ausdruck dafür, daß aufmerksam gemacht wird, oder dafür, daß von einem Menschen die größtmögliche Aufmerksamkeit verlangt wird (und zwar nach einem Maßstabe, der anders ist als ein bloß menschlicher, indem es nach göttlichem Maßstabe geschieht), nämlich für die Entscheidung, gläubig zu werden oder nicht. Auch die direkte Mitteilung sucht vielleicht den Empfänger, so gut sie kann, aufmerksam zu machen: Sie bittet und beschwört ihn, sie legt ihm die Wichtigkeit der Sache recht ans Herz, sie mahnt, droht usw. – was aber alles wiederum direkte Mitteilung ist und darum weder Ernst genug für die höchste Entscheidung enthält noch genug Aufmerksamkeit erregt.

Nein, es fängt damit an, daß die direkte Mitteilung verweigert wird – darin liegt der Ernst. Die Möglichkeit des Ärgernisses ist fürchterlich, und doch ist sie, gleichwie das Gesetz im Verhältnis zum Evangelium, die Strenge, die mit zum Ernst gehört. Es gibt keine direkte Mitteilung und keinen direkten Empfang: Es gibt nur eine Wahl. Es wird nicht gelockt und ermahnt wie bei der direkten Mitteilung, wo sich dann so ganz unversehens, so nach und nach der Übergang vollzieht, es immerhin so anzunehmen, sich davon überzeugt zu haben, der Meinung zu sein usw. Nein, es wird eine ganz bestimmte Art des Empfanges gefordert: die des Glaubens! Und der Glaube ist selbst eine dialektische Bestimmung. Glaube ist eine Wahl, keineswegs die direkte Annahme – und der Annehmende ist der, der offenbar wird, ob er glauben oder sich ärgern will.

Aber die ganze moderne Philosophie hat alles getan, um uns weiszumachen, daß Glaube eine unmittelbare Bestimmung sei, das Unmittelbare selber sei, was wiederum damit zusammenhängt, daß man die Möglichkeit des Ärgernisses abgeschafft, das Christentum zu einer Lehre gemacht, den Gott-Menschen und die Situation der Gleichzeitigkeit abgeschafft hat. Was die moderne Philosophie unter Glauben versteht, ist eigentlich das, was man eine Meinung nennt, oder was man in der gewöhnlichen Umgangssprache glauben nennt. Das Christentum wird zu einer Lehre gemacht; diese Lehre wird dann einem Menschen verkündigt, und der glaubt nun, es sei so, wie diese Lehre sagt. Das nächste Stadium wird darum sein, diese Lehre zu „begreifen", was die Philosophie tut. Dies wäre alles ganz richtig, wenn das Christentum eine Lehre wäre. Da es das indessen nicht ist, so ist dies auch völlig verkehrt. Glaube im prägnanten Sinne bezieht sich auf den Gott-Menschen. Aber der Gott-Mensch, das Zeichen des Widerspruchs, verweigert die direkte Mitteilung – und fordert den Glauben.

Daß direkte Mitteilung-verweigern Glauben-fordern heißt, kann man ganz einfach an bloß menschlichen Verhältnissen nachweisen, wenn man sich nur dabei daran erinnert, daß sich Glaube im eminentesten Sinne auf den Gott-Menschen bezieht. Laßt uns dies einmal betrachten, und zwar laßt uns dazu das Verhältnis von zwei Liebenden benutzen. Ich gehe dabei zunächst von folgendem Verhältnis aus: Der Liebende versichert der Geliebten seine Liebe in den glühendsten Ausdrücken, und sein ganzes Wesen entspricht dieser Versicherung, es ist fast lauter Anbetung – er fragt nun die Geliebte: „Glaubst du, daß ich dich liebe?" Die Geliebte antwortet darauf: „Ja, ich glaube es". So pflegen wir zu reden. Laßt uns dagegen annehmen, der Liebende bekäme die Idee, die Geliebte prüfen zu wollen, ob sie ihm nun auch glaubt. Was täte er dann? Er würde alle direkte Mitteilung entfernen und sich in ein Doppelwesen verwandeln; in der Möglichkeit sieht es täuschend so aus, als könnte er ebenso gut ein Betrüger sein wie ein treuer Liebhaber. Das heißt, er macht sich zu einem Rätsel. Aber was ist ein Rätsel? Ein Rätsel ist eine Frage; und wonach fragt diese Frage? Sie fragt, ob die Liebende ihm glaubt. – Ich will nun nicht entscheiden, ob er das Recht dazu hat; ich verfolge nur die Denkbestimmungen; und in jedem Fall darf man nicht vergessen, daß ein Mäeutiker bis zu einem gewissen Punkte dasselbe tut und die dialektische Doppeldeutigkeit aufstellt, wenn auch in ganz entgegengesetzter Absicht, gerade um den anderen Menschen von sich selbst abzuwenden, um ihn nach innen gewandt zu machen, um ihn frei zu machen, nicht, um ihn zu sich zu ziehen. – Man wird leicht den Unterschied in dem Benehmen des Liebenden erkennen. Im ersten Fall fragt er direkt: „Glaubst du mir?" Im anderen macht er sich selber zu einer Frage: ob sie ihm glaubt. Vielleicht wird er es bitter bereuen, daß er sich dies erlaubte, jedoch damit habe ich hier nichts zu schaffen, da ich nur die Denkbestimmungen verfolge. Dialektisch gesehen ist es jedenfalls ganz sicher, daß die letztere Methode eine weit gründlichere Weise darstellt, Glauben zu fordern. Die Absicht dieser Methode geht darauf aus, die Geliebte durch eine Wahl offenbar zu machen; sie muß nämlich nun aus dieser Doppelheit wählen, welche Gestalt sie für die wahre hält. Wählt sie nun die Gestalt des guten, so wird offenbar, daß sie ihm glaubt. Es ist offenbar, denn er hilft ihr gar nicht; er hat sie im Gegenteil durch die Doppelheit ganz auf sich gestellt, ohne irgendwelche Unterstützung. Er ist eine Doppelheit, und nun ist die Frage, wie sie über ihn urteilt; er aber versteht es auf andere Weise, indem er sieht, daß nicht über ihn geurteilt wird, sondern über sie, die durch ihr Urteil offenbar wird. Ob er das Recht dazu hat, will ich jetzt nicht entscheiden, da ich nur die Denkbestimmungen verfolge. Seine Methode, die, solange sie dauert, ihm vielleicht unbeschreibliche Leiden, Unruhe und Kummer bereitet, ist zugleich eine eisige, unmenschliche Gleichgültigkeit und doch wiederum die potenzierteste Leidenschaft. Aber er fordert Glauben. Und dialektisch hat er recht, daß das Glauben allzu direkt ist, wenn man direkt Mitteilung erhält. Und etwas derartiges versteht das Christentum nie unter Glauben. Der Gott-Mensch muß Glauben fordern und die direkte Mitteilung verweigern, um eben Glauben zu verlangen. Er kann in gewissem Sinne nicht anders. Als Gott-Mensch ist er von jedem Menschen qualitativ verschieden, deshalb muß er die direkte Mitteilung verweigern, muß Glauben fordern und verlangen, der *Gegenstand des Glaubens* zu werden.

Im Verhältnis zwischen Mensch und Mensch muß und soll sich der eine Mensch mit der Versicherung des anderen begnügen, daß er ihm glaube; kein Mensch hat das Recht, sich dem anderen zum Gegenstand des Glaubens zu machen. Will der eine im Verhältnis zum anderen die dialektische Verdoppelung anwenden, so soll er sie ja gerade umgekehrt, mäeutisch, anwenden, gerade um es zu vermeiden, dem anderen der Gegenstand des Glaubens werden zu müssen oder irgendeine Approximation dazu. Die dialektische Doppelheit ist das Vorläufige; die Unwahrheit kommt unzweifelhaft mit dem Folgenden, wenn der Mensch, statt die dialektische Doppelheit nur zum Parieren zu benutzen, das Vermessene geschehen läßt, daß er einem anderen Menschen zum Gegenstand des Glaubens wird. Doch selbst wenn dies nur mäeutisch geschieht, möchte ich nicht entscheiden müssen, inwieweit dies im christlichen Sinne noch zu billigen wäre.

Aber nur der Gott-Mensch kann nicht anders, sondern muß – da er qualitativ vom Menschen verschieden ist – fordern, der Gegenstand des Glaubens zu sein. Wird er dies nicht, so wird er sein Abgott – und darum muß er die direkte Mitteilung verweigern, indem er den Glauben fordern muß.

So untrennbar ist die Möglichkeit des Ärgernisses vom Glauben, daß der Gott-Mensch, wenn nicht die Möglichkeit des Ärgernisses wäre, nicht Gegenstand des Glaubens sein könnte. Die Möglichkeit des Ärgernisses ist also, in den Glauben aufgenommen, vom Glauben assimiliert, das negative Kennzeichen des Gott-Menschen. Denn bestünde die Möglichkeit des Ärgernisses nicht, so gäbe es direkte Kenntlichkeit, und dann wäre der Gott-Mensch ein Abgott; die direkte Kenntlichkeit ist Heidentum.

Man sieht, wie wenig man sich dadurch um das Christentum verdient gemacht hat, daß man die Möglichkeit des Ärgernisses abgeschafft hat, und indem man es zu einem liebenswürdigen und sentimentalen Heidentum machte.

Denn dies ist das Gesetz: Wer den Glauben abschafft, der schafft die Möglichkeit des Ärgernisses ab, so wie es die Spekulation dadurch tut, daß sie das Begreifen an die Stelle des Glaubens setzt, und wer die Möglichkeit des Ärgernisses abschafft, der schafft den Glauben ab, wie es in dem schmachtenden Gepredige geschieht, durch das Christus die direkte Kenntlichkeit lügnerisch angedichtet wird. Ob man nun aber den Glauben oder die Möglichkeit des Ärgernisses abschafft, so schafft man damit zugleich den Gott-Menschen ab. Und schafft man den Gott-Menschen ab, so schafft man das Christentum ab.

Und die 1800 Jahre haben sicherlich keinen Deut dazu beigetragen, die Wahrheit des Christentums zu beweisen, dagegen haben sie mit immer wachsender Macht dazu beigetragen, das Christentum abzuschaffen. Es verhält sich bestimmt nicht so, wie man konsequent annehmen müßte, falls man diesem Beweise durch die 1800 Jahre huldigt, daß man jetzt im 19. Jahrhundert von der Wahrheit des Christentums ganz anders überzeugt wäre als in der ersten und zweiten Generation; es verhält sich weit eher so – was freilich für die Verehrer jenes Beweises ziemlich satirisch klingen dürfte –, daß immer weniger Menschen von der Wahrheit des Christentums überzeugt wurden, je mehr angeblich der Beweis an Kraft hätte zunehmen müssen. So etwas kommt aber dabei heraus, wenn man den entscheidenden springenden Punkt in einer Sache ein für allemal verfehlt: es entsteht scheußliche Konfusion, die von Generation zu Generation zunimmt. Nun, wo das Christentum *bewiesen* ist, und zwar nach einem ungeheuren Maßstabe – nun gibt es niemanden mehr, so gut wie keinen mehr, der willig wäre, um dieses Christentums willen ein Opfer zu bringen. Als man seine Wahrheit – soll ich sagen: als man sie „nur" – *glaubte,* da opferte man Blut und Leben. Oh, fürchterliche Betörung! Daß man doch, wie jener Heide, der die Bibliotheken verbrannte, diese 1800 Jahre vernichten könnte – denn kann man das nicht, so ist auch das Christentum abgeschafft. Daß man doch diesen vielen Predigern, die die Wahrheit des Christentums aus den 1800 Jahren beweisen und dadurch die Menschen gewinnen, begreiflich machen könnte, wie schrecklich es ist, daß sie das Christentum verraten, verleugnen, abschaffen – kann man das nicht, so ist das Christentum abgeschafft.

11

Das Gebet als Streit mit Gott

Leider wünscht ein Mensch im allgemeinen zu viele Dinge, läßt die Seele in jedem Windzug flattern. Aber der, der betet, weiß doch Unterschiede zu machen, er gibt nach und nach auf, was nach seinem irdischen Begriff das unbedeutendere ist, da er damit nicht recht zu Gott kommen darf, und da er nicht wagt Gottes Güte zu verspielen, indem er immer um dies und jenes bettelt, sondern dagegen dem Begehren ob seines einzigen Wunsches desto mehr Nachdruck verleiht. Da sammelt er seine Seele Gott gegenüber auf einem Punkt seines Wunsches, und schon darin liegt für ihn eine Veredlung, die Vorbereitung zur Aufgabe aller Dinge; denn allein der kann alles aufgeben, der nur einen einzigen Wunsch hatte. So ist er vorbereitet im Streit mit Gott gestärkt zu werden und zu siegen, denn der rechte Beter streitet im Gebet und siegt dadurch, daß Gott siegt.

Auf der Walstatt geht es so zu, daß wenn die erste Reihe der Streitmacht gesiegt hat, die zweite Reihe dann überhaupt nicht zur Schlacht geführt wird, sondern bloß am Triumph teilnimmt. In der Welt des Geistes ist es nicht so. Hat ein Mensch nicht alles aufgeboten, den Sieg zu gewinnen, so bedeutet der Sieg wohl einen Sieg, zugleich aber, daß er bald in einen neuen Streit geführt werden soll, um dadurch zu siegen daß er verliert. Wie viele sind nun nicht die Streitenden, wie verborgen und geheim oft der Streit in eines Menschen Innern, denn das Sichtbare verrät nichts. Der Beter begehrt nichts vom Äußeren, sein Wunsch trachtet nicht nach etwas Irdischem, sein Gedanke ist damit beschäftigt, nicht um das viele bekümmert, nein, er sitzt still bei seinem Verlust, aber doch nicht untätig, denn er grübelt, und doch nicht unwirksam, denn er sucht nach einer Erklärung. Der Streit ist also noch innerlicher geworden. Er ist nicht darauf bedacht, Gott seinen Wunsch zu erklären, sich in seinem Gebet Gott verständlich zu machen, bei weitem nicht, er hat den Wunsch aufgegeben, er trägt das Entbehren, er schließt mit dem Schmerz einen Vergleich, und doch ist er von der *Erklärung* weit entfernt; sein Streit im Gebet ist, daß Gott sich ihm erkläre. Und dies Zeugnis darf er sich selber geben, daß er nicht ein Kind ist, das eine Erklärung zu finden meint, nur wenn es andere darum fragt, oder ein junges Mädchen, das sich darin hineinträumen will, nein, er arbeitet. Wenn das Leben am Tage lärmt, arbeitet sein Gedanke um den Lärm zu übertönen, in der Nacht, wenn alles still ist, arbeitet sein Gedanke, ja selbst im Augenblick der Ohnmacht, wenn sonst keiner arbeiten kann, arbeitet sein Gedanke doch, er arbeitet an festlichen Tagen ebenso wie an Arbeitstagen, und der Festtag ist ja noch nicht gekommen, daß er doch die Erklärung finden konnte. Denn was geschehen ist, muß ja das Beste sein, die Sehnsucht und der Schmerz müssen ihm ganz anders dienlich sein als die Erfüllung eines oder aller Wünsche – dienlich, ja, das ist der Name der Brücke, die er vom Schmerz zur Seligkeit hinüberwerfen will, ach, aber die Brücke wird ständig abgebrochen; dienlich, ja das ist der Name des Fährmanns, dessen Freundschaft er sich erkaufen will, ach, aber er schweigt; dienlich, ja so lautet der Name der Dämmerung, in welcher er Gott begegnen will, ach, aber die Zusage bleibt aus; dienlich, ja so heißt die Einführung, die er begehrt, daß er in das Verständnis eingeweiht werde, welches das Geheimnis des Leidens mit Gott ist! Oder ist das die Erklärung, daß Gott ihm das Verständnis abschlägt und nur den Glauben fordert und also nur das Verständnis mit ihm will, das im Unbegreiflichen liegt; denn das ist der Glaube, laßt uns nicht Gott und die Menschen und die Erprobten und Helden und die Sprache und die Nachkommen und die Geängstigten und uns selbst dadurch verspotten, daß wir ihn durch etwas anderes ersetzen wollen. Der Glaube liest das Verständnis nur wie in einer dunklen Rede, menschlich gesprochen eignet ihm nicht die Erklärung, sondern nur in einem gewissen sinnlosen Sinn, so daß es menschlich gesprochen der schlechteste Handel ist, der jemals in der Welt geschah. Aber so soll es auch sein, und Gott im Himmel ist noch nicht in Verlegenheit gekommen, er verkauft nicht aus, was auch die Menschen tun; und er ist ja unveränderlich, sagt der Verstand um den Geängstigten zu verspotten, der zu Gott schreit, aber sieh, sein Spott kommt über ihn selbst, denn wahrlich, er ist unverändert, er ist kein Freund der Feigheit und Weichlichkeit geworden, er ist nicht durch die Jahre schwächer geworden, daß er nicht mein und dein unterscheiden könnte und alles ihm durcheinander liefe, noch ist er selbst der erste Erfinder der Sprache und einziger Inhaber des Segens, er ist unverändert, selbst wenn er die Wünsche der Zeit nicht zufriedenstellen könnte! So ist es mit dem Glauben, er ist menschlich gesprochen der schlechteste und menschlich gesprochen der schwierigste Handel. Und wann kommt dann der Tröster? Christus antwortete den traurigen Jüngern, die er wie Kaufmannslehrlinge zu gutem Handel ausbildete: Wenn ich von euch gegangen bin. Und was war er für sie? Er war alles was sie besaßen, für sie war er ihr einziger unschätzbarer Besitz, für sie war er das tägliche Brot der Freude, er war ihnen die Erwartung der Seligkeit. Und kein Reicher wurde durch den Verlust von allem so arm, und kein Liebender wurde durch den Verlust der Geliebten so arm, und kein Hoffender wurde so arm wie die Jünger arm wurden. Doch mußte Christus weggehen, und „das ist euch zum Heil". Sieh, das ist die Erklärung des Glaubens, ob die Jünger menschlich gesprochen ihn verstanden oder verstehen konnten? Und dann kommt der Tröster. Wann? Ja, wenn das geschehen ist. Aber kommt er sofort; denn auch danach fragen wir, wenn wir fragen: Wann? Oder war es so bald für die Jünger, war es so bald für Abraham, da der Trost 70 Jahre zu kommen brauchte? Oh, gesegnet sei der Mann, der dem Sorgenvollen zu singen weiß, der den zu unterstützen weiß, dessen Knie schlapp und dessen Gang schwankend geworden ist, den zu leiten, der durch Anstarren blind wurde, weil er nur hoffnungsloses Elend um sich sah; aber fort mit all der losen Rede, die die Zeit des Sorgenvollen abkürzen will, aber durch Sorgen nicht selbst gelernt hat, was es heißt, die Stunden zu zählen, all der losen Rede, die die Gestalt des Trostes hat, nicht aber seine Kraft, all dem Wortschwall, der Wortklang in den Ohren hat, aber im Munde des Speisenden widerliche Unwahrheit ist! Nein, der Tröster kommt nicht sofort, und das einzige was ein Mensch sich selbst und andern sagen darf ist, daß er kommt, er kommt so wahr Gott lebt.

Dann kommt der Tröster mit der Erklärung, dann macht er alles neu, nimmt dem Sorgenvollen die Trauerkleider ab und gibt ihm ein neues Herz und einen gewissen Geist. Inzwischen kann die Zeit vergehen. Sollte der Streiter, in der Meinung alles verloren zu haben, sich selbst getäuscht haben, sollte seine Seele in der einen oder andern Hinsicht ein weltliches Wohlbefinden mit Hilfe menschlicher Täuschung erfahren, so ist es noch Zeit. Da kann die Verkennung Zeit erhalten, um den zu kränken, der alles verlor, da kann die Undankbarkeit Zeit und Mut bekommen, auf sich selber zu pochen und dem zu trotzen, der von dem Schrei verleitet, als handele es sich um Lebensgefahr, sich in die Gefahr wagte und selbst da blieb wo der Schreiende sich eingebildet hatte zu sein; da kann der Spott Zeit erhalten zu verletzen, indem er den menschlichen Beweis von dem verlangt, der nur seine Leiden zum Beweis dafür hat, daß Gott Liebe ist; da kann die Schande Gelegenheit erhalten, die Gesellschaft des Schadens zu suchen. Wieviel neuer Schmerz kann nicht noch vorbehalten sein, wie heimlich und verborgen kann er nicht den treffen, der glaubte, alles verloren zu haben. Aber sieh, das alles hilft zur Erklärung!

So wird also um eine Erklärung gestritten, und das Gebet ist das Mittel, wodurch die Erklärung so werden soll wie er um sie bittet. Einer kämpft mit aller Macht dagegen, daß die Erklärung ihn schuldig machen sollte, nein, es sei alles Fügung, alles von Gott, um den Liebenden zu prüfen, zu läutern, zu versuchen; einer kämpft dafür, daß die Erklärung ihm seine Schuld erkläre, daß die Leidenschaft der Freiheit sich nicht als Enttäuschung ausnehme, sondern daß die abgrundtiefe Scheidung der Schuld die Seligkeit der Versöhnung desto innerlicher mache. Einer begehrt, die Erklärung solle ihn mit dem Menschengeschlecht in Verbindung setzen, und die Erklärung solle in dem für alle geltenden Los liegen, das für das Ganze bedeutungsvoll ist; ein anderer, daß die Erklärung ihn aus dem Verhältnis zu anderen löse, um ihn zu einsamem Schmerz auszusehen, aber auch zu einsamer Auswahl. So wird da gestritten, der Streitende kämpft mit Gott im Gebet, oder er streitet mit sich selbst und ruft Gott im Gebet zu Hilfe gegen sich selbst. Wenn aber der Streitende doch nicht die Innerlichkeit aufgibt, und also zu beten aufhört, wenn er Gott sehr liebt, wenn er nach Gott demütig sich sehnt, wie man sich nach dem sehnt, ohne den man nichts ist, brennend wie nach dem, durch den man alles würde, wenn er redlich mit der gegen Gott bestehenden Schuld der Danksagung und Anbetung sich beschäftigt, die beständig wächst, weil er noch nicht recht danken kann, da er nicht recht verstehen kann, sich damit beschäftigt wie mit einem für bessere Zeiten anvertrauten Gut – dann, dann streitet er im Gebet. Und was inzwischen auch geschehen sollte, was doch sogar den Engeln verborgen ist, und wenn auch die Stunde kommen soll, die niemand außer Gott weiß, und soll er auch mehr als einmal neues Öl für die Lampe der Erwartung kaufen, das bleibt doch gewiß, daß derjenige, der von Gott kauft, niemals dadurch betrogen wird, daß das Gekaufte hernach als nicht so wertvoll erschien. Selbst wenn ein Mensch, wenn wir so reden könnten, aus Zufall eine Unwichtigkeit zu teuer kaufte, wenn er sie doch von Gott kaufte und der teure Kauf in Aufrichtigkeit vor Gott geschah und im Vertrauen zum Herrn, so hat er nicht zu teuer gekauft, er soll den Kauf nicht bereuen, denn was er kaufte war keine Unwichtigkeit, dafür bürgt die Bezahlung und Gott. Wenn etwas einem Menschen, was die Gewitzten vielleicht sofort, die meisten am Tag danach eine Bedeutungslosigkeit nennen würden, so nahe geht, daß er durch diesen Verlust alles verloren hätte und in diesem Schmerz der Welt entsagte und was der Welt ist, so soll ihm, wenn auch er die Unwichtigkeit einsieht, der Kauf nicht leidtun, wenn nur sein stummer Schmerz ihn in ein Verhältnis zu Gott brächte, denn schreien, sich selbst und anderen für eine kurze Zeit wichtig werden, das heißt ja nicht, von Gott kaufen, das ist ja nur eine unfruchtbare Äußerung des Wollüstigen und eitles Wesen des Sinnlichen. Nur wenn er in Wahrheit wirklich alles aufgab, soll der Kauf ihm nicht leidtun; und das kann wahrhaftig sein, denn sonst könnte ja niemand alles aufgegeben haben, außer dem, der nach dem Urteil weltlicher Schätzer alles verloren zu haben meinte, aber alles verlieren und alles aufgeben bedeutet nicht ein und dasselbe. Wer aber, selbst aus Anlaß einer Unwichtigkeit, Gottes Vertrauen und Freundschaft auskaufte, soll es wahrhaftig nicht bereuen, er wird dagegen in alle Ewigkeit Gott dafür danken, daß er ein solches Kind war, daß er eine Unwichtigkeit sich so nahegehen ließ, wie ein solches Kind, das schlechthin nicht begreifen konnte, daß es eine Unbedeutendheit war.

Aber nun das Ergebnis! Mein Leser, denke dir ein Kind, das mit seinem Griffel sitzt und zeichnet, worauf nun ein solches Kind kommen mag, was nicht ein solches Kind wild und unzusammenhängend hinwerfen kann, aber hinter dem Kind steht uns sichtbar ein Künstler, der seine Hand leitet, so daß die Zeichnung, die sich verwirren will, sich unter das Gesetz der Schönheit beugt, so daß die Linien, die sich verwirren wollen, innerhalb der Grenzen der Schönheit der Schönheit zurückgerufen werden – denke dir des Kindes Verwunderung! Oder denke dir, das Kind legt abends seine Zeichnung hin, aber während es schläft, vollendet eine wohlwollende Hand das Verwirrte und nur schlecht Begonnene, denk dir des Kindes Verwunderung, wenn es am Morgen seine Zeichnung wiedersieht! So mit einem Menschen, denn wir wollen nie vergessen, daß selbst der Reifere doch immer etwas vom Unverstand des Kindes in sich behält, besonders wenn das Gebet nicht als das Wesentliche, sondern als ein Mittel zur Erklärung gelten soll. Der Jüngling hat es eilig zu bedenken, was er in der Welt werden, welchem der großen und ausgezeichneten Menschen er gleichen will. Der Ernstere hat das Kindliche abgelegt, er kümmert sich nicht so um das Äußere, er will nur sich selbst bilden. Dann sitzt er und zeichnet; oder ist der, wer mit Gott im Gebet um eine Erklärung streitet, nicht ein Zeichner, soll nicht die Erklärung die Grenzlinie zwischen ihm und Gott ziehen, so daß er dazu kommt, gerade Gott gegenüber sich selbst zu gleichen? Ach, aber nun kommt der Unterschied, denn dem Kinde mußte so geholfen werden, daß etwas hinzugefügt wurde, während dem Streitenden mehr und mehr genommen wird. Das Äußere und jede Forderung an das Leben wurde ihm genommen, nun streitet er um eine Erklärung, aber auch diese erkämpft er sich nicht. Schließlich erscheint es ihm, daß ihm gar nichts mehr verbleibt. Nun ist der Augenblick da. Wem sollte doch der Streitende zu gleichen wünschen außer Gott; wenn er aber selbst etwas ist oder sein will, so ist dies Etwas genug die Gleichheit zu hindern. Nur wenn er selber zunichte wird, nur dann kann Gott ihn durchleuchten, so daß er Gott gleicht. Wieviel er auch ist, Gottes Gleichheit kann er nicht ausdrücken, Gott kann sich in ihm nur abdrücken, wenn er selber zunichte geworden ist. Wenn das Meer all seine Kraft anstrengt, kann es gerade nicht das Bild des Himmels wiedergeben, und schon bei der geringsten Bewegung gibt es dieses nicht rein wieder;

wenn es aber still und tief wird, so sinkt des Himmels Bild in sein Nichts.

Wer war es nun der siegte? Das war Gott, denn die Erklärung, die der Beter begehrte, gab er nicht, und gab sie nicht wie der Streitende sie begehrte. Aber der Streitende siegte auch. Oder war es nicht ein Sieg, daß er statt eine Erklärung von Gott zu erhalten in Gott verklärt wurde, so daß seine Verklärung darin besteht, Gottes Bild wiederzugeben.

Welches ist nun der Sieg, wodurch unterscheidet sich der Zustand des Siegers von dem des Streiters? Wurde Gott verändert? Eine bejahende Antwort scheint eine schwierige Rede, und doch ist es so, zumindest versteht der Beter ihn anders und fordert keine Erklärung. Ist der Beter verändert? Ja, denn er versteht sich selbst anders, und doch hört er nicht auf, der Beter zu sein, denn er dankt beständig. Wer aber immer dankt, ist der rechte Beter, und wer immer dankt, muß auch beständig gesiegt haben, warum sollte er sonst danken! Und sollte dieser Dank je aufhören? Gewiß nicht; denn es ist immer Grund, Gott zu danken, und jeder Mensch steht in Schuld vor ihm, in Schuld für ewig. Aber die Schuld, die ein Mensch am Glückstisch auf sich nimmt, durch Würfelwurf, durch ein Kartenspiel, nennt man Ehrenschuld, ich kann mir denken: weil sie in sich selber sinnlos ist, muß man ihr einen großen Namen geben und sie schnell erledigen. Die Schuld vor Gott ist nicht in diesem Sinne eine Ehrenschuld, dagegen ist es aber eine Ehre, vor Gott in Schuld zu stehen, es ist eine Ehre, nicht dem Glück etwas zu schulden, sondern Gott alles zu schulden, nicht dem Schicksal etwas, sondern alles einer Vorsehung, nicht der Laune etwas, sondern alles der Vaterschaft. – So streitet der rechte Beter im Gebet und siegt dadurch, daß Gott siegt.

Wir haben vom Streit gesprochen. Streit ist gewöhnlich nicht erfreulich; siegt der eine, so wird doch der andere vernichtet, ach, und manchmal geschieht es wohl, daß der Sieger und der Besiegte verloren haben. Aber dieser Streit ist wundersam, wohl wert, sich darin zu versuchen, ewig preisenswert, denn hier siegen die beiden seliger als wenn der Streit der Liebenden in vermehrter Liebe verklärt wird. Willst du sagen, mein Leser, diese Rede sei nicht leicht (vielleicht wird der Versuchte sie arm und ohnmächtig finden in Vergleich mit seinem Leiden): Der Streit selber ist auch nicht leicht. Will einer sich selbst betrügen, indem er dem stillen Ausgang des Streites vorgreift, seinem glücklichen Verständnis, dann ist es nicht die Schuld der Rede. Der Sieg besteht doch nur in einem gewissen hohen und edlen, darum uneigentlichen Sinn, aber der Schmerz ist eigentlich; wann des Sieges Stunde kommt, wissen wir nicht, aber das wissen wir, daß der Streit auf Leben und Tod geht.

12

Gebete und ein Beichtgespräch mit Gott

Gebete

Vater im Himmel! Deine Gnade und Barmherzigkeit wechselt nicht im Wechsel der Zeiten, Du alterst nicht im Laufe der Jahre, als wärst Du, gleich einem Menschen, gnädiger an einem Tag als an einem andern, gnädiger am ersten als am letzten; Deine Gnade währt unverändert, wie Du unverändert derselbe bist, ewig jung, neu mit jedem neuen Tag – denn jeden Tag sagst Du ja „noch heute". Oh, wenn nun aber ein Mensch auf dieses Wort achtet, von ihm ergriffen, in heiligem Entschluß, mit Ernst zu sich selbst sagt „noch heute": So bedeutet es, daß er sich noch an diesem Tage ändern möchte, gerade wünscht, daß dieser Tag den anderen Tagen gegenüber recht bedeutungsvoll werden möge, bedeutungsvoll durch die erneute Bestärkung im Guten, das er einmal wählte, oder jedenfalls doch dadurch bedeutsam, daß er das Gute wählt. Deine Gnade und Barmherzigkeit sind es, unverändert jeden Tag „noch heute" zu sagen, aber hieße es nicht, Deine Barmherzigkeit und Gnade verspielen, wenn ein Mensch so unverändert von Tag zu Tag „noch heute" sagen wollte; Du bist ja der, welcher die Zeit der Gnade „noch heute" gibt, aber der Mensch ist es, der die Zeit der Gnade „noch heute" ergreifen soll. So reden wir mit Dir, o Gott; es ist ein Sprachunterschied zwischen uns, und doch streben wir danach, Dich zu verstehen und uns für Dich verständlich zu machen; und Du schämst Dich nicht darüber, unser Gott zu heißen. Was nun dann, wenn Du, o Gott, es sagst, der ewige Ausdruck für Deine unveränderliche Gnade und Barmherzigkeit ist, dasselbe ist, wenn ein Mensch es recht verstehend wiederholt, der stärkste Ausdruck für die tiefste Veränderung und Entscheidung – ja, als wäre alles verloren, wenn die Veränderung und Entscheidung nicht noch heute geschähe. So gib Du also denen, die heute hier versammelt sind, sie, die ohne jede äußere Veranlassung, dafür aber um so innerlicher, beschlossen haben, noch heute die Verständigung mit Dir im Bekenntnis der Sünden zu suchen, gib Du ihnen, daß dieser Tag zu ihrem wahren Segen werde, auf daß sie Seine Stimme hören, den Du zur Welt gesandt, die Stimme des guten Hirten, damit Er sie kenne, und sie Ihm folgen.

Herr Jesus Christus! Ein ganzes Leben hieltest Du aus und littest, um auch mich zu erlösen: ach, und doch ist die Zeit Deines Leidens nicht vorbei; aber auch dieses Leiden wirst Du heilend und erlösend aushalten, dieses Geduldsleiden, es mit mir zu tun zu haben, der ich so oft vom rechten Weg abweiche, oder wenn ich schon auf dem rechten Wege blieb, doch so oft strauchelte auf dem rechten Weg, oder doch so langsam ging, nur so kriechend auf dem rechten Weg.

Unendliche Geduld, unendliches Leiden der Geduld!

Wie viele Male wurde ich ungeduldig, wollte verzagen, wollte alles aufgeben, wollte den furchtbar leichten Ausweg suchen: der Verzweiflung; aber Du verlorst nicht die Geduld.

Ach, auf mich paßt nicht, was Dein auserwählter Diener sagt: daß er Deine Leiden vollendete.

Nein, auf mich paßt nur, daß ich Deine Leiden vermehrte, neue zu denen hinzufügte, die Du einmal littest, um auch mich zu erlösen.

Herr Jesus Christus, gib, daß wir auch so gleichzeitig mit Dir werden, Dich in Deiner wahren Gestalt und in der Umgebung der Wirklichkeit sähen, wie Du hier auf Erden gingst; nicht in jener Gestalt, in die Dich eine leere und nichtssagende oder eine gedankenlos-schwärmerische oder eine historisch-geschwätzige Darstellung entstellt hat – welches weder die Gestalt der Erniedrigung ist, in der Dich der Gläubige sieht, und welches unmöglich die der Herrlichkeit sein kann, in der Dich noch niemand gesehen hat. Daß wir Dich sehen möchten, als das, was Du bist und warst und sein wirst bis zu Deiner Wiederkunft in der Herrlichkeit, als das Zeichen des Ärgernisses und als den Gegenstand des Glaubens, als den geringen Menschen und doch als den Retter und Erlöser des

Menschengeschlechtes, der aus Liebe auf die Erde kam, um die Verlorenen zu suchen, um zu leiden und zu sterben, und der trotzdem – ach bei jedem Schritt, den Du auf Erden machtest, jedesmal, wenn Du die Verirrten riefst, jedesmal, wenn Du Deine Hand ausstrecktest, um Zeichen und Wunder zu tun, und jedesmal, wenn Du, ohne eine Hand zu rühren, wehrlos den Widerstand der Menschen erleiden mußtest – trauernd immer – und immer wiederholen mußtest: Selig, wer sich nicht an mir ärgert. Daß wir Dich so sehen lernten, und daß wir uns dann nicht an Dir ärgern möchten!

Herr Jesus Christus, so vieles will uns von Dir abziehen; leere Beschäftigungen, unbedeutende Freuden, unwürdige Sorgen; so vieles will uns zurückschrecken: Stolz, der zu feige ist, sich helfen zu lassen, feige Furchtsamkeit, die sich zu eignem Verderben zurückzieht, Angst der Sünde, die die Reinheit des Heiligen scheut, wie die Krankheit das Heilmittel scheut. Du aber bist doch stärker: ziehe uns deshalb – und ziehe uns noch stärker zu Dir! Wir nennen Dich unsern Heiland und Erlöser, denn du kamst in die Welt, um uns von den Fesseln zu lösen, worin wir gebunden waren oder worin wir uns selbst gebunden hatten, und um den Erlösten das Heil zu bringen. Dies war Dein Werk, das Du vollbracht hast, und das Du bis ans Ende der Tage vollbringen willst; denn wie Du selbst gesagt hast, so willst Du es machen: von der Erde erhöht, willst Du alle zu Dir ziehen.

Herr Jesus Christus, schwach ist unser eigener schlechter Sinn, nur gar zu gern läßt er sich ziehen – und so vieles will uns zu sich ziehen. Die Lust mit ihrer verführerischen Macht, das Mannigfaltige mit der verwirrenden Zerstreuung, der Augenblick und seine betörende Unaufschiebbarkeit und die eitle Mühe der Geschäftigkeit, die sorglose Zeitvergeudung des Leichtsinns wie das finstre Grübeln der Schwermut: all dieses will uns von uns selbst abziehen, zu sich hin, um uns zu betrügen. Du aber, der Du die Wahrheit bist, nur Du, unser Heiland und Erlöser, kannst einen Menschen in Wahrheit zu Dir ziehen; und Du hast es ja versprochen, daß Du uns alle zu Dir ziehen willst. So gib denn Gott, daß wir, indem wir in uns gehen, so sehr zu uns selber kommen, daß

Du uns nach Deinem Worte zu Dir ziehen kannst – aus der Herrlichkeit, aber durch Geringheit und Erniedrigung.

Zum Beichtgespräch mit Gott

Gebet
Vater im Himmel! Deine Gnade und Barmherzigkeit wechselt nicht mit dem Wechsel der Zeiten, als wärest Du wie ein Mensch den einen Tag gnädiger als den andern, am ersten Tag gnädiger als am letzten; Deine Gnade bleibt unverändert, wie Du selbst unverändert bleibst, dieselbe, ewig jung, neu mit jedem neuen Tag – Du sagst ja mit jedem Tag „noch heute". Oh, wenn nun aber ein Mensch auf dieses Wort achtet, wenn er, ergriffen von diesem Wort, in ernstem, heiligen Entschluß zu sich selbst sagt „noch heute": So bedeutet das ja, daß er eben an diesem heutigen Tage sich noch zu wandeln wünscht; daß er wünscht, eben dieser Tag möchte für ihn bedeutungsvoll werden vor anderen Tagen, dadurch, daß er sich erneut in dem Guten bestärkt, das er einmal wählte, oder gar erst heute das Gute wählt. Von Dir ist es Gnade und Barmherzigkeit, daß Du unverändert jeden Tag sagst „noch heute"; der Mensch aber würde die ihm durch Deine Barmherzigkeit vergönnte Gnade verspielen, wenn er Tag für Tag nur immer wieder sagen würde „noch heute". Du nämlich gibst die Zeit der Gnade noch heute, der Mensch aber soll die Gnade noch heute ergreifen. So reden wir mit Dir, o Gott; wir sprechen eine verschiedene Sprache, und doch suchen wir Dich zu verstehen und uns Dir verständlich zu machen; und Du läßt es dir gefallen, „unser" Gott genannt zu werden. Was nun in Deinem Munde, o Gott, der ewige Ausdruck für Deine unveränderte Gnade und Barmherzigkeit ist, das ist in des Menschen Mund, wenn er es im rechten Sinne wiederholt, der stärkste Ausdruck für die tiefste, entscheidenste Veränderung – ja, als wäre alles verloren, wenn diese Veränderung nicht noch heute geschähe. So gib Du denen, die heute hier versammelt sind, die ohne alle äußere Veranlassung, also um so innerlicher sich entschlossen haben, mit dem Bekenntnis ihrer Sünde die Versöhnung mit Dir zu suchen – gib Du ihnen, daß dieser Tag ihnen zum wahren Segen werde; daß sie die Stimme des

guten Hirten hören, den Du zur Welt gesandt hast; daß er sie kenne und sie Ihm folgen.

Wenn die Gemeinde sich am Feiertage in des Herren Haus versammelt, so hat ja Gott selbst das geboten. Heute ist kein Feiertag; und doch hat ein kleiner Kreis sich hier im Heiligtum versammelt: also nicht, weil es allen befohlen ist, sondern weil jeder Einzelne der Anwesenden, ob auch aus verschiedenen Gründen, je für sich besonders das Bedürfnis fühlt, hierher zu kommen. Es ist heute kein Feiertag; jeder geht sonst seinem Geschäft nach, der eine auf seinen Acker, der andere in seine Werkstatt, in seinen Laden; nur diese Einzelnen gingen heute in des Herren Haus. So verließ also der Einzelne sein Haus, um hierher zu gehen. Tut er das am Feiertag und begegnet er da einem andern, so denkt er unwillkürlich, daß dieser andere auch zur Kirche gehe; denn ob das auch durchaus nicht immer der Fall ist, am Feiertag ist dem Kirchgänger jeder, der ihm auf der Straße begegnet, ein Kirchgänger. Wenn aber heute jemand, getrieben von einem inneren Bedürfnis hierherkommt, ob es ihm dann auch so selbstverständlich ist, daß jeder, der ihm begegnet, auch zu Gottes Haus gehe? Gewiß nicht. Sollte nun darum der Besuch in Gottes Haus heute weniger feierlich sein als am Feiertage? Mir scheint im Gegenteil das, daß man am Werktag nur sozusagen insgeheim zur Kirche geht, den Besuch nur um so feierlicher zu machen. Denn ob auch offen vor jedermanns Augen, geht heute der Einzelne doch insgeheim zur Kirche; niemand weiß ja, wohin er geht, außer Gott; keinem, der dir begegnet, fällt es ein, daß du zu Gottes Hause gehst. Auch du wartest ja nicht darauf, daß du denselben Vorsatz in dem Angstgefühl der Begegnenden ausgedrückt findest; nein, die waren für dich gar nicht vorhanden, mit niedergeschlagenem Auge flüchtetest du gleichsam hierher. Deine Absicht war ja auch nicht, bloß anzubeten, Gott zu preisen, Gott zu danken, wie an den festlichen Tagen, an denen du deshalb nicht wünschen konntest, allein zu sein; deine Absicht ist, Vergebung zu suchen für deine Sünden – und dazu wünschest du ja wohl, allein zu sein. Wie stille ist es nun und wie feierlich! Am Feiertag ist draußen ja alles stille; es wird ja von der gewohnten Arbeit gefeiert, und daran merkt auch, wer nicht in Gottes Haus geht, daß es Feiertag ist. Heute ist kein Feiertag. Der

Lärm draußen ist noch unter diesen Wölbungen zu hören, wo eben deshalb die heilige Stille nur desto stärker sich abhebt. Denn die Stille, die von der bürgerlichen Obrigkeit geboten werden kann, ist doch nicht die göttliche Stille; diese Stille aber inmitten des Lärms draußen, das ist die göttliche Stille. – Es war also nicht deine Pflicht, heute hierher zu kommen, es war ein Bedürfnis in dir; keine Aufforderung von außen hat dich dazu bestimmt, du selbst mußt dich innerlich dazu entschlossen haben; niemand könnte dir einen Vorwurf machen, wenn du nicht gekommen wärest, es ist deine eigene freie Wahl, daß du kannst; du tatest das nicht, weil andere es taten, denn die anderen gingen ja zu ihrem Geschäft – du aber gingst in Gottes Haus, zum Altar des Herrn.

Und damit hast du das ganz besonders zum Ausdruck gebracht, daß du dich zu denen rechnest, die in den vorgelesenen heiligen Worten beschrieben sind, worin Christus sich selbst mit dem guten Hirten vergleicht und die wahrhaft Glaubenden mit seinen Schafen. Von diesen aber wird ein Dreifaches gesagt: Sie hören seine Stimme; er kennt sie; sie folgen ihm.

Sie hören seine Stimme. Und heute ist es ganz besonders einzig und allein *seine* Stimme, die gehört werden soll. Alles, was sonst vorgenommen wird, hat nur die Absicht, den Sinn darauf hinzulenken, daß seine Stimme gehört werden soll. Heute wird nicht gepredigt. Eine Beichtrede ist keine Predigt; sie will dich nicht belehren, dir nicht die alte, bekannte Lehre einschärfen; sie will dich bloß auf dem Weg zum Altar aufhalten, daß du unter der Rede, die du hörst, aus eigenem Antrieb Gott im Verborgenen beichtest. Du sollst aus einer Beichtrede nicht lernen, was Beichten ist (das wäre ja auch zu spät); du sollst unter der Rede Gott beichten. Heute wird nicht gepredigt. Was wir in der vorgeschriebenen Zeit jetzt reden, ist keine Predigt; und wenn wir Amen gesagt haben, ist nicht wie sonst der Gottesdienst wesentlich vorbei: da beginnt ja der wesentliche Gottesdienst erst. Unsere Rede will dich deshalb bloß auf dem Wege zum Altar einen Augenblick aufhalten; denn heute versammelt der Gottesdienst uns nicht wie sonst um die Kanzel, sondern um den Altar. Und am Altar soll vor allem *seine* Stimme gehört werden. Die Predigt soll wohl auch von ihm zeugen, sein Wort und seine Lehre verkünden; aber darum hören wir in der Predigt doch nicht seine Stimme. Am Altar sollst du dagegen *seine* Stimme hören. Wenn ein anderer Mensch dir sagte, was am Altar gesagt wird; wenn alle Menschen sich vereinigten, dir das zu sagen: hörst du nicht *seine* Stimme, so gingst du vergebens zum Altar. Wenn der Geistliche am Altar jedes Wort, das von den Vätern überliefert ist, genau vorträgt; wenn du jedes dieser Worte genau hörst, so daß dir nicht das Mindeste entgeht: hörst du nicht *seine* Stimme, daß er es ist, der das sagt, so gingst du vergeblich zum Altar. Wenn du dir im Glauben jedes Wort zueignest, das gesagt wird; wenn du dich im Ernste entschließt, das Gesagte dir zu Herzen zu nehmen und dein Leben darnach einzurichten: hörst du nicht *seine* Stimme, so gingst du vergebens zum Altar. *Seine* Stimme mußt du hören, wenn er dich einlädt: „Kommet her zu mir alle, die ihr mühselig und beladen seid"; und seine Stimme mußt du hören, wenn er sagt: „Das ist mein Leib." Denn am Altar wird nicht über ihn geredet; da ist er selbst persönlich zugegen als der, der spricht – wenn nicht, so bist du nicht beim Altar. Auf den Altar als Gegenstand für die Sinne kann man ja hinweisen: „da ist er"; geistlich verstanden, ist der Altar doch nur *da,* wenn du *da – seine* Stimme hörst.

Er kennt sie. Wer nämlich seine Stimme nicht hört, den kennt er auch nicht, und wen er nicht kennt, der ist auch nicht sein. Mit ihm ist es nicht wie mit einem Menschen, der wohl einen Freund oder Anhänger haben kann, ohne darum zu wissen, ohne ihn zu kennen; Christus ist allwissend, also ist der, den er nicht kennt, auch nicht sein. – Er kennt die Seinen, und er kennt jeden von ihnen im besonderen. Das Opfer das er brachte, das brachte er nicht nur so für die Menschen im allgemeinen. Er wollte auch nicht bloß so die Menschen im allgemeinen erlösen – auf die Weise kann er sie auch nicht erlösen. Nein, er opferte sich, um jeden besonders zu erlösen. Sollte er dann nicht auch jeden besonders kennen? Sollte man den nicht kennen, für den man sein Leben geopfert hat? – Wenn die Gemeinde sich am Festtage in zahlreicher Menge versammelt: auch da kennt er die Seinen; und die, die er nicht kennt, sind auch nicht sein. Doch kann im festlichen Gedränge sich einer leicht selbst betrügen, als verschwände der Einzelne in der Menge. Beim Altar hingegen, wie viele sich da auch versammeln, und ob sich alle da versammelten, beim Altar gibt es keine Menge. Da ist er selbst persönlich zur Stelle, und er kennt die, die sein sind. Er kennt dich, wer du auch sein magst, ob vielen bekannt oder allen unbekannt. Bist du sein, er kennt dich. Von ihm gekannt zu sein, o welch ewiger Gruß!, o welch seliger Trost! Ja, wenn du ans Ende der Welt flüchtetest, er kennt dich; wenn du dich im Abgrund der Hölle verbärgest, er kennt dich. Aber du hast ja keinen Grund zu fliehen, keinen Grund, ein Versteck zu suchen; das ist ja eben die Seligkeit, daß er dich kennt. Doch kann kein dritter Mensch wissen, ob er dich kennt; das mußt *du* wissen, mit ihm und mit dir selbst. Kennt er dich aber nicht, so bist du auch nicht sein. Denn es gibt auch Menschen, die er nicht kennt, zu denen er sagen wird: „Ich kenne euch nicht, ich kannte euch nie." Und diese Menschen, die er nicht kennt, die behaupten vielleicht gerade, daß sie ihn kennen! – Wenn du zum Altar des Herrn gingest und nähmest an der heiligen Handlung teil; wenn der Geistliche dir bezeugen könnte, daß er auch dir besonders wie jedem andern Brot und Wein gereicht habe – kennte *er* dich nicht: da gingst du doch vergebens zum Altar. Nein, da gingst du überhaupt nicht zum Altar. Denn, geistlich verstanden, ist der Altar doch nur *da,* wenn *du da* bist, *gekannt* von ihm.

Sie folgen ihm. Du bleibst ja nicht beim Altar und sollst da auch nicht bleiben. Du wendest dich wieder zu deinem Geschäft zurück, zur Freude, die dich vielleicht erwartet, zum Leid, das dich vielleicht erwartet. Wenn du aber Sein bist, so folgst du ihm, auch wenn du den Altar verlassest. Oder: dann folgt der Altar *dir,* wenn du von ihm weggehst; denn wo er ist, da ist auch der Altar, und wenn du ihm folgst, so geht er mit dir. O Ernst der Ewigkeit: wo du auch hingehst, was du auch vornehmen magst, er geht mit dir. O seliger Trost: Er geht mit dir! O wunderbare Harmonie: der Ernst der Ewigkeit ist zugleich der seligste Trost! Der Altar steht freilich an seiner Stelle (deshalb gehst du zum Altar). Der Altar ist er aber doch nur, wenn er zur Stelle ist. Also, wo er ist, da ist der Altar. Er sagt selbst: „Wenn du deine Gabe auf dem Altar opferst und wirst allda eingedenk, daß jemand etwas wider dich habe, so gehe zuvor hin und versöhne dich mit deinem Feinde, und alsdann komm und opfere deine Gabe." Oh welches Opfer ist ihm wohl, glaubst du, angenehmer: daß du Gott deinen Zorn opferst, indem du dich mit deinem Feinde versöhnst? Oder die Gabe, die du auf dem Altar opferst? Wenn aber das Opfer, daß du dich versöhnst, Gott und Christus das liebste ist: Der Altar ist doch wohl da, wo das angenehmste Opfer dargebracht wird. Abel opferte auf dem Altar, Kain nicht; denn auf Abels Opfer sah Gott – deshalb war da ein Altar; aber auf Kains Opfer sah er nicht. Oh, vergiß das nicht: Wo er ist, da ist der Altar; sein Altar ist weder auf dem Morija noch auf dem Garizim, ob dort auch ein ihm geweihter Altar ist; sondern wo er ist, da ist der Altar. Wäre dem nicht so, so müßtest du ja bei dem Altar bleiben, müßtest, um bei ihm bleiben zu können, da deine Wohnung nehmen; aber solcher Aberglaube ist doch nicht Christentum. Heute ist kein Feiertag; ist auch Gottesdienst, so ist doch Werktag: aber eines Christen Leben ist Gottesdienst einen Tag wie den andern. Es steht nicht so, als wäre damit alles abgemacht, daß man hie und da zum Altar geht; nein, deine Aufgabe ist, vom Altar weggehend beim Altar zu bleiben. Heute sollte alles andere, was wir sagten, nur der Absicht dienen, deinen Sinn auf den Altar hinzulenken. Wenn du nun aber fortgehst, so denke daran, daß diese Sache damit nicht fertig ist. O nein! Damit beginnt ja die Sache dann erst, die gute Sache, das gute Werk in dir, das Gott, der es angefangen hat, auch vollenden will auf den Tag unseres Herrn Jesu Christi. Du könntest ja wohl in frommem Sinn diesen heutigen Tag, wenn er (was Gott dir geben möge) ernste Bedeutung für dich bekommt, einen Tag Jesu Christi nennen. Aber es gibt ja doch nur einen Tag, der eigentlich der Tag Jesu Christi genannt wird. Der heutige Tag wird ja bald vorbei sein. Gebe Gott, daß dann, wenn dieser Tag längst verschwunden und vergessen ist, sein Segen dir viele Male in der Erinnerung sich erneuere, so daß das Gedächtnis dieses Segens dir zum Segen werde.

13
Marginalien

I. Die Hegelsche Philosophie

Die Hegelsche Philosophie hat keine Ethik, sie hat sich deshalb niemals mit dem Zukünftigen befaßt, welches wesentlich Element oder Medium der Ethik ist. Die Hegelsche Philosophie betrachtet das Vergangene, die sechstausend Jahre der Weltgeschichte, und hat es nun eilig damit, jede einzelne Entwicklung als Moment in dem welthistorischen Prozeß auszuweisen. Charmant! Aber Professor Hegel selig, als er lebte, und jeder lebende Mensch hat doch wohl oder soll doch wohl ein ethisches Verhältnis zu dem Zukünftigen haben. Davon weiß die Hegelsche Philosophie nichts. Hieraus folgt ganz einfach, daß jeder lebende Mensch, der mit Hilfe der Hegelschen Philosophie sich in seinem eigenen persönlichen Leben verstehen will, in die törichteste Konfusion gerät. Hegelisch wird er es nur hinterher verstehen können, wenn es zurückgelegt ist, wenn er tot ist – aber jetzt ist er unglücklicherweise am Leben. Womit soll er denn eigentlich sein Leben ausfüllen, während er lebt? Mit nichts – denn er hat eigentlich beständig bloß auf den Augenblick des Todes zu warten, um in dessen Umkehrung das zurückgelegte Leben verstehen zu können. Aber wenn das zurückgelegte Leben mit nichts ausgefüllt wurde: Was ist es denn eigentlich, das er verstehen soll? Oder wenn ein Mensch dennoch lebt, vorwärts lebt, in der Richtung des Lebens auf das Zukünftige und so doch einen Abschnitt seines Lebens mit etwas ausfüllt: so muß er, Hegelisch, so hurtig wie möglich das Zurückgelegte als Moment in der Entwicklung seines Lebens auffassen. Aber jedesmal, wenn er etwas Zurückgelegtes als Moment in seinem Leben auffassen soll, muß er solange sich umwenden, muß aufhören, ein Existierender in der ethischen Richtung auf das Zukünftige zu sein. Je mehr er deshalb als begeisterter Hegelianer sich beeilt, das Zurückgelegte als Moment aufzufassen, desto kürzer wird das Zurückgelegte, so daß er zuletzt sich selbst ganz nahe auf den Leib rückt, in einer sonderbaren Situation: Er kann nicht Zeit bekommen, um etwas zu Ende zu leben, weil er es sofort als Moment auffassen soll. Ethisch einfältig, religiös einfältig ist man der Meinung, daß das Leben hier auf Erden die Zeit der Arbeit sei, in der man vorwärtsstreben soll in jedem Augenblick: so wird dann wohl in der Ewigkeit Zeit zur Betrachtung sein. Aber die Hegelsche Philosophie lehrt einen Menschen das Kunststück: seine eigene Vergangenheit zu antizipieren, wie Johannes Climacus sagt. Die Hegelsche Philosophie verdoppelt das Individuum und bringt so eine sonderbare Begegnung zuwege zwischen einem Lebenden und einem Betrachtenden auf dem Wege des Lebens innerhalb ein und derselben Person. Insofern er ein Lebender ist – soll er vorwärts, insofern er Betrachtender ist – soll er zurück. Wenn diese beiden einander ganz nahe auf den Leib kommen, gerät das Leben ins Stocken, der Lebende kann nämlich nicht vorwärts kommen für den Betrachtenden, der nachsehen soll, da ja der Lebende und der Betrachtende ein und dasselbe Individuum sind.

II. Die Naturwissenschaft

Es kann zu gar nichts führen, mit den Naturwissenschaften sich einzulassen. Man steht da wehrlos und kann nicht kontrollieren. Der Forscher beginnt sogleich mit seinen Details zu zerstreuen, nun soll man nach Australien, nun auf den Mond, nun in ein Loch unter die Erde, nun beißt der Teufel in den Steiß – nach einem Eingeweidewurm; nun soll das Teleskop verwendet werden, nun das Mikroskop: Wer zum Teufel kann das aushalten! Doch Spaß beiseite, laßt uns im Ernst reden. Das Verwirrende liegt darin, daß es niemals dialektisch klar wird, wie und was, wie die Philosophie die Naturwissenschaft zu gebrauchen hat. Ist das Ganze eine sinnreiche Bildersprache (so daß man als ebensogut unwissend darum bleiben kann), ist es Exempel, Analogie; oder ist es von solcher Wichtigkeit, daß die Theorie danach gebildet werden soll?

Für einen Denker kann es keine entsetzlichere Qual geben, als in der Spannung dahinleben zu sollen, daß, während man Details aufhäuft, es beständig aussieht, als käme nun gleich der Gedanke, die Konklusion. Fühlt der Naturforscher nicht diese Qual, so muß er kein Denker sein. Das ist der entsetzliche Tantalismus des Intellektuellen. Ein Denker ist wie in der Hölle, solange er nicht die Gewißheit des Geistes gefunden hat: hic Rhodus, hic salta, die Sphäre des Glaubens, wo es gilt, ob auch die ganze Welt birst und die Elemente schmelzen, du sollst glauben. Hier soll nicht gewartet werden auf offizielle Postneuigkeiten oder auf Tatarennachrichten. Diese Gewißheit des Geistes, die demütigste von allen, die kränkendste für den eiteln Sinn (denn das ist so vornehm, durch das Mikroskop zu gucken), ist die einzige Gewißheit.

Der Haupteinwand, der totale Einwand gegen die Naturwissenschaften läßt sich formell einfach so ausdrücken: Es läßt sich absolut nicht denken, daß ein Mensch, der unendlich sich auf sich selbst als Geist besonnen hat, nun darauf verfallen könnte, die Naturwissenschaften (mit empirischem Stoff) als Aufgabe für sein Streben zu wählen. Ein beobachtender Naturforscher muß entweder ein Talent- und Instinktmensch sein (denn das Charakteristische an Talent und Instinkt ist eben, im tiefsten Grunde nicht dialektisch zu sein; nur aufstöbern zu können, geistreich zu sein – aber nicht sich selbst zu verstehen und glücklich hinleben zu können auf die Weise, ohne irgendeine Mißlichkeit zu fühlen, weil die täuschende Mannigfaltigkeit durch Beobachtung und Entdekkung beständig die totale Unklarheit verdeckt); *oder* er muß ein Mensch sein, der von früher Jugend auf halb unbewußt dazu gekommen ist, Naturforscher zu werden, und nun durch Gewohnheit mit dieser Lebensweise vertraut ist – der furchtbarsten Weise zu leben: die ganze Welt zu bezaubern und in Staunen zu setzen durch seine Entdeckungen und Geistreichheit, und dann sich selber nicht zu verstehen. Daß ein solcher Naturforscher Bewußtsein hat, folgt von selbst, er hat Bewußtsein innerhalb des Umfangs seines Talents, einen vielleicht verblüffenden Scharfsinn, Kombinationsgabe, eine nahezu beschwörende Ideenassoziation usw. Aber das Verhältnis wird im höchsten Falle dieses sein: ein solches eminentes Talent, einzigartig durch seine Begabung, erklärt die ganze Natur – aber versteht nicht sich selbst. Es wird nicht sich selbst durchsichtig in der Bestimmung des Geistes, in der ethischen Übernahme des Talents usw. Aber dieses Verhältnis ist gerade Skepsis, wie man leicht *sieht (denn Skepsis ist: daß ein Unbekanntes, ein x, alles erklären kann. Wenn nämlich alles erklärt wird durch ein x, das nicht erklärt wird,* so ist total gesehen gar nichts erklärt). Ist dieses nicht Skepsis, so ist es *Aberglaube.*

Eben weil Gott nicht Objekt sein kann für den Menschen, da Gott das Subjekt ist, eben darum erweist auch das Umgekehrte sich absolut: Wenn einer Gott leugnet, so tut er Gott keinen Schaden, sondern vernichtet sich selbst; wenn einer Gottes spottet – so spottet er seiner selbst.

III. Für die Wahrheit

Das einfachste und natürlichste Verhältnis zwischen Mensch und Mensch, in Relation zur Wahrheit, ist dies, daß „der Einzelne" annimmt, daß „die andern" die Wahrheit mehr besitzen als er. Darum ordnet er sich ihnen unter, bildet seine Meinung der ihren entsprechend um, betrachtet ihre Zustimmung als ein Kriterium der Wahrheit.

Sokratisch bereits, und noch mehr nach der Lehre des Christentums, ist die Wahrheit in der Minorität, gerade „die Vielen" sind das Kriterium der Unwahrheit, gerade das Siegende ist der Spitzel, der die Gegenwart der Unwahrheit verrät. Aber wenn die Wahrheit in der Minorität ist, so müssen die Kennzeichen dafür, daß einer in der Wahrheit ist, polemisch werden, sich umkehren: Nicht der Jubel und der Beifall sind das Kennzeichen, sondern die Mißachtung.

Doch in Relation zu andern Menschen, oder als Christ zu andern Christen, darf kein einzelner Mensch oder kein einzelner Christ meinen, absolut im Besitz der Wahrheit zu sein: Ergo darf er andre nicht daran schuldig werden lassen, ihn für die Wahrheit totzuschlagen. Mit andern Worten, tut er das, so geschieht es eigentlich nicht für die Wahrheit, es ist im Gegenteil etwas Unwahres darin.

Das Unwahre liegt nämlich darin, daß der also Streitende sich bloß polemisch zu den andern verhält, nur an sich selbst denkt, nicht liebend ihre Sache bedenkt. Aber so ist er sehr weit davon entfernt, ihnen wirklich überlegen oder an Wahrheit überlegen zu sein; denn Überlegenheit heißt gerade, der Verteidiger seines Feindes sein und als solcher besorgt sein und mit mehr Einsicht als er darüber wachen, daß er nicht unwahrschuldiger wird, als er es verdient. Oh, es sieht für die vermeintlich Starken so bequem aus, einen Menschen totzuschlagen als könnten sie es selbstverständlich tun: Ach, der, welcher eine Vorstellung von der Schuld hat, einen Unschuldigen totzuschlagen, der wird wahrlich sich selbst prüfen, ehe er erlaubt, daß einer so schuldig wird. In dieser Selbstprüfung wird er verstehen, daß er es nicht darf. Die Liebe also wird ihn daran hindern. Es ist die Liebe, die in ihrer göttlichen Vollkommenheit in dem war, der, als die Wahrheit, absolut ausdrücken mußte, daß er sie war, und deshalb die gottlose Welt so schuldig werden ließ – diese Liebe in ihm betete für seine Feinde. Den Tod verhindern konnte er nicht, er war ja auch deshalb in die Welt gekommen. Aber, als er sich opferte aus Liebe, da hat er auch (und darum wieder nennt man ihn „das Opfer") liebend die Sache seiner Feinde bedacht. Dies ist die Einheit von „Wahrheit" und „Liebe".

14
Allein mit Gott

Katastrophisch wirken

Wie angst auch den Menschen vor mir werden mag, wenn sie es zu wissen bekämen, wie fremd es ihnen sein würde: Gewiß ist, daß alles, was in der letzten Zeit mich beschäftigt hat, ist: Ob, was Gott möchte, daß ich es tun sollte, nicht wäre, alles darauf anzulegen, zu einer Katastrophe zu kommen, daß ich arretiert würde, abgeurteilt, wenn möglich hingerichtet. Und es ist in meiner Seele eine Bekümmerung, ob ich, wenn ich es sein lasse, nicht ewig es bereuen werde, eine Bekümmerung, der ich nichts anderes entgegenzustellen weiß als den Gedanken, in welchem ich mich beständig Gott anvertraue, daß Er darüber wachen möge, daß ich nichts versäume, was ich ewig bereuen würde, wenn ich es unterließe.

Sollte katastrophisch gewirkt werden, hatte ich mir gedacht, ganz unerwartet, nach dem vollkommensten Schweigen, „den Ruf" zu erheben: daß der öffentliche Gottesdienst Gottesverhöhnung ist; an ihm teilzunehmen ein Verbrechen.

Dann habe ich das große Bedenken, mich selbst betreffend, ob ich nun auch dazu tauge – wenn es sich erreichen ließe –, ins Gefängnis zu gehen, womöglich hingerichtet zu werden, ob nicht diese ganze Art zu kämpfen verwirrend auf mich wirken würde, so daß ich mich nicht darein finden könnte.

Doch dieses müßte ich ja in jedem Fall Gott anheimstellen.

Aber das katastrophische Wirken betreffend, ist da noch ein ganz anderes Bedenken. Auf diese Weise, wie ich es mir gedacht hatte, läßt es sich wirklich nicht erreichen. Das Bestehende ist in dem Grad demoralisiert, daß man ihm direkt ins Gesicht speien kann, und es zieht vor, sich wegzuschleichen, hütet sich, klagbar zu werden.

Aber wenn das Verhältnis so ist, daß das Bestehende in dem Grad in Jämmerlichkeit versunken ist, demoralisiert, mit sich selber wissend, daß es Lüge ist, daß es um keinen Preis wagt, in der Art vorzugehen: aktiv zu sein, zu arretieren, hinzurichten: So ist es unendlich gefährlich, in dieser Richtung markiert zu haben, wenn dann der Konterpart ein Rotzbube ist, man macht sich leicht sein ganzes weiteres Operieren unmöglich. Ja, und es ist fast Sünde gegen die Gemeinde; denn es ist doch fürchterlich, sich zu denken, daß es geschieht (was ja im übrigen geschieht), daß alles am Sonntag bleibt wie gewöhnlich, nachdem mit dem Nachdruck, wie ich es getan habe, gesagt worden ist, daß dieses Gott zum Narren halten heißt.

Sollte also katastrophisch gewirkt werden, müßte die Sache ganz anders angelegt werden, als ich es bisher verstanden hatte.

Man müßte in diesem Stil vorgehen:

Man begänne damit zu zeigen, daß die Sache so ernst ist, daß aller gelehrte Kampf nur Kinderei ist. Man müßte deshalb von dem Bestehenden verlangen, von ihm verlangen, im Namen des Christentums, daß es die Mittel gebrauche, um sich zu wehren, in deren Besitz es sich befindet.

Man müßte also selber verlangen, daß Klage erhoben würde, selber verlangen, arretiert zu werden, selber verlangen, daß mit der größtmöglichen Strenge auf Tod und Leben vorgegangen werde.

Die Bezichtigung des Bestehenden müßte so sein, daß das Ganze eine Lüge ist, der Gottesdienst eine Verhöhnung Gottes, daran teilzunehmen ein Verbrechen; aber zugleich müßte die Bezichtigung verschärft werden dadurch, daß man nachwiese, daß das Bestehende selber weiß, daß es eine Lüge ist, und daß man deshalb es vermeidet, klagbar zu werden.

Und selbst auf diese Weise glaube ich wiederum nicht, daß es möglich würde, arretiert zu werden, geschweige hingerichtet.

Oh, aber entsetzlich sich vorzustellen, in welchen Abgrund das Bestehende gesunken ist, welchen Abgrund von Jämmerlichkeit und Spießbürgerlichkeit und Mittelmäßigkeit und Lüge. –

Sind wir alle Christen?

Daß wir alle Christen sind, ist so allgemein bekannt und angenommen, daß es keines Beweises bedarf; ja dieser Satz wird bald von einer historischen Wahrheit zu einem Axiom avancieren, zu einem der ewigen Grundsätze, mit denen fernerhin das Kind geboren wird. Dann wird durch das Christentum mit dem Menschen die Veränderung vorgegangen sein, daß *in der Christenheit* das Kind mit einer Grundvoraussetzung mehr geboren wird als der Mensch außerhalb der Christenheit; mit der, daß wir alle Christen sind.

Indessen kann es ja nie schaden, sich immer und immer wieder das deutlich zu machen, in welchem Grad es gewiß und wahr ist, daß wir alle Christen sind.

Hier ein Versuch, von mir; und ich schmeichle mir, daß er es wirklich deutlich macht, in welchem Grad es wahr ist, daß wir alle Christen sind. Wenn unter uns ein Mensch, ein Freidenker lebte, der in den stärksten Ausdrücken das ganze Christentum für Lüge erklärte, der zugleich in den stärksten Ausdrücken erklärte, er sei kein Christ: das hilft ihm nichts, er ist Christ; in dem Grad sind wir alle Christen; er kann nach dem Gesetz gestraft werden, das ist etwas anderes, aber er ist Christ. „Welcher Unsinn", sagt der Staat, „wozu sollte das führen? Wenn wir erst einmal einem erlauben, zu erklären, daß er kein Christ sei, so leugnen bald alle, daß sie Christen seien. Nein, nein, principiis obsta, und stehe fest zu deinen Prinzipien. Wir haben nun die Tabellen in Ordnung, alles ist rubriziert, alles in Richtigkeit, vorausgesetzt, wie ich voraussetze, daß wir alle Christen sind; ergo ist auch er ein Christ; solch einem Dünkel, der bloß von andern abstechen will, darf man nicht nachgeben; er ist Christ, und dabei bleibt es."

Stirbt er, und hinterläßt er so viel, daß es zu den Gebühren für den Gottesmann, den Pfarrer, für den Leichenbitter und einige andere Personen reicht: so hilft ihm kein Protest etwas; er ist, er ist Christ und wird als Christ begraben, in dem Grade ist es gewiß, daß wir alle Christen sind. Hinterläßt er nichts (denn daß er nur wenig hinterläßt, kann ihm nicht helfen; der Pfarrer begnügt sich in christlicher Genügsamkeit immer mit wenigem, wo nicht mehr zu haben ist), hinterläßt er buchstäblich nichts; ja dann, und nur dann wird auf seinen Protest vielleicht Rücksicht genommen werden, da der Tote ja leider die Kosten eines christlichen Begräbnisses nicht durch Handarbeit abverdienen kann: In dem Grade ist es gewiß, daß wir alle Christen sind. So steht er fest in der „Christenheit", fest wie der Satz des Widerspruchs außerhalb der Christenheit; er steht fest, dieser ewige Grundsatz, an dem kein Zweifel rütteln kann: Wir alle sind Christen.

Eine Schwierigkeit an dem Neuen Testament

In dem Neuen Testament sind alle Verhältnisse, alle Proportionen im großen angelegt.

Das Wahre ist ideal dargestellt; andererseits gehen auch die Irrtümer, die Ausschreitungen ins große: Es wird vor Heuchelei gewarnt, vor allerlei Irrlehre, vor Werkheiligkeit usw. usw.

Aber seltsam genug, das Neue Testament nimmt absolut keine Rücksicht auf das, was in dieser Welt leider in nur allzu großer Masse vorhanden ist, auf das, was eigentlich den Inhalt dieser Welt bildet: auf die Salbaderei, die Jämmerlichkeit, die Mittelmäßigkeit, das Geschwätz und Gewäsch, das Christentumspiel, die allgemeine Phrasenhaftigkeit usw.

Hieraus entsteht nun die Schwierigkeit, daß man mit Hilfe des Neuen Testamentes fast unmöglich das wirkliche Leben anfassen kann, die wirkliche Welt, in der wir leben, in der auf einen qualifizierten Heuchler immer 100000 Schwätzer kommen, auf einen qualifizierten Ketzer immer 100000 Silbenstecher.

Das Neue Testament scheint hohe Vorstellungen davon zu hegen, was es heißt, ein Mensch zu sein. Auf der einen Seite hält es das Ideal vor; und wenn es die Verkehrtheit schildert, so sieht man wieder, daß es von der menschlichen Existenz eine hohe Vorstellung hat; aber das Geschwätz, die Kleinlichkeit, die Mittelmäßigkeit erhalten nie ihren Treff.

Dessen hat sich die Faselei seit undenklicher Zeit bedient, um sich als die wahre christliche Rechtgläubigkeit festzusetzen, und das gab diese unübersehbaren Bataillone von Christen. Diese, wenn auch nicht durch Geist, so doch durch die Zahl mächtige Rechtgläubigkeit macht es sich zunutze, daß man sie in Wahrheit, und damit hat sie wirklich recht, nicht der Heuchelei, der Irrlehre usw. beschuldigen kann; denn weil man dies nicht kann, ergo ist sie die wahre christliche Rechtgläubigkeit.

Das macht sich auch ganz gut. Überall nämlich hat das Höchste und das Niedrigste eine gewisse flüchtige Ähnlichkeit miteinander: Dieses ist wie jenes nicht das, was dem Höchsten etwas nachsteht, oder beide sind nicht das, was zwischen dem Hohen und Niederen vermittelt. So hat es eine gewisse Ähnlichkeit miteinander, über und unter aller Kritik zu sein. Dies gilt auch von der Rechtgläubigkeit jener Massen und der Geistlichen, die von jenen in Masse leben: Sie gleicht dem wahren Christentum, insofern, als sie unleugbar nicht Irrlehre, Ketzerei ist.

Übrigens gleicht sie dem wahren Christentum noch weniger als irgendwelche Ketzerei und Irrlehre. Die Sache verhält sich so: So hoch das wahre Christentum über aller Ketzerei, allen Irrtümern und Verirrungen steht, so tief liegt das Geschwätz unter den Ketzereien, Irrtümern und Verwirrungen. Aber, wie gesagt, die Schwierigkeit an dem Neuen Testament ist diese: daß es, für das Ideal gegen Geister kämpfend, nie speziell dieses ungeheure Korpus aufs Korn nimmt, das in der „Christenheit" beständig die wahre christliche Rechtgläubigkeit repräsentiert, deren christlicher Ernst darin seinen Ausdruck findet, daß „Wahrheitszeugen", welch satirischer Selbstwiderspruch!, in dieser Welt Karriere und Glück machen, indem sie sonntags schildern, wie die Wahrheit in dieser Welt leiden muß.

Darauf muß man wohl achten. Und wenn man darauf achtet, so wird man sehen, daß das Neue Testament doch recht hat, daß doch alles so kommt, wie das Neue Testament es vorausgesagt hat. Mitten in diesen ungeheuren Völkern von „Christen", in diesem Gewimmel von „Christen" leben hie und da einige Einzelne, ein Einzelner. Für ihn ist der Weg schmal, vgl. das Neue Testament; er wird von allen gehaßt, vgl. das Neue Testament; ihn totzuschlagen gilt für einen Dienst gegen Gott, vgl. das Neue Testament. Es ist doch ein kurioses Buch, dieses Neue Testament; es bekommt doch recht; denn dieser Einzelne, diese Einzelnen, ja die waren die Christen.

Wenn die Sache sich nicht so verhält: daß unser Begriff eines Christen eine Einbildung ist, daß diese ganze Maschinerie mit einer Staatskirche und 1000 geistlich–weltlichen Kanzleiräten eine ungeheure Augenverblendung ist, die uns in der Ewigkeit nicht das mindeste helfen, die sich im Gegenteil in eine Anklage gegen uns verkehren wird, wenn sich die Sache nicht so verhält; denn in diesem Fall wollen wir doch um der Ewigkeit willen diese Maschinerie je eher, je lieber los werden ...

... wenn die Sache sich nicht so verhält, wenn der Christ wirklich das ist, was wir unter einem solchen verstehen: Was ist dann Gott im Himmel?

Er ist das lächerlichste Wesen, das je gelebt hat, sein Wort das lächerlichste Buch, das je ans Licht gekommen ist. Himmel und Erde in Bewegung zu setzen (wie er ja in seinem Worte tut), mit der Hölle, mit ewiger Strafe zu drohen, um das zu bekommen, was wir unter einem Christen verstehen (und wir sind ja wahre Christen!): nein, etwas so Lächerliches ist noch nie dagewesen! Denke dir, es trete ein Mann mit scharfgeladener Pistole auf jemanden zu und sagte zu ihm: „Ich schieße dich nieder"; oder stelle dir seine Drohung noch schrecklicher vor, denke dir, er sage: „Ich bemächtige mich deiner Person und martere dich auf die grausamste Weise zu Tode, wann du nicht (nun merke wohl, was da kommt)!, wenn du nicht dein Leben hier auf Erden so profitabel und genußreich anlegst, als es dir möglich ist": So ist das doch wohl äußerst lächerlich; denn um das zu bewirken, braucht man wirklich nicht mit einer scharfgeladenen Pistole oder der qualvollsten Todesart zu drohen, da vielleicht sogar weder die scharfgeladene Pistole noch die qualvollste Todesart imstande wären, das zu verhindern. Und so auch hier: durch die Schrecken einer ewigen Strafe (fürchterliche Drohung!), durch die Verheißung einer ewigen Seligkeit bewirken zu wollen, ja das bewirken zu wollen, was wir sind (denn der Christ ist ja, was wir unter ihm verstehen!); also das bewirken zu wollen, was wir sind: daß wir das Leben wählen, nach dem es uns am meisten gelüstet. Dann daß wir das Zuchthaus meiden, gebietet ja die einfache Klugheit!

Die schrecklichste Art von Gotteslästerung ist die, welche die

„Christenheit" verschuldet: den Gott des Geistes in ein lächerliches Geschwätz zu verwandeln; und die geistloseste Art von Gottesverehrung, geistloser als alles, was je das Heidentum aufbrachte, geistloser als die göttliche Verehrung eines Steines, eines Ochsen, eines Insektes, geistloser als alles, was überhaupt an Geistlosigkeit möglich ist, ist dies: als Gott einen Faselhans anzubeten.

Wenn wir wirklich Christen sind; wenn die „Christenheit", eine „christliche Welt", christlich in der Ordnung ist: so ist das Neue Testament nicht mehr der Wegweiser für den Christen und kann es nicht mehr sein

Unter den gegebenen Voraussetzungen ist das Neue Testament nicht der Wegweiser für den Christen und kann es nicht sein; denn der Weg ist ja verändert, ein ganz anderer als im Neuen Testament.

Das Neue Testament als Wegweiser für den Christen wird daher unter jenen Voraussetzungen ein historisches Kuriosum, wie etwa ein altes Reisehandbuch für ein Land, worin seither sich alles gänzlich verändert hat. Ein solches Handbuch hat nicht mehr den Ernst, daß es den Reisenden wirklich führen könnte; es hat höchstens noch als Unterhaltungslektüre einen Wert. Wo man jetzt auf der Eisenbahn bequem dahinsaust, da ist nach dem Handbuch „die fürchterliche Wolfsschlucht, in der man 70000 Faden tief unter die Erde stürzen kann"; wo man in einem behaglichen Kaffeehause sitzt und seine Zigarre raucht, da hat nach dem Handbuch „eine Räuberbande ihren Schlupfwinkel, welche die Reisenden überfällt und mißhandelt". „Hier ist das", steht im Handbuch, d.h. hier war das: denn nun ist da keine Wolfsschlucht, sondern eine Eisenbahn, keine Räuberbande, sondern ein behagliches Kaffeehaus; und nun ist's recht ergözlich, sich auszudenken, wie's da vorzeiten aussah.

Sind wir denn wirklich Christen; ist die „Christenheit" eine „christliche Welt", christlich in der Ordnung: so möchte ich womöglich so laut, daß man es bis in den Himmel hören könnte, ausrufen: „Du Unendlicher, hast du dich sonst auch als Liebe erwiesen, das war doch wahrlich lieblos von dir, daß du uns nicht zu wissen tatest, das Neue Testament sei nicht mehr der Wegweiser, das Handbuch für Christen. Nun hat sich ja alles ins Gegenteil verwandelt, und wir sind doch wahrhaftige Christen: Wie grausam ist es da von dir, die Schwachen immer noch damit zu ängsten, daß du ein Wort noch nicht zurückgenommen aber verändert hast!"

Doch das kann ich nicht annehmen, daß Gott so sein könnte; deshalb werde ich zu einer anderen Erklärung genötigt, die mir sowieso viel näher liegt: all das mit der „Christenheit" und einer „christlichen Welt" ist ein menschlicher Gaunerstreich; das Neue Testament hingegen ist, ganz wie es ist, das Handbuch für Christen, denen es in dieser Welt beständig, so gehen wird, wie man in dem Neuen Testament liest, und welche sich dadurch nicht beirren lassen sollen, daß es Gaunerchristen in dieser Welt, der Welt der Gaunerstreiche, anders geht.

Welches Glück, daß wir nicht alle Pfarrer sind!

Denke dir, es bilde sich eine Gesellschaft zur Bekämpfung des Weintrinkens.

Zur Erreichung ihres Zieles erachtet die Leitung der Gesellschaft es für zweckmäßig, einige Männer anzustellen, die als Sendboten, Redner, Prediger das Land durchreisen und die Menschen zum Eintritt in die Gesellschaft bereden sollen.

„Aber", sagt der Vorstand der Gesellschaft in der Sitzung, worin die Sache beschlossen wird, „an den Predigern zu sparen, wäre wahrhaftig übel gespart; von ihnen zu verlangen, daß sie keinen Wein trinken, das führte zu nichts. So erhielte man nur diese nüchternen, wässerigen Reden, die keinen Menschen zum Eintritt in unseren Verein begeistern würden. Nein, an dem Prediger darf nicht gespart werden; er muß seine Flasche Wein pro Tag haben und für besonderen Eifer noch eine Extraflasche zugesichert erhalten; dann hat er Lust und Liebe zu seinem Werk, dann wird er durch seine Wärme, den Nachdruck seiner Worte, die Macht seiner Überzeugung die Menschen hinreißen und uns zahlreiche Mitglieder für unseren Verein gewinnen."

Gesetzt nun, daß alle nicht Mitglieder dieser Gesellschaft würden, aber Prediger im Dienste dieser Gesellschaft!

So auch mit dem Christentum und dem Staat. Das Christentum, diese Lehre von der Entsagung, dem Leiden, der Entfremdung von dieser Welt, die Lehre, die ihre Wechsel nur auf eine andere Welt ausstellt, diese Lehre will der Staat angebracht wissen. „Aber", sagt der Staat, „an den Pfarrern zu sparen, das wäre wirklich übel gespart; da erhielte man nur diese nüchternen, wässerigen Predigten, die keinen Menschen für diese Lehre gewinnen, vielmehr jedermann abschrecken. Nein, der Pfarrer muß so gestellt, sein Leben muß in jeder Weise darauf eingerichtet werden, daß die Verkündigung dieser Lehre ihm und seiner Familie Genuß verschafft. Dann kann man hoffen, daß er die Menschen für die Verleugnung des Irdischen gewinnt; denn dann wird der Pfarrer in der Stimmung sein, mit Wärme und Nachdruck, mit wirklicher Überzeugungskraft den Menschen zu schildern, wie selig die Entsagung und das Leiden ist, wie selig es ist, eine Anweisung auf eine andere Welt zu bekommen, ja daß das „hört!" selig, selig, selig ist!

Welches Glück, daß wir nicht alle Pfarrer sind!

Gott im Himmel stellt sich etwas anders an, wenn er das Christentum anbringen will. Er versichert sich dessen, daß er in jedem Fall doch *einen* Christen bekommt: den Lehrer des Christentums. Und dann kann es losgehen, die Menschen für diese Lehre zu gewinnen. Nun, es kommt nicht eben viel heraus; und je gewisser es ist, daß der Lehrer Christ ist, desto sicherer endet es damit, daß der Lehrer totgeschlagen wird und es also bei dem *einen* bleibt: dem Lehrer.

Doch Gott im Himmel entbehrt auch jeglicher Klugheit, insbesondere der hohen Staatsklugheit; er ist ein beschränktes Subjekt von der alten Schule und hegt noch die einfältige Meinung, wenn man nähen wolle, so müsse man einen Knoten an den Faden machen; er hat keine Ahnung von dem Geheimnis der Staatsklugheit, wie weit geschwinder es geht, wenn man derlei Narreteidinge fahren läßt und dann die Sache ernsthaft anfaßt, wie man dann im

Handumdrehen Millionen von Christen bekommt, mit Hilfe von Lehrern, die selbst nicht Christen sind.

O menschlicher Unsinn! Und das hat man Ernst genannt! Jahrhunderte wurden an diesen kostbaren Narrenstreich verschwendet; er ist mit barem Geld bezahlt worden, er wird noch besser damit bezahlt, daß man die Ewigkeit durch ihn verspielt!

Quellen und Literaturhinweise

Die Textauswahl verlangte eine Durchsicht des umfangreichen Gesamtwerkes. Außerdem war der vom Verlag vorgegebene Umfang zu berücksichtigen. Auch galt es, einer möglichen Konzeption Beachtung zu schenken, nämlich gewisse Tendenzen zu verdeutlichen, die der Aktualität dieses Schrifttums Ausdruck verleihen. Dem Leser wird es, so hoffe ich, nicht schwerfallen, diese Leitlinie meiner Auswahl zu erkennen.

Wer nun in den größeren Werkzusammenhang Einblick nehmen möchte, der sei auf die alte und neue Gesamtausgabe im Eugen Diederichs Verlag (Jena – Düsseldorf) oder auch auf die von mir herausgegebene Ausgabe der Philosophisch–Theologischen Hauptwerke im Jakob Hegner Verlag (später dtv) hingewiesen. Für die „Tagebücher" und andere wichtige Schriften bediente ich mich der guten Übersetzungen von Theodor Haekker. Die gesamten Texte wurden anhand der dänischen Ausgabe (Samlede Vaerker, Kopenhagen 1920ff) überprüft.

Im folgenden wird die Fundstelle nach der im Inhaltsverzeichnis vorgegebenen Numerierung vermerkt:

Zu den einzelnen Texten:

1. Entweder – Oder, Bd. II, Jena 1922, S. 301.
2. Gebete, Köln–Olten 1957, S. 31.
3. Religiöse Reden, München 1922, S. 47.
4. Der Begriff der Angst, Köln–Olten 1956, S. 472.
5. Der Begriff der Angst, S. 626.
6. Religiöse Reden, S. 68.
7. Die Krankheit zum Tode, Köln–Olten 1956, S. 31.
8. Der Begriff der Angst, S. 159.
9. Einübung im Christentum, Köln–Olten 1951, S. 91.
10. Das Buch Adler, Köln–Olten, S. 640.
11. Gebete, S. 96.
12. Gebete, S. 96; Religiöse Reden, S. 25.
13. I: Der Begriff der Angst, S. 636; II: Tagebücher, Leipzig 1940, S. 232; III: Der Begriff der Angst, S. 370.
14. Tagebücher, S. 618; Der Augenblick, Jena 1923, S. 22.

Die beiden Holzschnitte stammen aus einer Flugschrift der Presse- und Informationsabteilung des Königlich–Dänischen Außenministeriums „Porträt Sören Kierkegaards" von P. P. Rohde, Kopenhagen 1963.
Das „Kaleidoskop des Menschen" aus: Walter Rest, Heimkehr zum Menschen, Warendorf [2]1947.

Literatur

Walter Lowrie, Das Leben Sören Kierkegaards, Düsseldorf 1955.

Anna Paulsen, Sören Kierkegaard, Deuter unserer Existenz, Hamburg 1955.

Gesamtausgaben im Eugen Diederichs–Verlag, Jena–Düsseldorf.

Die Philosophisch–theologischen Hauptwerke im Jakob Hegner–Verlag, Köln–Olten.

Zu einigen im Einleitungsteil erwähnten Büchern:

Blaise Pascal, Gedanken, in der Übersetzung von Wolfgang Rüttenauer und mit einer Einleitung von Romano Guardini, Leipzig und Bremen o. J.

Ernst Michel, Renovatio. Zur Zwiesprache zwischen Kirche und Welt, Aulendorf 1947.

Ludwig Wittgenstein. Vermischte Bemerkungen, Frankfurt/M. 1977.

Ders., Schriften, Frankfurt/M. 1960.

Karl Marx, Der historische Materialismus Bd. I und II, Leipzig 1932.

Ernst Tugendhat, Selbstbewußtsein und Selbstbestimmung, stw 221, Frankfurt/M. 1979.

Walter Rest, Indirekte Mitteilung bei Sören Kierkegaard (Diss. 1937, Münster).

Karl Brose, Das Erziehungsdenken Kierkegaards / Zur direkten und indirekten Mitteilung, Neue Sammlung, 2. Heft, Stuttgart 1987 (S. 212–226).

H. H. Schrey, Sören Kierkegaard, Wege der Forschung, Bd. 179 (Die kontroverstheol. Relevanz, von Walter Rest, Darmstadt 1971, S. 155–172).

W. Rest, Situation und Entscheidung (Kierkegaard und Marx), 1971.

„... für Christen"

Nietzsche für Christen
Textauswahl und Einleitung von Eugen Biser
Band 1056, 160 Seiten

Jesus für Christen
Textauswahl und Einleitung von Eugen Biser
Band 1157, 192 Seiten

Mohammed für Christen
Einleitung von Muhammad Salim Abdullah
Textauswahl von Adel Theodor Khoury
Band 1137, 192 Seiten

Paulus für Christen
Einleitung und Textauswahl von Eugen Biser
Band 1219, 192 Seiten

Buddha für Christen
Einleitung von Erhard Meier
Textauswahl von Adel Theodor Khoury
Band 1303, 192 Seiten

Gandhi für Christen
Einleitung und Textauswahl
von A. Ronald Sequeira
Band 1345, 224 Seiten

in der Herderbücherei